식민지의 식탁

식민지의 식탁

박현수

이숲

요즘 음식에 대한 관심은 눈에 띄게 두드러진다. 어느 때라고 먹는 일에 관심이 없었던 적이 있겠느냐마는 요즘 같은 때는 드문 것 같다. TV 채널을 돌리면 어렵지 않게 음식 관련 프로그램을 찾을 수 있을 뿐 아니라 '먹방' 자체가 유튜브 콘텐츠로 자리 잡기도 했다. 그런데 관심이 애써 맛있는 것을 찾아다니거나 엄청난 양의 음식을 먹는 것으로 귀결되는 느낌도 지울 수는 없다.

두드러진 관심에 비하면 음식에 관한 연구는 미진한 감이 없지 않다. 거기에는 먼저 음식을 본격적인 연구의 대상으로 삼기는 꺼려진다는 이유가 작용하는 듯하다. '입가심 격으로 허허 웃고 말 재미있는 얘깃거리'인데, '먹고 마시는 것을 선택하여 쓰려니 한심스럽다'는 언급 역시 이를 가리킨다. 특히 이 책이 다루는 시기는 식민지시대와 겹쳐져 있어 음식에 대한 관심이 식민지 경험을 수긍하는 것으로 오해될 수 있다는 점 역시 자리하고 있다.

그렇다면 이 책은 음식에 관한 두드러진 관심과 미진한 연구 사이의 어느 지점에 위치할 것 같다. 관심을 맛집 찾기에 몰두하거나 혹은 누가 더 많이 먹는지를 겨루는 데서 끌어내 먹는다는 행위의 온전한 의미를 물으려 했다. 그 한편에는 독자들의 음식에 대한 궁금증이나 호기심을 해소시켜 보려는 생각이 놓여 있다. 또 다른 한편에는 '맛있으면 무엇이든 먹어도 되고, 많이 먹어도 되는 것인가?'라는 문제의식도 자리하고 있다.

먹는다는 행위는 음식을 먹어 배고픔을 덜고 맛을 즐기는 것에 머물지 않는다. 재료를 골라 음식을 조리해서 먹는 혹은 좋아하는 음식점을 찾아가서 먹는 행위는, 먼저 개인의 경험이나 기호와 관련되어 있다. 나아가 사회적, 문화적 취향과 연결되며, 제도적인 기반에 지배되기도 한다. 지금처럼 사고하고 행동하는 방식이 현대의 출발과 맞물려 있다면 지금과 같이 먹게 된 것도 마찬가지이다. 안타까운 것은 한국에서 그 시기가 식민지라는 역사와 맞물려 있다는 점이다. 이 글이 식민지의 식탁에 주목하는 이유 역시 거기에 있다.

이 책은 샌드위치, 라이스카레, 런치, 정식, 소바 등 식민지시대에 처음 등장했던 음식에 주목하려 했다. 또 미츠코시백화점, 조선호텔, 제국호텔 식당의 풍경을 감상하는 한편 낙랑파라, 경성역 티룸, 명치제과의 메뉴판을 넘겨보기도 했다. 그리고 시모노세키와 부산을 운항했던 관부연락선의 식당을 들여다보는 유쾌하지 않은 경험도 했다. 한편으로 비웃, 두부, 지짐이, 감자, 장국밥 등 식민지라는 굴레와 맞물려 식탁의 한편으로 비켜나야 했던 음식들에도 소홀하지 않았다.

식민지시대에 새롭게 등장한 음식과 또 한편에 밀려나야 했던 음식을 해명하는 데 소설은 흥미로운 자료였다. 지금까지 음식에 대한 논의는 주로 신문이나 잡지의 기사를 통해 이루어졌는데, 꼼꼼한 접근이 행해졌음에도 음식이나 음식점의 모습을 그려보기 힘든 것 역시 사실이었다. 소설은 중심인물과 다른 인물이 만들어내는 갈등과 그 전개를 양식적 특징으로 한다. 소설에는 음식을 조리해서 먹거나 카페에 가서 술을 마시는 모습이 생동감 있게 제시되며 또 계산을 하는 장면 역시 잘 드러난다. 이 책을 통해 독자들은 거칠게나마 음식점에 들어가 주문하는 모습과 그 음식이 제공되는 과정을 눈앞에 그려볼 수 있을 것이다. 소설에 등장한 식탁은 식민지 조선이라는 퍼즐 혹은 모자이크의 한 조각에 불과할지도 모른다. 하지만 그 조각들이 하나씩 집적되어 나갈 때 근대 혹은 그것을 이루었던 삶의 온전한 모습이 드러나게 될 것이다.

소설에 등장하는 음식을 찾고 공부하면서 음식에 관한 지식은 어느정도 는 것 같다. 문제는 입맛인데, 여전히 이 맛이 그 맛 같고 그 맛은 이 맛 같은 수준이다. 그렇다고 직접 음식을 안 만든 것도 아니다. 아이들과 함께 먹을 식탁을 차린 것만도 15년이 넘는다. 그런데도 음식 솜씨는 참으로 끈기 있게 늘지 않고 입맛 역시 거기 뒤지지 않는다. 이런 한심한 상황 속에 떠오르는 두 분이 있다. 바로 어머니와 장모님이다.

어머니는 음식 솜씨가 좋으셨다. 한식은 물론이고 양식도 심심치 않게 만들어 주셨다. 그때는 어렵지 않게 척척 하는 거라고 생각했지만 이

제 그게 아니라는 것도 잘 안다. 장모님 역시 음식에 애정이 많으셨다. 두 손 가득 손주들 먹을 반찬을 들고 오신 것도 여러 번이다. 힘들고 손이 많이 가는 일이었을 텐데, 늘 밝게 웃으셔서 더욱 죄송한 마음이다. 지금은 두 분 다 세상을 떠나셨다. 아직도 머리로만 맛을 아는 부족한 아들이자 사위지만, 이 책이 그분들께 작은 위로라도 되었으면 좋겠다.

이 책은 한국출판문화산업진흥원의 인문교육콘텐츠 개발 사업의 하나로 빛을 보게 되었다. 이 자리를 빌려 발간을 지원해 준 한국출판문화산업진흥원에 감사드린다. 거칠고 엉성한 원고를 꼼꼼하게 챙겨주신 출판사 이숲의 김문영 대표님과 관계자 여러분에게도 감사를 드린다.

2022년 10월
박 현 수

1장

영채 씨, 그만 울고 이것 좀 먹어 보시오

-이광수의 『무정無情』(1917)

이광수의 소설은 재미있다. 특히 『무정』은 100년도 더 지난 소설인데도 그렇다. 술술 읽히는 게 지금 읽을거리에 뒤지지 않는다. 『무정』은 경성학교 영어교사 이형식, 은사의 딸이지만 기생이 된 박영채, 부호의 딸이자 미모까지 갖춘 김선형을 중심인물로 한다.

연재 당시에도 인기가 대단해서, 『무정』 덕분에 『매일신보』의 판매 부수가 늘 정도였다. 특히 영채의 기구한 삶에 공감하는 기생 독자들이 많아 신문사 앞에 줄지어 신문을 기다릴 정도였다고 한다.

이광수의 소설에는 음식도 많이 등장한다. 이 장에서 다루는 『무정』에도 소갈비, 닭고기, 국수, 조기, 암치, 화채, 사이다, 빙수 등 다양한 음식이 등장한다. 비슷한 시기 소설에 음식이 드물게 등장한다는 것을 고려하면 이채롭게 느껴진다.

그런데 이광수는 1941년 일본 제국주의의 폭압이 절정에 달했을 때, '카야마 미츠로香山光郎'라는 이름으로 개명한다. 이어 일본어로 글을 쓰며 학병 권유의 연설에도 적극적으로 나섰다. 『무정』 속 음식에는 친일의 길을 택했던 얼룩 역시 분명한 모습으로 자리하고 있다.

1. 떡 두 조각 사이에 날고기가 끼인 음식

영채는 배 학감과 김현수에게 능욕당하고 평양으로 가는 기차를 탔다. 그때까지 형식을 생각하며 지켜온 정절이 물거품이 되자 죽음을 결심했던 것이다. 죽기 위해 평양으로 가는 영채의 발길을 지켜보는 일은 안타깝다. 형식이라는 인물이 그녀가 죽음을 결심할 만한 위인인가 생각하면 더욱 그렇다.

영채는 감정을 억누르기 위해 창밖 풍경을 보고 있었다. 그때 처지를 알기라도 한 듯 기관차가 내뿜은 석탄가루가 눈에 들어간다. 빼내려 애써 봤지만 마음대로 안 되자 간신히 참고 있던 눈물이 터져 나왔다. 급기야 석탄가루가 들어간 것도 잊고 자신의 기구한 신세에 소리 내어 울게 된다.

같은 객차에 탔던 젊은 여자가 다가와 영채에게 괜찮은지 물어본 것은 그때였다. 그러고는 친절하게 손수건으로 석탄가루를 꺼내주고 또 괜찮다는 것을 굳이 세면소에 데려가 세수까지 도와준다. 그녀는 도쿄東京에서 유학을 하다가 방학을 맞아 고향 황주로 가던 병욱이었다.

황주는 독자들에게 익숙하지 않는 지명일 텐데, 북한에 위치한 곳이라서 그렇다. 경성에서 출발하면 사리원을 지나 평양에 가기 전에 있다. 소설의 시간적인 배경에는 철도가 황주까지 바로 이어지지 않았으니 사리원에서 내려야 했을 것이다.

병욱의 친절은 그것으로 끝나지 않아 같이 점심을 먹자며 네모난 종이갑을 들고 온다.

"이것 좀 잡수셔요" 하고 그 종이갑의 뚜껑을 연다. 영채는 그것이 무엇인지를 몰랐다. 구멍이 숭숭한 떡 두 조각 사이에 엷은 날고기가 끼인 것이다. 영채는 무엇이냐고 묻기도 어려워서 가만히 앉았다. ……중 략……

영채는 집었던 것을 다 먹고 가만히 앉았다. "자, 어서 잡수셔요" 하고 부인이 집어 줄 때에야 또 하나를 받아먹었다. 별로 맛은 없으나 그 새에 낀 짭짤한 고기 맛이 관계치 않고 전체가 특별한 맛은 없으면서 무엇인지 알 수 없는 운치 있는 맛이 있다 하였다.

병욱은 영채에게 종이갑 속의 무언가를 먹으라고 했다. 그 음식은 '구멍이 숭숭한 떡 두 조각 사이에 엷은 날고기가 끼인 것'이었다. 영채가 어떻게 먹는지 몰라 가만히 있자, 착한 데다가 눈치도 빨랐던지 병욱은 먼저 먹으며 재차 권한다.

영채가 먹어보니 '특별한 맛은 없지만 짭짤한 고기 맛이 괜찮고 뭔가 운치가 있었다.' 이어지는 부분에서 두 사람은 두 조각씩 모두 네 조각을 먹고 병욱은 또 한 조각을 먹으려 한다. 소설에 나온 것만으로도 다섯 조각이니 더 많을 수도 있다는 것이다.

병욱이 영채에게 선뜻 내어준 음식, 떡 두 조각 사이에 날고기가 끼인 음식, 특별한 맛은 없지만 운치가 있는 음식, 그 음식은 무엇이었을까?

『무정』은 거기에 대해 바로 답하지 않는다. 영채와 병욱은 식사를 한 후 이야기를 나누며 서로를 알아간다. 병욱은 도쿄에서 유학하다가 방학을 맞아 동생과 함께 돌아가는 길이라고 한다. 병욱의 채근에 영채는 학교는 다니지 않으며 평양에 살다가 지금은 경성에 있다고 밝힌다. 얘기를 나누던 영채는 울면서 자신의 처지와 죽으러 간다는 사실도 토로한다.

영채와 병욱의 대화가 이어지면서 그 음식은 잠시 『무정』에서 사라진다. 병욱은 영채의 처지와 사정을 알고는 당분간 자기 집에 가서 같이 지내자고 한다. 둘이 함께 지낸 기간이 한 달 남짓인데도 그 음식 얘기는 등장하지 않는다. 아마 작가가 깜빡한 듯한데, 유독 관심을 가지지 않았다면 독자도 마찬가지였을 것이다.

음식에 대한 얘기가 다시 등장하는 것은 영채와 병욱이 일본에 가기 위해 기차를 탔을 때였다. 병욱은 영채와 처음 만났을 때가 생각난 듯 물어본다.

"그러고 너 그때에 먹은 것이 그게 무엇인지 아니?"

"나 몰라. 어떻게 먹는 것인지 몰라서 언니 잡수시는 것을 가만히 보았지요."

"내 아예 그런 줄 알았다. 그것은 서양음식인데 샌드위치라는 것이야……. 꽤 맛나지?"

"응" 하고 고개를 까딱 하며 '샌드위치'하고 발음을 분명하게 외운다.

그때서야 떡 두 조각 사이에 날고기가 끼인, 특별한 맛은 없지만 운치가 있는 음식의 정체가 '샌드위치'임이 밝혀진다. 1917년 5월 『매일신보』에 연재될 때는 '쌘드윗치'라고 되어 있다. 작가가 독자들의 호기심이나 궁금증을 유발한 것일 수도 있겠다. 하지만 작가도 깜빡 잊었다가 기차를 타는 장면에서야 다시 생각났을 가능성이 더 크다.

독자들에게 먼저 떠오르는 것은, 『무정』이 발표된 1917년이면 100년도 더 된 옛날인데, 그때도 샌드위치가 있었나 하는 의문일 것이다. 또 있었다고 하더라도 병욱은 어떻게 상심한 영채에게 준비한 것처럼 샌드위치를 '척' 내 놓았을까 하는 의문도 마찬가지다. 그것도 중, 고등학교 수업시간에 흘려들은 '우연성의 남발'인가 하는 생각이 들 수도 있겠다.

다행히 의문과 걱정에 대한 답은 하나로 할 수 있다. 1917년 당시 샌드위치를 '에키벤駅弁'으로 팔았다는 사실이 그것인데, 옆의 이미지는 그 포장이다. 독자들도 알고 있듯이 일본에는 에키벤이라는 것이 있다. 에키벤은 '에

에키벤으로 팔았던 '오후나켄 샌드위치'이다. 가격은 20전이었다.

키駅'와 '벤또弁当'이라는 이름처럼 일본의 기차역에서 팔았고 지금도 판매하고 있는 도시락이다.

샌드위치의 기원에 대해서는 다른 어떤 음식보다 잘 알려져 있다. 하지만 카드놀이를 좋아했던 샌드위치 백작과 관련된 이야기는 이 책의 관심에서 벗어나니 확인하는 것으로 넘어가려 한다. 다만 19세기 중반 영국에서 샌드위치가 인기를 얻었던 것이 서양식 식사의 기본적인 음식, 곧 빵, 고기, 채소를 한꺼번에 먹도록 만들어진 음식에서였다는 것만은 기억해 두자.

오카다 데쓰岡田哲는 『음식기원사전たべもの起源事典』에서 일본에 샌드위치가 유입되는 과정과 특징에 대해 논의한 바 있다. 일본에 샌드위치가 전해진 것은 메이지明治 초기인 1880년대였는데, 처음에는 '사미

빵三昧パン(세 가지 맛 빵)', '서양도시락', '경식도시락' 등으로 불렸다고 한다. 1886년 5월 『마이니치신문每日新聞』, 1893년 11월 『요미우리신문讀賣新聞』 등에 실린 기사에서는 샌드위치라는 자신의 이름으로 언급되기 시작했다.

1903년 『가정의 벗家庭之友』에 실린 기사에서는 샌드위치는 소풍이나 하이킹을 갈 때 싸 가기 좋은 음식이며, 햄이 들어 있고 잼과 버터를 바른 얇은 빵이라고 구체적으로 소개했다. 당시는 일본에서 흔히 '로쿠메이칸鹿鳴館' 시대라고 불리던 때였는데, 서구화에 대한 열망에 의해 음식 역시 서양풍의 영향을 크게 받았던 때였다.

샌드위치를 에키벤으로 판매한 것은 1898년 '오후나켄大船軒'이라는 회사에서였다. 앞의 이미지에서 확인할 수 있듯이 '위생 샌드위치 여행용'이라는 이름이 붙어 있고, 가격은 20전이었다. 오후나켄사는 창립 때부터 오후나켄 샌드위치를 에키벤으로 팔았는데, 판매를 하자마자 승객들에게 큰 인기를 얻었다.

이후 오후나역뿐 아니라 근처의 대형역이었던 도쿄역, 가마쿠라역鎌倉驛 등에서 판매했던 것 역시 같은 이유에서였다. 에키벤으로 판매되기

100주년 기념으로 1998년 판매했던 오후나켄 샌드위치이다.

이전 샌드위치는 서양인들의 거류지가 있었던 고베神戶나 도쿄의 번화가인 긴자銀座에 가야 살 수 있는 등 일반인들이 쉽게 맛보기 어려운 음식이었다. 샌드위치가 에키벤으로 나왔을 때 인기를 얻었던 것은 맛도 맛이지만 서양

음식을 먹는다는 이유에서였다.

　앞 페이지의 이미지는 판매 100주년 기념으로 나온 오후나켄 샌드위치이다. 먼저 크기를 작게 해 기차에서 먹기 편하게 만들었음이 두드러진다. 『무정』에서 영채와 병욱이 몇 조각씩 먹었던 것 역시 그 때문으로 보인다. 다른 하나는 소설에 나오는 것처럼 짭짤한 얇은 날고기, 곧 햄을 넣은 것과 함께 치즈를 넣은 것도 들어 있다는 것이다. 그런데 영채와 병욱이 샌드위치를 먹었을 때는 햄을 넣은 한 종류만 판매했다.

2. 사이다, 라무네, 오차니 벤또!

　식민지시대 기차에서는 어떻게 식사를 했을까? 승객들이 식사하는 방법은 크게 두 가지가 있었다. '특별급행'이나 '급행' 열차에는 식당차가 있었기 때문에 그것을 이용했다. '완행' 열차의 경우에는 식당차나 침대차가 없는 경우가 많아 도시락을 사서 먹는 승객이 많았다. 물론 특별급행이나 급행의 승객들 가운데도 식당차를 이용하지 않고 도시락을 먹는 승객도 있었다.

　당시 소설을 통해 기차에서 식사하는 모습을 구경해 보자. 심훈의 소설 『동방의 애인』에는 기차가 역에 정차하니까 '우리코売り子'가 "에-, 사이다, 라무네, 오차니벤또-!"하고 귀가 떨어지게 외치고 다녔다는 장면이 있다. 여기서 '라무네ラムネ'는 사이다와 같은 탄산음료의 하나였는데, 어떤 음료였는지는 이 책의 9장 『찔레꽃』을 살펴보면서 얘기하겠다.

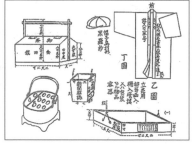

왼쪽 이미지는 1902년 일본 기차역에서 우리코가 도시락과 음료수를 파는 모습이다. 우리코는 정해진 복장을 입고 정해진 용기를 사용해야 했다. 오른쪽 이미지는 우리코의 복장과 용기이다.

'오차니벤또お茶に弁当'는 '차(물)와 도시락' 정도가 되겠다.

위의 이미지처럼 우리코는 역에서 도시락이나 음료를 파는 사람이었다. 오른쪽의 이미지를 참고하면 우리코가 갖추어야 할 복장과 용기도 있었던 것을 알 수 있다.

이태준의 소설에 「고향」이라는 작품이 있다. 잘 알려진 이기영의 소설과 제목이 같지만 이태준의 것은 단편이다. 「고향」에서 윤건은 도쿄에서 밤차를 타고 시모노세키下關로 가는데 고베 정거장에서 도시락을 사러 내리는 장면이 있다. 이것은 당시 우리코가 기차 객실 안으로 들어오지는 못했음을 말해준다. 도시락은 역에 정차했을 때 사든지 아니면 「만세전」의 이인화나 『흙』의 숭, 갑진, 옥순이 일행처럼 기차를 타기 전에 미리 준비했다. 최독견의 소설 『승방비곡』을 보면 우리코가 객실에 들어오지 못했던 것은 조선에서 운행하던 기차에서도 마찬가지였음을 알 수 있다.

당시 기차는 증기의 압력을 통해 동력을 얻는 방식이었는데, 물을 데우기 위해 사용했던 것이 석탄이었다. 증기기관을 이용한 기차는 동력을 얻기 위해 많은 석탄과 물을 필요로 했다. 운행하는 중간중간 둘을 보충

해야 했는데, 특히 평지가 아닌 경사가 있는 지역을 운행할 때는 더욱 그랬다. 석탄과 물을 보충하는 시간이 오래 걸렸기 때문에 그동안 승객들은 도시락과 음료를 사서 요기를 하는 경우가 많았다.

에키벤의 기원에 관해서는 여러 주장이 있지만, 1885년 우츠노미야역宇都宮驛에서 처음 등장했다는 것이 설득력을 지닌다. '오니기리御握り' 두 개와 단무지 몇 개를 대나무 껍질에 싼 간단한 것이었는데, 가격은 5전이었다. 당시 '소바蕎麥'가 1전, '텐동天丼'이 4전 정도 했으니, 저렴한 가격은 아니었다. 여기서 오니기리는 주먹밥, 소바는 메밀국수, 텐동은 튀김덮밥 정도가 되겠다.

일본에서 일반적인 도시락은 깨를 뿌린 밥에 달걀부침, 어묵, 생선구이 등 몇 가지 반찬을 갖춘 것이다. '가부키歌舞伎' 공연의 중간에 먹었던 데서 유래되어 '마쿠노우치幕の内' 도시락이라고 부른다. 마쿠노우치 도시락이 에키벤으로 처음 등장한 것은 1888년 히메지역姬路驛에서였는데, 가격은 8전이었다. 이후 역마다 다양한 도시락이 등장하면서 에키벤의 전성시대가 열리게 된다.

에키벤 얘기가 나왔으니 대표적인 몇 가지만 살펴보자. 시즈오카역静岡驛에서는 도미의 살을 발라 밥과 섞어 놓은 '도미밥鯛めし' 도시락이 유명했다. 요코하마橫浜에서 시즈오카로 가는 길에 위치한 야마키타역山北驛에서는 '은어초밥鮎寿司'을 팔았다. 흥미로

조선에서 도시락이 주로 사용되었던 곳은 학교였다. 다른 한 곳은 노동자들이 일하는 공장이었다.

운 것은 은어 한 마리가 통째로 초밥으로 만들어져 있다는 것이다. 생선에 익숙하지 않은 사람에게는 조금 부담스러울 수도 있겠다.

나가노長野 근처인 요코카와역横川驛에서는 '솥밥釜めし'을 에키벤으로 팔았는데, 여러 가지 재료를 올린 밥을 솥째 팔아서 따뜻하게 먹을 수 있었다. 규슈九洲의 히토요시역人吉驛에서 판매했던 밤을 밥 위에 올린 '밤밥栗めし'도 유명한 에키벤 가운데 하나이다.

그렇다면 영채와 병욱이 먹은 오후나켄 샌드위치의 가격은 얼마였을까? 1888년 히메지역에서 팔았던 마구노우치 도시락은 8전이었다. 이후 마구노우치 도시락은 1912년 12전, 1917년 15전, 1920년 20전 정도 했다. 스시 에키벤은 그것보다 조금 쌌다. 앞선 이미지에는 오후나켄 샌드위치 종이갑에 가격이 20전이라고 되어 있었다. 창립 당시인 1898년 가격이었는데, 이후 1929년에는 30전, 1933년에는 35전이었다. 그러니 영채와 병욱이 먹었을 때는 25전 안팎이었을 것이다. 지금으로 환산하면 7,500원 정도였는데, 당시 소바가 8~10전, 커피가 10전이었으니 7,500원의 크기는 지금과는 달랐다.

에키벤은 각 지방에서 나는 재료로 만드는 것을 표방했기에 역마다 종류가 달랐다. 오후나켄 샌드위치를 팔았던 오후나역은 '도카이도선東海道線'에 있었다. 도카이도선은 1889년에 7월에 개통된 철도로, 도쿄에서 고베에 이르는 철도노선이었다. 『무정』에서 병욱은 도쿄에서 유학하다가 고향인 황주로 돌아가던 중이었다. 그러기 위해서 병욱은 도쿄에서 고베까지는 도카이도선을 타고, 고베에서 시모노세키까지는 '산요선山陽線'을 이용해야 했다.

『무정』이 연재된 것보다 20년 전부터 오후나켄 샌드위치를 에키벤으로 팔았으니, 병욱이 기차에서 준비한 것처럼 꺼내는 일도 가능했을 것이다. 작가가 한참을 잊고 있었던 샌드위치 얘기를 기차를 타는 장면에서 다시 꺼낸 것도 같은 이유에서로 보인다. 소설에서 샌드위치는 무언가 운치가 있는 맛으로 상심에 빠진 영채를 위로했으니 자기 역할을 충분히 한 것 같다. 하지만 빛이 있으면 그늘도 있기 마련이어서 샌드위치가 지닌 어둠도 있었다.

3. 기울어진 저울

『무정』은 1917년 1월부터 6월까지『매일신보』에 연재되었는데, 한국 근대소설의 효시라는 꼬리표를 달고 있다. 그 꼬리표는 소설에 나타난 계몽사상의 설파, 자유연애의 주장 등에 기대고 있는데, 그것이 그때까지의 봉건적인 가치와는 다른 세계관을 드러냈다는 얘기다.

1917년 1월 1일『매일신보』에 실린『무정』연재본의 첫 회다. 1917년을 시작하면서 연재를 시작했듯이『매일신보』가『무정』에 건 기대는 컸다. 실제 독자들의 호응은『매일신보』의 기대를 훨씬 뛰어넘었다.

거창한 평가와는 달리 실제『무정』의 중심에는 영채와 선형의 사이에서 갈등하는 형식이 놓여 있다. 경성학교의 영어교사인 형식은 선형에게 개인교습을 할 기회를 얻는다. 처음 선형을 가르친 날 공교롭게도 영채 역시 형식의 하숙을 찾는다.

영채는 은사인 박진사의 딸로 기생이지만 형식을 위해 정절을 지켜온 인물이다. 선형은 김 장로의 딸이며 여학교를 우등으로 졸업한 미인으로 등장한다. 형식의 마음을 더욱 설레게 하는 것은 김 장로가 집과 땅, 저금과 주식을 소유해 교인들 가운데 손꼽히는 부호라는 사실이다.

형식은 '당위적 도덕'을 상징하는 영채와 '근대적 욕망'을 대표하는 선형을 끊임없이 저울질한다.『무정』에서 형식의 고민은 지루할 만큼 반복되지만 결론은 처음부터 정해져 있었다. 오히려 고민은 저울질에 있었던 것이 아니라 기울어진 저울의 명분을 마련하는 일에 있었다. 소설에서 형식이 '영채는 처녀일까?'라는 질문을 거듭해서 던지는 것 역시 기울어짐과 무관하지 않다.『무정』이 근대소설인 이유는 계몽사상을 설파하거나 자유연애를 주장한 데 있는 것이 아니라 오히려 형식의 고민이 너무나 익숙한 것이라서 그럴지도 모르겠다.

문제는 영채가 선형의 조건과는 비교도 안 되는 기생임에도 독자들 대부분은 저울이 영채 쪽으로 기울어지기를 바랐다는 것이다. 이를 고려하면 영채가 배 학감과 김현수에게 능욕을 당한 것은, 상심한 영채에게는 미안한 얘기지만, 형식에게도 작가에게도 '콜럼버스의 달걀' 같은 일이었을 것이다.

4. 된장찌개, 샌드위치의 반대편

『무정』에는 샌드위치의 반대편에 위치한 음식도 등장한다. 영채가 경성학교의 배 학감과 김현수에게 능욕당했던 날, 새벽에야 잠이 든 형식은 신우선이 찾아오자 겨우 눈을 뜬다. 하숙집 노파는 형식이 안 일어났다며 조반이 식을까 걱정이라고 수선을 떨었다. 형식은 경성학교 근처 교동에서 하숙을 하는데 반찬으로 자주 나오는 음식이 된장찌개였다.

> 노파의 만드는 장찌개는 그다지 맛있는 것은 아니었다. 그러나 노파는 자기가 된장찌개를 케일 잘 만드는 줄로 자신하고 또 형식에게도 그렇게 자랑을 하였다. 형식은 그 된장찌개에서 흔히 구더기를 골랐다. 그러나 노파의 명예심과 정성을 깨트리기가 미안하여, "참 좋소." 하였다. 그러나 "참 맛나오." 하여 본 적은 없었다. 그러나 노파는 이 "참 좋소."로 만족하였었다.

하숙집 노파는 자신이 끓인 된장찌개에 자부심을 가지고 있지만 형식에게는 그렇지 않다. 노파의 명예와 정성을 생각해 좋다고 하지만 맛있다고까지 하지는 않는다. 그것은 된장찌개에서 구더기가 나오기 때문인데, 노파가 눈이 어두워 된장에서 구더기를 골라내지 못해서였다.

형식은 구더기를 골라가며 먹지만 구태여 하숙집 노파에게는 얘기하지 않는다. 오히려 형식의 하숙집에 가끔 들르는 우선은 드러내 놓고 험담을 한다. 형식과 저녁을 먹다가 구더기가 나오면 일부러 크게 웃으며 된장찌개가 지극히 '졸렬하다'고 비난하는 것이다.

구더기가 나오는데 내색을 안 하는 형식보다 졸렬하다고 질책하는 우선의 행동이 자연스럽고 당연한 일일지도 모른다. 그리고 그것은 당시 『무정』을 읽는 독자들에게도 마찬가지였을 것이다. 지금의 독자들에게 구더기가 나오는 음식은 졸렬한 것에 머무르는 것이 아니라 혐오스럽기까지 할 것이다. 하지만 구더기가 나오는 된장을 졸렬하거나 혐오스럽다고 여기게 된 것이 당시부터였음도 기억해야 한다.

메주 담그는 방법과 장 만드는 방법이 수록된 『수운잡방』의 표지이다.

한반도에 된장이 정착되었던 것은 오래전으로 보인다. 콩으로 메주를 떠 장을 만드는 구체적인 서술은 조선시대에 나온『증보산림경제增補山林經濟』에 나온다. 하지만 『삼국사기三國史記』, 『해동역사海東繹史』 등에도 폐백 품목에 들어가 있거나 발해에서 만들었다는 언급이 있는 것을 고려하면 이미 삼국시대에도 먹었음을 알 수 있다. 그리고 옆의 이미지인『수운잡방需雲雜方』과 같이 15세기 이후 꾸준히 편찬된 여러 고조리서에서도 장 만드는 방법은 어렵지 않게 찾을 수 있다.

고조리서에 실린 장 담그는 방법은 거의 같은데, 메주를 빚는 것에서 시작된다. 먼저 콩을 물에 불려 삶아서 절구로 찧어 곱게 만든 후 메주의 모양을 잡으라고 했다. 메주 모양은 조리서마다 차이가 있는데, 직접 서술되지는 않았지만, 발효를 일으키기 용이한 모양이라는 데서는 비슷하다.

메주를 이틀에서 사흘 정도 말린 후 독에 넣는 과정 역시 다르지 않은데, 메주를 왕겨, 볏짚과 번갈아 가면서 넣으라고 했다. 메주 사이에 왕겨, 볏짚을 넣는 것은 발효를 돕기 위해서로 보인다. 이어 메주가 하얗게 될 때까지 방에서 한 주 정도 둔 후 하루 동안 바람을 쐬는 것을 반복하게 했다. 그러고 나서 볏짚으로 메주를 싸 볕이 잘 드는 곳에 매달아서 오래 두고 속까지 말리라는 것이다.

메주를 띄우고 나면 본격적으로 장을 만드는 과정이 진행된다. 흥미로운 것은 장을 만드는 조리과정이 근대 조리서에도 크게 다르지 않다는 사실이다.

> 메주를 솔로 정하게 씻어서 독 속에 차례로 재어 놓고 준비해 두었던 소금물을 채에 바쳐서 붓고 고추와 대추를 윗위로 넣고 ……중 략…… 3, 4일이 지난 후에 덮개를 열어 볕을 쪼이고 저녁이면 다시 잘 덮어 이와 같이 공을 들여서 사십일 동안 지낸 후에 장을 뜨나니

인용은 방신영이 쓴 『조선요리제법朝鮮料理製法』에 실린 것이다. 『조선요리제법』은 식민지시대부터 1960년대까지 가장 대표적인 조리서였다. 1917년 신문관에서 『만가필비 조선요리제법』이라는 제목으로 출판해, 이후 『주부의 동무 조선요리제법』, 『우리나라 음식 만드는 법』 등의 제목으로 간행을 거듭했다.

인용에는 깨끗이 씻은 메주를 독에 재워 놓고 소금물을 채우라고 했다. 그 과정에서 고추와 대추도 같이 넣는데, 탈취와 풍미를 위해서인 것으로 보인다. 그 후 3, 4일 지나면 낮에는 뚜껑을 열어 볕을 쪼이고 밤에는 다시 뚜껑을 덮으라는 것이다. 40일 정도 반복한 후 장물을 떠내는데,

그렇게 만들어진 것이 간장이다.

된장을 만드는 과정은 간장을 뜨고 남은 고형분을 장독에 담는 것으로 시작된다. 역시 낮에는 뚜껑을 열어 볕을 쪼이고 밤에는 뚜껑을 덮는 과정을 한 달 반 이상 반복하라고 되어 있다. 이 과정을 거치면 장이 만들어지지만 그것으로 끝나는 것도 아니다. 몇 년을 두고 충분한 발효와 숙성 과정을 거쳐야 색이 짙어지고 염도는 낮아지면서 깊은 맛을 내는 된장이 된다.

장 만드는 방법을 조금 장황하게 서술했다. 그것은 위와 같이 장을 만들 때 구더기가 생기는 것은 피할 수 없다는 점을 분명히 하기 위해서이다. 메주를 볕에 말릴 때 파리가 덤벼드는 것은 어쩔 수 없는 일이다. 메주를 볏짚에 싸서 오래 매달아 둘 때, 간장을 걸러내고 독에 넣은 후 오랜 발효와 숙성 과정을 거칠 때도 마찬가지다. 형식의 하숙집 된장찌개에서 구더기가 나왔던 이유도 이와 무관하지 않을 것이다.

물론 된장을 만들 때 구더기가 안 생기게 할 수도 있다. 요즘 먹는 된장이 그런데, 만드는 방식이 다르기 때문이다. 콩과 함께 보리, 밀, 쌀 등을 섞는 점, 간장을 분리하지 않는 점 등도 그렇지만 가장 큰 차이는 인공적으로 배양시킨 미생물을 주입해 발효시킨다는 것이다. 그런 된장을 '양조된장'이라고 하는데, 시간과 비용을 줄여서 공장에서 대량으로 생산하는 것을 가능하게 했다.

또 된장을 만드는 데 '산분해 방식' 역시 활용하게 되었다. 산분해 방식은 발효 과정 자체를 거치지 않고 미염산, 단백질분해효소 등의 화학 물질을 통해 콩을 분해하는 것이다. 양조된장이든 산분해 된장이든 햇볕이나 공기를 통한 발효와 숙성 과정을 거치지 않기 때문에 당연히 구더

'무로지室次 간장' 양조장 모습이다. 1573년에 양조장으로 시작해서 메이지 시대에는 공장으로 변모했다.

기는 생기지는 않는다.

　조선에서 처음 장을 생산한 공장은 '몽고간장'이었다. 몽고간장은 1905년에 설립되었는데, 일본인 야마다 노부스케山田信助가 일본의 양조 간장 방식을 통해 만들었다. 이후 그 방법을 배웠던 공장 배달원 김홍구가 일본의 패망과 함께 적산이 된 공장을 매입해 운영했다. 다른 대표적인 간장 회사인 '샘표간장', '오복간장' 등도 1946년, 1952년에 설립되었는데, 이들의 설립 과정 역시 앞선 몽고간장의 그것과 다르지 않다. 지금 식탁을 차지하고 있는 된장과 간장이 어떤 방식을 통해 만들어졌는지에 대해서는 구태여 언급하지 않겠다.

　된장에 들어 있는 구더기에 대한 생각에 균열을 가하기 위해서 잠시 조정래의 소설『태백산맥太白山脈』에 주목해 보자.『태백산맥』은 벌교, 지리산 등을 무대로 해방과 분단, 6·25 전쟁으로 이어지는 격동기의 역사를 그린 소설이다.『태백산맥』5권에는 작중인물인 외서댁과 남양댁이 참을 먹는 장면이 나온다.

두 사람은 들깻잎에 꽁보리밥을 싸 된장을 얹어 먹었는데, 작년에 담은 갈치속젓은 더욱 입맛을 돋운다. 그러다가 남양댁이 풋고추를 찍으려던 된장에서 구더기를 발견하는데, 아래의 인용은 그들의 대화이다.

풋고추를 된장에 찍으려던 남양댁이 주춤했다. 외서댁의 눈길도 된장으로 옮겨졌다.
"구데기 아니라고." 외서댁이 예사롭게 말했다.
된장 속에 몸을 박은 구더기 한 마리가 꼬물거리고 있었다. 된장 색깔 속에서 흰 구더기는 유난히 눈에 띄었다.
"아이고 염병허고 자빠졌다. 커 삼시랑은 잡아내고 잡아내도 끝도 한도 읗당께."
　　　　　……중 략……
"된장에 구데기 쓸기야 예사케. 포리가 쉬 깔려대는 디야 당헐 방도 읗는 일잉께. 다 항꾼에 묵고 사는 일인디."

남도 사투리가 질펀한 인용에서 외서댁과 남양댁은 된장에서 구더기가 나왔는데도 크게 놀라지 않는다. 그리고 형식이나 우선처럼 구더기가 나온 된장에 대해서 맛이 없다거나 졸렬하다고 비난하지도 않는다.
남양댁이 구더기를 아무리 잡아내도 끝도 없다고 하자 외서댁은 된장에 구더기가 생기는 것은 예사로운 일이며 모두 먹고사는 일일 뿐이라고까지 한다. 이어지는 부분에서 두 사람은, 된장에 있는 구더기에게 '그만 먹고 이제 가라'며 타이르며 던져버린 후, 다시 맛있게 쌈을 싸서 먹는다.

『무정』과 『태백산맥』의 시대적 배경은 30년 정도의 거리를 지닌다. 30년 이후의 시대를 다룬 『태백산맥』에서도 된장에 구더기가 생기는 것은 아무리 해도 어쩔 수 없는, 또 다 먹고살자는 예사로운 일로 그려져 있다. "구더기 무서워 장 못 담그랴?"라는 잘 알려진 속담의 함의 역시 그와 다르지 않을 것이다.

5. 익숙한 혹은 불편한

(1) 샌드위치와 된장찌개 혹은 문명과 야만

『무정』에서 영채는 샌드위치라는 음식을 처음 먹어봤는데, 짭짤한 고기가 맛이 있고 무언가 운치가 있다고 생각한다. 오후나켄사에서 에키벤으로 샌드위치를 팔았을 때, 승객들에게 호응을 얻었던 것 역시 같은 이유였을 것이다. 그리고 거기에는 샌드위치가 당시 서구화의 열풍과 관련된 음식이라는 점이 작용하고 있었다. 형식의 하숙집 노파가 자주 끓여 내놓는 음식은 된장찌개인데, 노파가 눈이 어두워 된장찌개에서는 구더기가 자주 나온다. 형식은 구더기가 든 된장찌개를 맛있다고 하지 않으며 우선은 지극히 졸렬한 음식이라고 비난한다.

서양에서 들어온 샌드위치를 운치 있다고 하고 예전부터 먹어온 된장찌개를 졸렬하다고 비난하는 이항 대립은 어디선가 본 듯하다. 그것은 하나를 우월한 것으로 다른 하나를 열등한 것으로 파악한다는 점에서,

독자들에게 익숙한 모습이기도 하다. 이 문제와 관련해 소설『흙』에는 음식과 민족에 관한 흥미로운 언급이 나온다.『흙』역시 이광수의 소설로, 1932년 4월부터 다음해 7월까지『동아일보』에 연재된 작품이다.

『흙』에는 허숭과 교류하던 한 선생이 학생들을 초대해 만찬을 여는 부분이 있는데, 만찬에서 음식에는 국가나 민족의 정신이 들어 있다며 각 나라를 대표하는 음식을 꼽는 장면이 등장한다. 영국의 비프스테이크, 일본의 회, 중국의 만두 등을 예로 드는데, 조선을 대표하는 음식은 김치와 갈비라고 한다.

이러한 음식들이 각 국가나 민족을 대표하는 음식인지는 이 책의 관심에서 벗어난다. 이 책이 주목하는 부분은 음식이 국가나 민족을 상징한다는 주장인데, 그 주장에 따르면『무정』에 등장하는 샌드위치와 된장찌개는 음식에 머무르지 않고 국가나 민족의 층위로 나아가기 때문이다.

그런데『무정』에서 샌드위치는 운치가 있고 된장찌개는 졸렬한 음식이라는 언급,『흙』에서 음식은 국가나 민족의 정신을 상징한다는 주장은 타당성을 지니는 것일까? 먼저 된장찌개에 들어 있던 천덕꾸러기 구더기부터 살펴보겠다.『무정』에서 형식은 구더기가 든 된장찌개를 맛있다고 하지 않으며 우선은 졸렬한 음식이라고 비난한다. 그런데 같은 구더기에 대해서 전혀 다른 생각을 피력한 인물로 '메노키오Menocchio'가 있다.

카를로 긴즈부르그Carlo Ginzburg는『치즈와 구더기Il Formaggio E I Vermi : Il Cosmo Di un Mugnaio del 1500』에서 16세기 이탈리아의 몬테레알레Montereale에서 살았던 메노키오라는 인물에 주목한다. 메노키오는 이단적이고 불경한 발언을 했다는 이유로 재판을 받았는데, 이 책의 관심은 메노키오가 '치즈'와 '구더기'를 통해 '신성과 천사'에 대한 생각을 피력했다는 데 있다.

치즈라는 음식 역시 된장과 마찬가지로 우유를 발효시키는 과정을 통해 얻어진 음식이다. 치즈의 발효 과정에서도 발효균이 작용하고 곰팡이가 자라지 않게 하려면 적절한 햇빛과 바람이 필요하다. 이는 치즈의 숙성 과정에서도 파리와 같은 곤충이 배란할 수 있는 가능성이 있다는 것이다.

메노키오는 이단을 판정하는 재판을 받는데, 그는 이단 심문관의 천사 탄생에 대한 심문에 다음과 같이 대답한다.

> 이단 심문관: 당신이 하느님이 세상을 창조할 때 보좌 역할을 했다고 생각하는 이 천사들은 하느님이 직접 창조하신 것인가? 아니라면 누가 이들을 만들었다는 것인가?
>
> 메노키오: <u>치즈에서 구더기가 생겨나듯이 그들은 자연에 의해서 세상의 가장 완벽한 물질로 만들어졌습니다.</u> 그들이 나타나자 하느님은 그들을 축복하고 의지와 지성과 기억을 주었습니다. ……중 략……
>
> 이단 심문관: 만약 천사들을 창조해낸 그 물질이 없었더라면, 또 혼돈이 없었더라면 하느님은 혼자서 세상의 모든 구조들을 창조하실 수 있었을까?
>
> 메노키오: <u>저는 재료 없이 어떤 것을 만든다는 것은 불가능하다고 생각합니다. 아무리 하나님이라 할지라도 재료가 없었더라면 그 어떤 것도 만들어내지 못했을 것입니다.</u> (강조는 인용자가 함.)

인용에서 메노키오는 이단 심문관에게 천사는 자연의 혼돈 속에서 세상의 가장 완벽한 물질로 만들어진 것이라고 대답한다. 인용의 앞부분에서 메노키오는 신적 지성 역시 혼돈 속에서 만들어졌다고 했는데, 재판이 이단을 판정하는 것이었음을 고려하면, 그가 정말 하고 싶었던 말은 천사뿐만 아니라 신 역시 자연의 혼돈 속에서 생겨났다는 주장이었을 것이다.

그런데 긴즈부르그가 기이하게 생각했던 것은 메노키오가 혼돈 속에서 신과 천사들이 탄생했다는 것의 당연함을 치즈에서 구더기가 생기는 데서 찾았다는 점이다. 당시 신이나 천사가 신성이 아니라 혼돈 속에서 생겨났다는 주장은 스스로 이단임을 시인하는 것이었는데, 메노키오는 그 주장을 고집스럽게 되풀이한다. 긴즈부르그는 그 이유를 메노키오가 수없이 직접 만들거나 혹은 만드는 것을 지켜 본 '바로 그 치즈'에 대한 것이었기 때문으로 파악한다.

바꾸어 말하면 메노키오는 음식에 대한 일상의 경험을 통해 신성에 대한 새로운 깨달음으로 나아갔다는 것이다. 이 책이 주목하는 부분 역시 메노키오가 치즈에서 구더기가 생긴다는 사실을 통해 혼돈에서 신과 천사가 탄생한다는 것을 당연하고 자연스러운 일로 여겼다는 것이다. 메노키오는 구더기를 '지극히 졸렬하거나 혐오스러운 것'과는 반대편에 위치한 '신이나 천사'와 같은 존재로 파악한다. 더구나 그것이 수없이 반복된 치즈 만드는 경험을 통한 것이었다는 점에서 메노키오에게 구더기의 의미는 분명해진다.

클로드 레비스트로스Claude Lévi-Strauss는 『신화학Mythologiques: L'origine des manières de table』 3권에서 요리를 삼각형의 구조로 설명한 바 있다. 그는 인간 문화의 습속eidos에 따라 먼저 문화/자연, 변형/정상으로 나누고, 가로축을 문화와 자연으로 또 세로축을 원초적인 것과 가공된 것이라는 기준을 원용했다. 그 결과 음식을 '날것의 음식raw', '익힌 음식cooked', '썩힌 음식 rotted' 등 흔히 '요리의 삼각형'으로 불리는 모형으로 구조화했다.

레비스트로스가 구조화한 요리의 삼각형에 따르면 『무정』에 등장한 된장찌개는 '썩힌 음식'에 가까울 것이다. 그런데 여기서 한 가지 바로 잡아야 할 것이 있다. 일반적으로 레비스트로스가 구조화한 요리의 삼각형에 대한 이후의 논의는 날것, 익힌 것, 썩힌 것 각각의 특징과 의미에 주목한다. 그런데 레비스트로스의 관심은 이들 각각의 음식이 지니는 성격을 가늠하는 데 있지 않았다. 그가 말하려 했던 것은 날것, 익힌 것, 썩힌 것 가운데 하나의 음식은 다른 음식과의 관계 속에서만 의미를 지닌다는 것이었다.

그것은 현상이 맺고 있는 구조에 기반해 하나의 항은 다른 항과의 관계 속에서만 의미를 지닌다는 레비스트로스의 사유적 근간을 이루는 것이었다. 레비스트로스는 음식을 통해 자연과 인간, 물질과 정신을 이어주는 매듭이자 사유인 '구조적 무의식'을 탐색하려 했다. 따라서 '요리의 삼각형'에서 날것, 익힌 것, 썩힌 것은 어느 것이 우월하고 어느 것이 모자란 것이 아니라 다른 음식과의 관계에서만 의미를 지니게 되는 것이다.

긴즈부르그나 레비스트로스의 논리에 따르면, 『무정』에서 구더기가 든 된장찌개는 이항대립의 한쪽 끝인 열등한 것에서 벗어난다. 또 발효를 거친 된장찌개는 날것, 익힌 것과의 관계 속에서 그 의미에 지니게 된다. 레비스트로스의 논의가 향한 궁극적인 지점이 관계의 체계를 통해 모든 인간에게 공통된 선험적이고 무의식적인 사유구조를 찾으려 한 것이었다는 데서, 음식이 국가나 민족의 정신을 상징한다는 주장이 지니는 한계 역시 분명히 드러난다.

나아가 한쪽을 '정상=문명=우월한 것'으로, 다른 한쪽을 '비정상=야만=열등한 것'으로 규정하는 주장의 한계 역시 마찬가지다. 앞선 이항대립은 아이러니하게 일본이 스스로 '아서구亞西區'를 자처하며 다른 아시아 국가에 대한 침탈을 정당화하는 데 끌어들였던 논리와 겹쳐져 있다. 일본은 스스로를 우월한 문명으로 규정하고 다른 아시아 국가를 부정적 타자로 표상화하는 이항 대립을 통해 식민 지배를 정당화하려 했던 것이다. 실제 그것은 동양을 비정상적이고, 야만적이고, 열등한 것으로 규정하는 것을 통해 스스로의 정체성을 마련하기 위해 서양이 고안했던 산물일 뿐이다.

(2) 샌드위치의 음영

『무정』에서 병욱은 상심한 영채에게 '구멍이 숭숭한 떡 두 조각 사이에 엷은 날고기가 끼인 것'을 건넨다. 영채는 처음 먹어보는 그 음식이 특별한 맛은 없으나 짭짤한 고기가 맛있고 무언가 운치가 있다고 생각한다. 일본에서 샌드위치가 인기를 얻었던 이유가 서구화 열풍과 맞물린 문명화된 음식과 관련되어 있었음은 확인한 바 있다. 하지만 얼마 지나지 않아 인기의 심층에 감추어져 있던 논리 역시 모습을 드러내게 된다.

오카다 데쓰岡田哲는 『국수와 빵의 문화사コムギの食文化を知る事典』에서 일본에 빵이 정착되는 과정에 대해 고찰한 바 있다. 그는 일본에 빵이 처음 전해진 것은 16세기지만 사람들이 즐겨 먹게 된 것은 메이지 시대에 이르러서였다고 한다. 구운 빵, 튀긴 빵, 찐빵 등 다양한 빵이 등장해

정착하게 되는데, 거기에는 아이러니하게 군대의 영향이 컸다는 것이다.

1870년대에 들어서 일본 해군은 보관이 용이하다는 이유를 들어 장거리 항해를 위해 빵을 군사식량으로 도입한다. 이어 육군 역시 두 번 구워 수분을 없애 더욱 보관을 쉽게 만든 건빵을 군사식량으로 채택한다. 청·일, 러·일전쟁을 거치면서 군사식량으로 빵의 위력을 확인하게 되자 유럽에서 조사단을 파견해 군사용 빵을 알아보는 한편 효모나 베이킹파우더를 이용한 빵을 만들기 시작했다. 그 과정에서 밀가루에 함유된 비타민이 당시 문제로 떠올랐던 각기병을 예방하는 데 효과가 있자 빵은 군사식량으로 더욱 큰 호응을 받게 된다.

샌드위치에는 다양한 재료가 들어가지만 핵심은 역시 햄이다. 햄은 본래 부패되기 쉬운 돼지고기 넓적다리를 소금에 절여 훈연 가공을 해 부패를 막고 풍미를 더한 돼지고기 가공품이었다. 일본에서 햄에 대한 언급은 1860년에 발행된 『가에이통어華英通語』 등에서 나타나지만, 만들기 시작한 것은 에도江戶 말기에서 메이지 시대에 걸쳐서였다. 1872년 나가사키長崎에서 미국인에게 기술을 배워 햄의 제조를 처음 시도한 후, 1874년에는 영국에서 온 윌리엄 커티스William Curtis가 나라奈良에서 소와 돼지를 직접 사육해 햄, 베이컨 등을 제조했다. 이어 1878년에는 마츠다 마사노리松田雅典가 역시 나가사키에 공장을 개설해 햄을 본격적으로 대량 생산하게 되었다.

사이토 미츠헤이齊藤滿平가 일본의 햄을 대표하는 '가마쿠라햄鎌倉ハム'을 처음 생산한 것은 1882년이었다. 생산되고 얼마 지나지 않아 신문이나 잡지 광고에서 어렵지 않게 찾을 수 있을 정도로 가마쿠라햄은 널리 보급되었다. 이 책이 가마쿠라햄에 주목하는 것은 일본의 햄을 대표

한다는 이유도 있지만 가마쿠라햄 역시 군사식량으로 채택되었다는 점 때문이다. 1884년에는 육군이, 이어 1917년에는 해군이 군인들의 식탁에 올리게 되어 밥 혹은 빵과 함께 먹기 시작했다. 그런데 군사식량 등 군대와 긴밀한 관련을 지녔던 것은 빵, 햄에 한정되지 않았다.

에키벤이 처음 등장했을 때 모든 역에서 에키벤을 판매한 것은 아니었다. 에키벤의 판매는 철도 교통의 요충지에 위치한 규모가 있는 역부터 시작되었다. 에키벤이 처음 등장한 우츠노미야역 역시 육군 14사단이 주둔하고 있었던 교통의 요충지였다. 에키벤의 판매가 크게 확대된 것 역시 도시락을 군대에 공급했던 것과 맞물려 있었다. 군대가 이동할 때는 철도를 이용했으며 병사들의 도시락은 에키벤 회사에서 공급했다.

청·일전쟁 당시 군대를 동원해 전선으로 파병했던 곳은 히로시마廣島의 우지나항宇品港이었는데, 군대가 집결하는 데는 1894년 아오모리靑森에서 히로시마까지 연결되어 있던 철도가 이용되었다. 러·일전쟁에서 동원된 일본인 병력은 100만 명에 달했는데, 역시 홋카이도北海道의 아사히카와旭川에서 규슈九州의 구마모토熊本까지 연결된 철도는 군인들을 전선으로 수송하는 역할을 원활하게 수행했다.

2차세계대전 중 판매된 에키벤의 포장지다. '전 수송력을 전쟁을 위해서'라는 말이 눈에 띈다.

이러한 과정에서 군대가 주둔했던 역에는 앞 다투어 에키벤 회사가 들어섰다. 옆의 이미지는 2차 세계대전 중 판매된 에키벤의 포장이다. '전 수송력을 전쟁을

위해서全輸送力を戰爭のために'라는 말에서 드러나는 것처럼 전시체제에 접어들자 에키벤 역시 군사용으로 제공되는 것을 주된 목적으로 하게 되었다.

앞서 언급한 것처럼 샌드위치의 기원은 카드놀이에 심취한 샌드위치 백작이 처음 먹기 시작한 데서 찾고 있다. 이 책이 주목하는 점은, 기원의 옳고 그름과는 무관하게, 샌드위치가 먹기 편리하게 만들어졌다는 것이다. 서양인들의 일반적인 식사인 빵, 고기, 채소 등을 손에 들고 한꺼번에 먹을 수 있다는 것이 그것이다.

군대, 특히 전쟁에서 빵이나 도시락이 효과적으로 이용될 수 있었던 것도 언제, 어디서든지 편리하게 먹을 수 있도록 만들어졌기 때문일 것이다. 이는, 서양 혹은 스스로 아시아의 서양임을 자처했던 일본이 주장했던 문명 그리고 그것과 맞물린 편리가, 식민지 침탈 등에서 쉽게 제국주의적 야욕을 위해 사용될 수 있음을 보여주는 것이기도 하다.

이러한 사고 속에서『무정』에 등장한 샌드위치와 된장찌개라는 이분법 바깥의 가능성을 떠올리는 것은 힘들지도 모르겠다. 그리고 중·일전쟁, 태평양전쟁 등 일본 제국주의가 막바지로 치달았을 때 대동아공영의 정당성을 주장하며 학병으로 입대할 것을 역설했던 이광수 혹은 '카야마 미즈로'의 행적 역시 어쩌면 이해할 수 있을 것이다. 그리고 둘로 나뉜 그의 작품과 행적에 대한 평가 역시, 이미 샌드위치와 된장찌개라는 이항 대립 속에서 발아한 것이라는 점에서, 동전의 양면과 같다고 할 수 있다.

DESSERT

그때는 샌드위치를 어떻게 만들었을까?

> 점심으로는
> 간단한 샌드위치를 만들어 드시는 것이 좋습니다.
>
> 〈재료〉
> 면보, 계란 두 개, 늘여 놓은 소고기 조금, 홍당무, 오이
>
> 〈만드는 법〉
> 1) 홍당무를 짧게 썰어서 잠깐 데치고 계란을 삶고 오이는 껍질을 벗겨 얇게 켜며
> 내고 늘여 놓은 쇠고기에는 사탕, 소금, 호초를 발라 맛을 맞춥니다.
> 2) 그러고는 이번 계란을 노른자는 짓부수고 흰자는 잘게 썰고 오이와 홍당무는
> 소금물에 컬여 내서 꼭 짭니다.
> 3) 그 다음 면보의 한편 짝에는 계란 노른자를 바른 뒤 그것을 포개어 놓고 사이
> 사이 오이, 홍당무, 흰자를 끼우는 동시에 늘여 놓은 쇠고기를 알맞게 썰어서 세
> 워 놓습니다.

1937년 8월 『조선일보』에 실린 샌드위치 조리법이다. 면보는 빵이나 과자를 일컫
는 말이었는데, 여기에서는 빵을 뜻한다. 사탕은 설탕의 일본식 표기이고, 호초는
지금의 후추이다. 햄을 늘여 놓은 소고기라고 표현한 것이 흥미롭다.

2장

관부연락선의 식탁, 부산의 우동집

-염상섭의 「만세전萬歲前」(1924)

염상섭의 소설은 읽기 힘들다. 누군가 '둔중하다'고 표현했는데, 그 말이 맞는 것 같다. 또 문장이 엿가락 늘어지듯 한다고도 했는데 역시 틀린 말은 아니다. 늘어진 문장에는 작가가 벗어나려 했던 원고료의 그늘도 자리하고 있는 것 같아 마음이 쓰인다.

염상섭의 소설은 힘들지만 읽을 가치가 있다. 둔중함 속에 여러 가지 의미가 숨겨져 있기 때문이다. 「만세전」 역시 마찬가지다. '도쿄東京'에서 경성으로 이어지는 이인화의 발걸음은 느리고 무겁다. 하지만 그 발걸음은 만세 '전' 조선의 식민지적 현실을 핍진하게 재현한다.

염상섭 소설에는 음식도 많이 등장한다. 「만세전」에도 관부연락선의 식탁이나 부산의 일본 국숫집이 등장한다. 식탁은 친절하게도, 또 썩 맛있게도 그려져 있지 않다. 하지만 그것 역시 곱씹다 보면 여러 가지 맛을 느낄 수 있다. 그리고 그 중심에는 식민지의 맛이 자리하고 있다.

1. 식사를 하려면 차례를 지키시오

끝없이 이어진 푸른 바다는 자신보다 옅은 색깔의 하늘과 맞닿아 있다. 저 멀리 수평선이 보이는 레스토랑에는 좀처럼 먹어보기 힘든 음식이 가득하다. 유람선에서 망망대해를 바라보며 식사를 하거나 커피를 마시는 것은 누구나 한 번쯤 꿈꿔 보는 로망이다. 호화 유람선이라면 더 말할 나위 없겠고…….

그런데 염상섭의 소설 「만세전」에 등장하는 관부연락선의 식사 모습은 로망과는 거리가 있다. 잠시 소설의 중심인물인 이인화가 연락선에서 아침을 먹는 장면을 살펴보자.

한차례 치르고 난 식탁 앞에 우글우글하는 사람 떼가 꺼멓게 모여서서 무엇인지 말다툼을 하고 있는 모양이다.

"……그래 갖다 놓기 전에 와서 앉으면 어떻단 말이야?"

신경질적으로 생긴 바짝 마른 상에 독기를 품고 빽빽 소리를 지르는 것은, 윗수염이 까무잡잡하게 난 키가 작은 사람이다. 그리 상스럽지 않은 얼굴로 보아서 어떤 외동다리 금테폼은 되어 보인다.

"글쎄 그래도 아니 되어요. 차례가 있으니까, 지금부터 앉았어도 안 드려요."

검청 학생복을 입은 선원은 골을 올리려는 듯이 순탄한 어조로 번죽번죽 대구를 하고 섰다.

식탁 앞에 우글우글하는 사람들이 꺼멓게 모여 있고, 그 중간에서는 승객이 빽빽 소리를 지르고 선원은 번죽번죽 대구를 한다. 밥과 반찬을 차리기 전에 앉은 것이 어떠냐는 승객에게 선원은 차례를 지키지 않으면 밥을 안 주겠다고 말다툼을 하고 있는 것이다.

식사가 시작되기 전부터 벌어진 실랑이가 살벌하다. 실랑이가 벌어진 곳은 식당도 아니고 객실인 것 같다. 식탁 앞에는 사람들이 서로 먼저 먹겠다고 아우성이니, 도대체 무슨 일 때문에 실랑이가 벌어진 것일까?

「만세전」이 발표된 상황은 조금 복잡하다. 처음에는 1922년 7월부터 『신생활』이라는 잡지에 세 차례 연재되다가 중단되었는데, 그때 제목은 「묘지」였다. 다음으로는 「만세전」이라는 제목으로 1924년 4월부터 6월까지 『시대일보』에 모두 59회 연재되었다. 연재가 끝난 지 얼마 되지 않은 1924년 8월 '고려공사'라는 출판사에서 단행본으로도 발행을 하게 된다.

「만세전」은 도쿄에서 유학을 하던 이인화가 아내가 위독하다는 전보를 받는 것으로 시작된다. 아내의 소식을 들은 이인화는 귀국길에 오르는데, 이후 소설의 전개는 그의 여정을 충실히 따르고 있다. 도쿄에서 출발해 고베, 시모노세키, 부산, 김천, 경성 등으로 이어지는 여로가 그것이다. 시모노세키에서 부산으로 가기 위해 탄 관부연락선 역시 여정의 한 부분을 이루고 있다.

2. 도쿄에서 부산으로

(1) 느리고 고된 여행

이인화는 밤 11시에 도쿄를 출발하는 기차를 타고 시모노세키로 가다가 하루 묵어가려 고베에서 내린다. 고베는 도쿄에서 시모노세키까지 가는 길의 절반 조금 지난 곳에 위치한다. 기차에서 내렸는데 저녁 해가 산에 걸려 있었으니 고베까지 17, 18시간 정도 걸린 것이었다. 고베에서 묵은 이인화는 다음날 아침 다시 기차를 타고 시모노세키까지 간다. 역시 저녁 무렵에야 도착했으니 고베에서 시모노세키까지 가는 데도 10, 11시간 정도 소요되었다.

이인화가 도쿄에서 고베까지 이동한 노선은 '도카이도선東海道線'으로 1889년 7월 개통된 것이었다. 또 고베에서 시모노세키까지는 1901년 개통된 '산요선山陽線'을 통해 갔다. 사실 그 철도는 『무정』에서 병욱이 도쿄에서 고향인 황주로 갈 때 거쳤던 노선이기도 하다.

도카이도선과 산요선은 동서로 횡단하는 노선으로 일본 철도의 중추를 이루었는데, 그 의미에 대해서는 뒤에서 얘기하겠다. 앞서 걸린 시간들을 따져보면 이인화가 도쿄에서 시모노세키까지 이동한 시간은 모두 30시간 정도였음을 알 수 있다. 도쿄에서 경성에 이르는 여정의 반에도 못 이르렀는데, 그 정도의 시간이 걸렸으니 긴 여정이었던 것 같다.

시모노세키에 도착한 이인화는 '관부연락선'을 타기 위해 부두로 간다. 승선 수속을 기다리면서 그는 부두 대합실에 있는 매점에서 '벤또弁当'를 구입한다. 당시 운행되던 기차 가운데 완행에는 식당차, 침대차 등

부산 잔교에 정박한 관부연락선 '신라환'의 모습이다.

이 없는 경우가 많아서 도시락, 곧 '에키벤'을 사서 요기하는 승객이 많았다는 것은 『무정』을 통해 확인한 바 있다. 연락선 대합실에서도 기차와 마찬가지로 도시락을 팔았는데, 대합실에서 도시락을 구입했던 승객역시 이인화만은 아니었을 것이다.

승선 수속이 시작되자 이인화는 비린내와 기름내가 섞인 불쾌한 냄새를 맡으며 잔교와 배를 연결시켜 놓은 층계를 통해 연락선에 오른다. 잔교는 선박이 부두에 직접 닿을 수 있게 한 시설을 뜻하는데, 부산 부두에도 같은 시설이 갖추어져 있었다. 「만세전」의 시간적 배경은 3·1 만세운동 '전'의 겨울, 정확히는 1918년에서 1919년으로 이어지는 겨울이다.

당시 시모노세키와 부산을 운항했던 연락선은 '신라환新羅丸'과 '고려환高麗丸'이었다. 처음 관부연락선이 운항되었던 것은 1905년 9월이었으며, '일기환壹岐丸'과 '대마환對馬丸'이라는 두 대의 배가 교대로 다녔다. 둘은 1,600톤급의 배로 크기와 모양이 같았으며, 운항 시간은 11시간 30분 정도 걸렸다.

신라환과 고려환은 일기환과 대마환에 이어 1913년 1월, 4월부터 운항을 시작했다. 둘은 3,000톤급으로 일기환, 대마환보다는 두 배 정도 컸다. 하지만 운항 시간은 11시간으로 30분 정도 빨라지는 데 그쳤다. 두 배의 정원은 승객 648명, 승무원 112명으로, 거의 800명 가까운 사람들이 탈 수 있는 배였다.

이인화는 연락선에 승선한 후 서로 앞서려고 다투는 사람들을 빠져나와 삼등실로 들어간다. 소설은 승선 당시의 상황을 다음과 같이 그리고 있다.

케각기 앞을 서려고 우당퉁탕 대는 틈을 빠져서 겨우 삼등실로 들어갔다. 참외 원두막으로서는 너무도 몰취미하고 더러운 이층 침대에다가 짐을 얹어 놓고 옷을 갈아입은 후에 나는 우선 목욕탕으로 뛰어 들어갔다.

승객들이 먼저 들어가려고 다투었던 것은 연락선 삼등실에는 좌석이 정해져 있지 않았기 때문이다. 관부연락선에서 이인화를 비롯한 삼등실 승객을 위한 자리는 하갑판 선저에 위치하고 있었다. 인용문에는 자리를 잡기 위해 침대에다 짐을 놓았다고 했는데, 흥미로운 부분은 그곳을 지저분한 참외 원두막과 같다고 한 것이다.

이인화는 왜 삼등실 풍경을 하필이면 참외 원두막에 비유했을까? 그가 승선했을 때 관부연락선의 삼등실 내부를 보여주는 이미지를 찾기는 힘들다. 하지만 삼등실의 모습을 그려보는 데 도움을 받을 수 있는 자료로 '세이칸연락선靑函連絡船'의 삼등실 내부 이미지가 있다. 세이칸연락선은 1908년부터 일본 혼슈本州의 북쪽 끝인 아오모리靑森와 홋카이도北海道의 하코다테函館를 운항했던 배였다.

옆의 이미지와 같이 더 많은 승객을 태우기 위해 공간을 2층으로 나누었는데, 이인화는 이를 보고 지저분한 참외 원두막 같다고 표현했던 것이다. 1층과 2층의 바닥에는 다다미疊를 깔아 더욱 많은 승객을 태우려 했다. 이런

'세이칸연락선'의 삼등실 모습이다. 더 많은 승객을 태우기 위해 공간을 2층으로 나눈 것이 눈에 띈다.

구조가 누에를 치는 선반같이 보여 연락선 삼등실을 '천붕풍蚕棚風'이라고 부르는 등 승객들의 불만 역시 적지 않았다.

다시 「만세전」의 식사 장면으로 돌아가 보자. 이인화가 탄 연락선은 밤 10시에 시모노세키를 출항해서 다음날 아침 9시 부산에 입항하는 편이었다. 이인화는 삼등실의 한 구석에 끼여 가까스로 눈을 붙인다. 자는 둥 마는 둥 일어난 그는 지저분한 데다가 고약한 삼등실 냄새 때문에 갑판으로 나가게 된다.

갑판에서 산책을 하던 것도 잠시뿐 아침 식사가 시작되자 다시 냄새 나는 선실로 돌아간다. 전날 도시락을 샀지만 승선 과정에서 있었던 '취체取締'의 모욕감 때문에 먹지 못해 시장기를 느꼈기 때문이었다. 서둘러

삼등실에 돌아간 이인화의 눈에 들어온 것이 앞서 승객이 빽빽 소리를 지르고 선원은 번죽번죽 대꾸를 하는 모습이었다.

「만세전」에서 관부연락선의 식사 장면은 몇 가지 흥미로운 정보를 제시한다. 먼저 삼등실 승객은 식당이 아니라 객실 내부에서 식사를 했다는 것이다. 갑판에 나갔던 이인화가 서둘러 객실로 돌아간 것도 선원들이 밥통을 연이어 객실로 날라 갔기 때문이었다. 이는 주방에서 조리한 음식을 객실로 옮겨 식사를 했음을 말해준다.

그나마 식탁이 몇 개 안 되어 먼저 온 승객들이 먹고 나면 다시 밥과 찬을 차린 후 다음 승객들이 먹는 방식이었다. 앞선 실랑이 역시 밥과 찬을 차리기 전에 앉은 손님 때문에 일어난 것이었다. 식탁 앞에서 기다리던 이인화는 자기 차례가 되자 다른 승객들 틈에 끼어 앉는다. 그러고는 정신없이 밥을 먹는데 「만세전」에는 어떤 음식을 먹었는지는 밝히지 않는다.

식사로 어떤 음식이 제공되었는지 추정하는 데 가장 설득력 있는 방법은 연락선을 운항했던 회사와 승객들의 국적을 따져보는 일일 것이다. 먼저 관부연락선을 운항했던 회사는 고베에서 시모노세키까지 산요선을 운영했던 산요철도의 계열사인 '산요기선회사山陽汽船會社'였다. 그러면 승객들의 국적은 어땠을까? 일반적으로 관부연락선이 시모노세키와 부산을 왕복하는 배였으니 조선인 승객도 꽤 많았으리라고 생각한다. 하지만 소설의 시간적 배경인 1918년 관부연락선의 조선인 승객은 일본인 승객의 7.4%였고, 이전에는 더욱 적었다. 두 가지 사실을 고려하면 식사는 밥과 '미소시루味噌汁'에 몇 가지 찬이 놓이는 일본식으로 제공되었을 것이다.

(2) 왜 식사가 제공되었을까?

　그럼에도 여전히 풀리지 않는 궁금증이 있다. 왜 관부연락선의 승객
들은 식당이 아니라 객실에서 식사를 했으며 그것도 순서를 기다려서 먹
었을까 하는 점이다. 연락선 내에는 식당이 없었던 것일까? 서둘러 대답
부터 하자면 연락선에 식당은 있었다. 잠시 아래의 이미지에 주목해 보
자. 이미지는「만세전」의 시간적 배경 당시 운항되었던 연락선인 '신라
환'과 '고려환'의 선내 배치도이다.
　먼저 선내 배치도의 상갑판에서 일등객, 이등객 식당을 찾을 수 있다.
이는 일등실, 이등실 승객은 식당에서 식사를 했다는 것을 말해준다. 그
런데 하갑판에는 삼등 객실과 삼등객 세면소가 있을 뿐 따로 식당은 없
다. 소설에서 삼등실 승객이 객실 내에 차려진 식탁에서 차례를 기다려

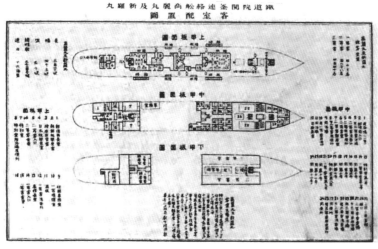

갑판에 따른 고려환과 신라환의 선내 배치도이다.
소설의 시간적 배경이 된 시기의 자료라서 화질이 좋지 않다.

식사를 해야 했던 것은 그 때문이었다.

그렇다고 관부연락선의 모든 승객들이 이인화와 같이 고단하고 비루한 식사를 했던 것은 아니다. 일등실, 이등실 승객들은 상갑판에 마련되어 있는 전용 식당에서 종업원들의 서비스를 받으며 여유 있게 식사를 했다. 산요철도의 홈페이지를 참고하면 1920년대 중반을 기준으로 관부연락선 식당에서는 서양식과 일본식 음식이 제공되었다.

서양식 음식으로는 몇 가지 음식이 순서대로 제공되는 '정식定食'이 있었다. 언제 들어도 어색한 '정식'이라는 이름의 기원에 대해서는 이 책의 9장에서 다루게 될 것이다. 일품요리로는 비프스테이크, 비프커틀릿, 치킨커틀릿, 카레라이스, 오믈렛, 샌드위치 등이 있었다. 일본식 음식으로는 회, '오야코동親子丼', '텐동天丼' 등을 팔았다. 여기에서 오야코동은 닭고기달걀덮밥, 텐동은 튀김덮밥 정도가 되겠다. 가격은 서양식 음식은 정식, 비프스테이크가 50전이었고, 나머지는 30~40전 정도였다. 일본식 음식은 회가 35전, 오야꼬동이 40전이고, 텐동이 30전 정도였다.

또 일등실, 이등실 승객들은 연락선 내에 있는 매점도 자유롭게 이용할 수 있었다. 매점에서는 도시락을 비롯해 육포, '가다랑어포かつおぶし'를 팔았다. 또 카스텔라, 과자, 과일과 함께 커피, 사이다, 우유 등도 있

세이칸연락선의 일, 이등실 승객을 위한 식당이다.

었다. '추유청주忠勇淸州', '기린맥주麒麟ビール', '아사히맥주朝日ビール' 등 술도 팔았는데, 육포나 가다랑어포는 안주로 많이 팔렸다. 가격은 도시락이 30전, 육포, 가다랑어포는 크기에 따라 20~

40전 정도였다. 커피는 10전, 사이다는 20전이었고, 추유청주는 일홉一
合에 22전, 맥주는 45전 정도였다. 매점에서 구매를 하면 배달도 해 줘 객
실에서 먹을 수도 있었다.

관부연락선의 객실은 어땠을까? 먼저 일등실은 모두 침대방이었는
데, 하나의 객실에 두 개의 침대가 놓여 있는 구조였다. 관부연락선 광고
에는 아늑하고 조용한 분위기를 조성해 집과 같은 느낌을 준다고 되어
있다. 이등실은 침대방과 다다미방疊房 두 종류가 있었다. 침대방은 방 하
나에 침대가 8개 정도 놓였으며, 다다미방의 경우도 7, 8명으로 정원을
제한해 삼등실과 차별을 두려 했다.

흥미로운 것은 승선권 등급에 따라 갑판도 구분되어 있었다는 점이
다. 이태준은 『사상의 월야』에서 작가 자신이 1924년 일본에 갔던 경험
을 그린 바 있다. 소설의 중심인물 송빈은 관부연락선을 타고 시모노세
키로 가던 중 갑판에 나가는데 그때 이등실 갑판에 나와 있는 사람들의
무리를 발견한다. 이 책의 10장에서 다룰 같은 작가의 소설 『청춘무성』
에서도 삼등실 갑판과 따로 이등실 갑판이 있었다고 되어 있다.

옆의 이미지는 관부연락선의 갑판 모습이다. 승선권에 따라 구분하
기 위해 갑판을 선실 앞에 발코니
형식으로 설치했음을 알 수 있다.
그러니 관부연락선에서는 '잭'과
'로즈'가 만나 사랑을 나누는 『타
이타닉Titanic』과 같은 일은 애초
에 일어날 수가 없었다. '타이타
닉호'의 운항이 1912년이었으니,

당시 관부연락선의 갑판 모습이다. 승선권의 등
급에 따라 갑판도 구분되어 있었던 것은 이미지
와 같이 갑판을 선실 앞에 설치했기 때문이다.

「만세전」과 거의 비슷한 시간적 배경인데도 그렇다.

시기에 따라 삼등실 승객이 갑판을 이용하는 데 더욱 심한 제약이 있기도 했다. 1937년부터 운항했던 관부연락선인 '흥안환興安丸'에서 그랬는데, 당시는 만주사변을 거쳐 중일 전쟁이 발발하는 등 전시 체제였다. 흥안환에서는 출항 직전 삼등실 선창의 문을 닫고 목적지에 도착하면 열어줬기 때문에 승객들은 갑판에 나가지 못하고 창고 같은 선저에 짐짝처럼 실려갔다고 한다.

흥미로운 점은 관부연락선의 운임에는 식사비용이 포함되어 있었다는 것인데, 일등실, 이등실, 삼등실 모두 그랬다. 『동아일보』의 기사를 보면 거기에 대한 논란도 있었는데, 1920년 7월 식사를 제공하지 않기로 했다고 했다가 같은 해 9월 다시 원하는 사람에게만 식사를 제공했던 사실이 그것이다. 식사비용이 일괄적으로 포함된 데 대한 논란으로 식사를 제공하지 않기로 했지만, 그렇게 하자 식사를 제공하지 않는 데 불만이 있어 원하는 사람에게만 제공했던 것으로 보인다.

그런데 관부연락선에서는 왜 식사를 제공했을까? 운임에 식사비용이 포함된 데 대한 논란까지 감수하면서 말이다. 이인화가 도쿄를 떠나 시모노세키에 도착하는 데는 30시간 정도 걸렸다. 『만세전』에서 이후 경성에 도착하는 모든 여정에는 3박 4일이라는 시간이 소요되었다. 형의 꾸지람처럼 고베에서 하루 묵지 않았더라도 적어도 3일이 넘는 시간이 걸리게 된다. 그 긴 시간 동안 기차에서 연락선, 연락선에서 다시 기차로 이어지는 여행을 하는 승객들에게 가장 필요했던 것은 먹을 것과 씻을 곳이었다. 몇 개 안 되는 식탁에서 자기 차례가 되어야 겨우 먹었을지라도 식사가 제공되었던 이유는 거기에 있었다.

관부연락선에는 씻을 곳, 곧 목욕탕도 구비되어 있었다. 물론 씻는 공간에도 차이가 있었다. 삼등실 승객은 탕이 구비된 목욕탕을 공동으로 사용했다. 이인화가 일본인 브로커가 조선 농민들을 일본의 탄광과 공장에 팔아넘긴다는 역겨운 얘기를 들은 곳도 삼등실 승객이 이용하는 목욕탕이었다. 몇 개의 탕을 갖추는 등 규모도 작지 않았는데, 400명에 달하는 삼등실 정원을 고려해도 그래야 했을 것이다. 이에 반해 일등실은 방마다 세면실이 있었으며, 이등실 승객을 위한 세면실 역시 따로 구비되어 있었다.

그렇다면 일등실, 이등실, 삼등실의 운임은 어느 정도 차이가 났을까? 1920년 7월 당시 운임은 일등실 10원 65전, 이등실 7원 10전, 삼등실 3원 55전이었다. 운임에 식사비용이 포함되어 있는 데 논란이 있어서 식사를 제공하지 않기로 하고 책정된 운임이었다. 또 1920년 9월 당시 연락선의 운임은 일등실 9원 30전, 이등실 6원 70전, 삼등실 3원 30전이었다. 승선권의 등급에 따라 운임은 2원 60전 정도에서 3원 55전 정도 차이가 났다. 지금 기준으로 어림잡아 따져 보면, 일등실 300,000원, 이등실 210,000원, 삼등실 100,000원 정도였다. 삼등실 운임에 비하면 이등실은 두 배, 일등실은 세 배 정도 비쌌다.

관부연락선은, 일반적으로 생각하듯, 시모노세키와 부산을 왕복하는 배만은 아니었다. 연락선의 사전적 의미는 바다나 호수 때문에 끊어진 철도 운행을 이어주는 선박이라고 되어 있다. 「만세전」에서 이인화는 도쿄에서 기차를 타고 고베를 거쳐 시모노세키에 도착한다. 또 부산에 내려서는 김천에 들렀다가 경성에 도착하게 된다. 소설에서 관부연락선은 도쿄에서 경성에 이르는 여로의 중간에 있으며, 바다 때문에 끊어진 철도 운행을 이어주는 역할을 하고 있다는 것이다. 시모노세키와 부산 사이를 철도가 중단된 곳으로 파악했다는 데서 식민지의 어둠은 분명하게 다가온다.

그렇지만 관부연락선이 했던 역할은 그것에 그치지 않았다. 도쿄는 일본의 철도망이 집중되는 곳이었다. 1891년 도쿄에서 혼슈의 북쪽 끝인 아오모리에 이르는 철도가 개통되었다. 또 비슷한 시기 규슈九州의 모지門司와 구마모토熊本를 연결하는 철도 역시 준공되었다. 한편 부산에서 출발한 기차의 종착역 역시 경성이 아니었다. 이인화는 경성역에서 내렸지만 기차는 경의선을 따라 신의주에 이르렀다. 또 1911년 준공된 압록강 철교와 안동安東과 봉천奉天을 연결하는 철도를 통해 봉천까지 다다르게 되었다. 여기에서 관부연락선이 일본과 조선, 그리고 대륙을 연결하는 선박이었음을 알 수 있다. 그리고 그 길은 식민지 조선을 거쳐 대륙으로 진출하는 데 사활을 걸었던 일본 제국주의의 의도와 정확히 겹쳐지는 것이었다.

3. 부산을 메운 일본인의 이층집

관부연락선이 부산 잔교에 정박하자 이인화는 지게꾼을 이용해 부산정거장으로 이동한다. 당시 부산정거장은 지금 초량에 위치한 부산역과 다른 곳에 있었다. 다음 페이지에 있는 이미지는 당시 부산 부두와 정거장이 함께 찍힌 드문 사진이다.

식민지시대 부산 부두와 정거장의 모습이다.
잔교를 비롯한 부산 부두와 정거장이 곧바로 연결되게 만들어졌음을 알 수 있다.

사진 중앙 왼쪽에 있는 건물이 부산정거장이고, 오른쪽 위에 흐리게 보이는 것이 부두의 잔교와 거기에 정박한 연락선이다. 중간에 첨탑을 지닌 건물은 부산 세관으로, 세관 위치는 지금도 그대로이다.

이인화는 정거장에 짐을 맡기고 부산 시가 쪽으로 발걸음을 옮겼다. 기차 출발시간이 서너 시간 남은 데다가 그때까지 지나치기만 했지 부산을 구경해 본 적이 없다는 생각에서였다. 소설에 이인화의 발걸음은 다음과 같이 그려져 있다.

부두를 뒤에 두고 서편으로 꺾어져서 컨찻길을 끼고 큰길을 아무리 가도 좌우편에 이층집이 쭉 늘어섰을 뿐이요 조선 사람의 집이라고는 하나도 눈에 띄는 것이 없다. 얼마도 채 못 가서 컨찻길은 북으로 꺾어지게 되고 맞은편에는 극장인지 활동사진인지 울긋불긋한 그림 조각이며 깃발이 보일 뿐이다.

　부산정거장에서 부두를 뒤로 하고 서편으로 꺾어져서 전찻길을 낀 큰길을 따라 내려갔다고 했다. 그런데 아무리 걸어도 좌우편으로 눈에 띄는 것은 모두 일본인의 이층집이고 조선인의 집은 없었다는 것이다. 이인화는 낮에 거리를 나다니는 그 많은 조선인들이 밤에는 어디로 가는지 궁금해한다. 궁금증은 조바심으로 바뀌어 이 골목 저 골목 닥치는 대로 가 보지만 결국 조선인의 집을 찾는 데 실패한다.

　이인화가 갔던 곳은 어디였기에 일본인의 이층집만 가득하고 조선인의 집은 없었을까? 이인화가 부산에서 걸었던 길은 부산정거장에서 '부산부청'으로 이어지는 도로였다. 1934년 부산대교가 완공되었을 때는 부산부청을 거쳐 '부산대교'까지 이르는 길이라서 '대교통大橋通'이라고

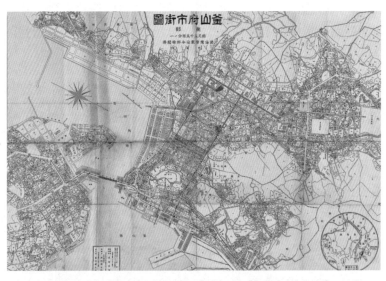

식민지시대 부산 부두와 정거장을 파악할 수 있는 「부산부 시가도」이다.

이인화가 조선인의 집을 찾아 헤맨 대창정 거리이다.
오른쪽 뒤편 멀리 부산우편국의 모습이 보인다.

불렸던 곳이다. 이인화는 대창정大倉町 4정목에서 출발해 대창정 2정목
과 3정목 방향으로 나누어지는 곳까지 걸어갔다. 거기에서 전찻길을 따
라 북편으로 꺾어지게 되면 '동양척식회사東洋拓殖會社' 부산지점이 위치
한 부산 본정에 다다르게 된다. 동양척식회사는 지금 '부산근대역사관'
으로 바뀌어 이용되고 있다.

　'대창정'이라는 이름은 오쿠라 기하치로大倉喜八郎라는 일본인 정
상政商의 이름을 딴 것이었다. 1902년에서 1908년까지 부산항 매축공사
가 진행되었는데, 그 공사를 주도했던 사람이 오쿠라 기하치로였다. 그는
이 책의 10장에서 살펴볼 일본 '제국호텔帝國ホテル'의 건설을 담당했던
인물이기도 했다. 매축공사가 끝나자 새롭게 조성된 공간에는 공공기관
을 비롯해 숙박, 창고, 운수 회사 등이 들어섰다. 공공기관은 당연히 그랬

을 터이고 매축지를 매수한 회사 역시 일본인들이 경영하는 큰 회사였다.

이런 상황을 고려하면 이인화가 거기서 조선인의 집을 찾기 힘들었던 것은 당연한 일이었는지도 모른다. 조선인의 집을 찾는 데 실패한 이인화는 다음과 같이 되뇐다.

한 집 줄고 두 집 줄며, 열 집이 바뀌고 백 집이 바뀌어 쓰러져 가는 집은 헐리고 어느 틈에 새 집이 서고, 단층집은 이층으로 변하며, 온돌이 다다미가 되고 석유불이 컨등불이 된 것이었다. ……중 략…… 이 시가의 주인인 주민이 하나씩 둘씩 시름시름 쫓겨나갈 게, 오늘날 씨알머리도 남지 않고 아주 딴판의 새 주인이 독첨을 하리라는 것은 한 사람도 꿈에도 청신을 차리고 생각지는 못하였을 것이다.

알지 못하는 사이에 진행되어 가는 식민지화와 그것 때문에 고향을 등져야만 하는 조선인의 상황을 얘기한 것이다. 인용문에서 이어지는 부분에는 고향을 떠난 조선인은 만주나 간도로 이주할 수밖에 없다는 얘기가 나온다. 그리고는 부산의 모습을 '조선을 축사한 것, 조선을 상징한 것'이라고 해, 조선의 암울한 운명에 대해 탄식한다.

이인화는 발걸음을 되돌려 부산정거장으로 가다가 출출함을 느끼고 상밥 파는 데를 찾는다. 상밥의 사전적 의미는 밥과 반찬을 상에 차려 한 상씩 따로 파는 밥인데, 소설에서는 식당에서 파는 밥 정도를 뜻했다. 그때 음식점 앞에서 청소를 하는 종업원이 이인화의 눈에 들어왔다. 그는 옷자락 밑에 늘어진 빨간 속치마 아래로 하얗게 드러난 종업원의 종아리를 보고 이끌리듯 음식점으로 들어갔다.

4. 술 파는데 국숫집이 맞나

우연히 들른 것 치고 음식점은 아주 흥미로운 곳이었다. 이인화가 안으로 들어가자 네다섯 명의 여자 종업원이 반갑게 맞았다. 이인화는 2층의 너저분한 다다미방으로 올라가 간단한 음식을 시킨다. 잠시 후 음식이 나오자 서너 명의 종업원이 이인화의 곁으로 몰려와 앉는다.

나는 몸이 녹으라고 술을 몇 잔이나 폭배를 하고 나서, 계집애들에게도 권하였더니 별로 사양도 아니 하고 돌려가며 잔을 주고받았다. 이번에는 다른 계집애가 갈아 들어오는 술병을 들고 들어왔다. 이 계집애도 판을 차리고 화로 앞에 앉는다. 예쁘든 밉든 세 계집애를 앞에다가 놓고 앉아서 술을 먹는 것은 그리 싫을 것은 없지만, 너무 염치가 없이 무례하고 뻔뻔하게 구는 데에는 밉살맞고 불유쾌하지 않을 수 없었다.

이인화는 술을 마시다가 같이 앉은 종업원들에게도 권했다. 그런데 술을 권한 건 지나친 친절이었나 보다. 그때부터 그들은 자기들끼리 잔을 돌려가며 마시다가 술이 떨어지면 새 병도 알아서 가지고 왔다. 여러 명의 여자 종업원을 앞에 두고 술을 마시는 것이 싫지 않았지만 무례하고 뻔뻔하게 구는 것이 이어지자 불쾌함을 느낀다.

심지어 식사를 할 때는 그만두라고 하는데도 시키지 않은 술까지 가져 와 바가지를 씌우려고 한다. 이인화는 술을 한 병이라도 더 팔려는 마음은 짐작이 갔지만 계속해서 염치없고 뻔뻔하게 구는 것은 참기 힘들었다. 그들 중 하나는 '객지에서 매우 궁한 모양이라며 실컷 내신다면…….'

하고 넌지시 성매매를 암시하기도 한다.

이인화가 들어간 음식점은 어떤 곳이었을까? 소설에는 '일본 국숫집'이라고 되어 있으니 일본 국수를 주로 팔았던 식당인 것 같기는 하다. 여기에서 잠깐 일본 국수에 대해 살펴보도록 하자. 일본 국수를 대표하는 것은 '우동饂飩'과 '소바蕎麦'인데, 둘은 다른 음식이다. 간단하게 구분하자면 우동은 밀가루로 만들어 밝은색이고, 소바는 메밀가루로 만들어 우동보다 어두운 빛을 띤다.

국수가 중국에서 일본에 전해진 것은 중국의 송나라 때였다. 일본은 중국에서 면을 만드는 기술을 들여와 자신들에게 맞게 변화시킨다. 중국에서는 국수를 주로 손으로 늘이는 방식으로 만들었던 데 반해 우동과 소바는 칼로 써는 방식을 선택했다. 전래 당시 일본 사람들이 즐겨 먹었던 것은 우동이었다. 일본산 밀가루에 소금을 더하는 방법을 사용했는데, 글루텐을 통해 찰기를 더하는 데 적합한 가공법이었다.

하지만 소바는 메밀이 거친 땅에서도 잘 자라고 단기간에 수확할 수 있다는 장점을 지니고 있었다. 또 제분 과정이 우동만큼 복잡하지 않다는 것도 편리함으로 작용했다. 우동을 즐겨 먹던 일본 사람들이 17세기 말부터 소바를 선호하게 된 것은 이러한 이유 때문이었다. 지금과 같은 소바는 에도 시대가 시작되면서 등장했는데, 65개에 불과했던 소바 가게가 에도 시대를 거치면서 3,800개 이상이 될 정도로 급격히 늘어났다고 한다.

1900년대에 들어서면서 소바 가게는 편리하게 변화하는 것과 함께 다양한 음식을 판매하기 시작했다. 가게 바닥이 다다미에서 널판 바닥으로 바뀌었고 그 위에 식탁과 의자가 놓였다. 소바가 우동과의 경쟁에서

우위를 점함에 따라 소바 가게에서는 소바를 주로 팔면서 우동도 파는 방식을 택했다. 거기다가 '가츠동カツ丼', '오야코동親子丼', '라이스카레 Rice Curry' 등 '화양절충和洋折衷'의 음식도 함께 팔게 되었다.

하지만 「만세전」의 작가인 염상섭이 우동과 소바를 구분해서 쓴 것 같지는 않다. 그것은 작가의 대표작인 『삼대』에서 같은 음식점을 '일본 국숫집', '소바집', '우동집' 등으로 번갈아 부른 데서 드러난다. 덕기와 병화가 필순을 만나서 들어갔던 곳은 일본 소바집이라고 했는데, 실제 필순은 그곳에서 '덴푸라우동天ぷらうどん'을 먹는다. 이후 필순이 경애에게 그 집을 말할 때는 우동집이라고 부른다. 또 덕기는 경애와 이야기를 하기 위해 조용한 음식점을 찾다가 일본 국숫집에 들어가는데, 이어지는 부분에서는 소바집으로 언급된다.

명칭의 혼란과는 별개로 『삼대』에는 일본 국숫집에 대한 몇 가지 정보가 제공된다. 필순은 덕기와 병화가 같이 식사하러 가자고 하자 망설이는데 부잣집 아들 덕기에게 얻어먹는 것 같아 구차하게 느껴져서다. 병화가 요릿집이 아니고 소바집이라고 하자 필순은 그때서야 두 사람을 따라 들어간다. 이는 당시 일본 국숫집이 비싼 곳이 아니라 부담 없이 먹을 수 있는 음식점이었음을 말해준다.

다른 하나는 병화가 덕기에게 필순에게는 '닭고기 없은 밥'을 시켜주라는 부분이다. 여기서 닭고기 없은 밥은, 앞서 관부연락선의 식당에서도 판매했고 또 1900년대부터 일본 소바집에서서도 팔았던, '오야코동'으로 보인다. 이를 고려하면 조선에서 영업을 하던 일본 국숫집에서도 '돈부리丼', 곧 덮밥도 팔았음을 알 수 있다.

『삼대』는 일본 국숫집에서 술도 팔았다는 것을 보여준다. 음식이 나

오자 필순은 식사를 하고 덕기와 병화는 음식을 먹으며 술을 마신다. 옆의 이미지는 덕기, 병화, 필순이 일본 국숫집에서 식사를 하는 삽화인데, 음식 그릇 옆에 정종 병이 놓여 있다.

『삼대』의 삽화로 필순이 덕기와 병화를 따라 들어가 식사를 했던 일본 국숫집이다.

식사를 끝낸 필순이 먼저 일어서자 병화는 그때부터 '고뿌찜'을 한다. 고뿌찜은 술을 술잔이 아니라 컵에 부어서 마시는 것을 일컬었다. 요즘으로 하면 소주를 맥주잔에 부어 마시는 것 정도 되겠다. 술을 자유롭게 마셨다는 것과 연결되니, 일본 국숫집은 고뿌찜으로 술을 마시기에도 불편하지 않은 곳이었음을 말해준다.

물론 점심때는 일본 국숫집에서 식사만 하는 경우도 많았다. 이 책의 10장에서 살펴볼 『청춘무성』에서는 은심이 정선의 집에 묵게 되었을 때 정선은 은심을 두고 외출하면서 집 근처에 소바집이 있으니 거기서 점심을 먹으라고 얘기한다. 강경애의 소설 『인간문제』에는 신철이가 '우미관' 앞에서 '가케우동掛けうどん'을 두 그릇 먹고서야 기운이 났다는 대목이 등장한다. 식사로 우동이나 소바를 먹는 경우 값은 5전 안팎이었으니, '호떡胡餠' 정도에 해당하는 부담 없는 가격이었다.

시기적으로 보면 「만세전」에서 등장한 일본 국숫집은 조선에 우동집이나 소바집이 유입되었던 초창기의 그것이었다. 소설에서는 대창정 거리에 있는 것으로 등장을 하니, 부산 부두나 정거장과도 멀지 않았다. 그러니 손님들 역시 부산을 오고가는 혹은 부산에 정착한 일본인이 대부분이었으며, 이후 조선인 손님들도 조금씩 늘어났을 것이다. 『삼대』에서 덕기와 경애와 같이 들른 곳도 진고개에 있는 음식점이었는데, 경성에서도 일본 국숫집은 일본인의 활동 공간이었던 본정이나 명치정에 많았다.

일본 국숫집에서는 배달도 했다. 『삼대』에는 경애가 곤욕을 치른 필순 모녀에게 소바를 배달시켜 주는 장면이 등장한다. 또 연작소설 『황원행』에는 형사 과장 면후가 애라를 연행해 취조하는데, 철호의 행방을 묻던 면후는 식사 시간이 되자 애라에게 '덴푸라소바'를 시켜준다. 또 장혁주의 『삼곡선』에도 종택이가 전화로 일본 국숫집에 배달을 시키려니 필수가 자기는 우동이나 먹을 사람이 아니라고 화를 내는 모습이 나온다.

소바나 우동은 목판에 음식을 담아 어깨에 메고 배달을 했다. 배달과 관련해 옆의 이미지는 흥미로운 점을 제공한다. 그림은 1890년 '도요도東陽堂'에서 출판한 『풍속화보風俗畫報』에 실린 것이다. '풍속화보'는 제목처럼 당

『풍속화보』에 실린 소바 배달을 나가는 모습이다. 종업원이 목판을 어깨에 멘 모습이 낯설지 않다.

시 세간의 풍속을 그린 그림을 모아놓은 책으로, 1889년부터 1916년에 이르기까지 모두 500권 넘게 발행되었다.

이미지에는 '니하치소바二八蕎麦' 가게에서 배달을 나가는 종업원의 모습이 등장한다. 일본에서 메이지나 다이쇼 시대에 소바를 식판에 올려 배달하는 모습은 어렵지 않게 볼 수 있었다. 일본에서 음식을 배달하는 것을 '데마이出前'라고 부르는데, 용어가 등장한 것은 에도 시대 중기였다.

오쿠보 히로코大久保洋子는 『에도의 패스트푸드江戸のファーストフー

┣』에서 에도 시대에 새롭게 등장한 음식에 대해 주목한 바 있다. 에도가 도쿠가와德川 막부의 중심지가 된 이후 도시로 번성하는 것과 함께 여러 가지 문제 역시 발생했다고 한다. 끼니를 해결하는 문제 역시 그중 하나였는데, 당시 에도의 '초닌町人'이 살던 '나가야長屋'에는 부엌이 구비되지 않아서 더욱 그랬다는 것이다. 에도의 초닌은 사서 먹는 것으로 그 문제를 해결했는데, 외식이 이어지면서 자연스럽게 배달 역시 등장하게 되었다고 한다.

그런데 목판을 어깨에 메고 배달하는 모습은 어딘가 낯설지 않다. 냉면과 설렁탕도 그렇게 배달했기 때문이다. 냉면을 배달할 때는 주문받은 만큼의 냉면 그릇과 육수를 따로 담은 주전자를 목판에 담아서 갔다. 이 책의 3장에서 '멍텅구리' 삽화를 통해 확인할 수 있겠지만, 설렁탕 역시 주문을 받으면 뚝배기를 여러 단 쌓아서 배달했다. 목판을 멘 채 자전거를 타고 배달하기도 했는데, 그것 역시 일본 국숫집에서도 마찬가지였다. 여기에서 냉면이나 설렁탕을 배달했던 방식의 기원에 대해 어렴풋하게나마 짐작해 볼 수 있다.

일본 국숫집은, 식사로 우동이나 소바를 먹었던 경우를 차치하면, 식민지 조선에서 두 가지로 정착되었다. 하나는 카페였다. 「만세전」에서 이인화가 일본 국숫집에 들어가서 술을 시키자 여자 종업원들은 잔을 주고받으며 자기들끼리 술을 마신다. 아침이었으니 해장술이었는지도 모르겠다. 그러다가 술이 떨어지면 해장술로는 과하다 싶을 정도로 새 병도 알아서 척척 가지고 왔다.

이 책의 5장에서 들여다볼 박태원의 「소설가 구보 씨의 일일」에는 카페가 등장한다. 구보 씨는 이상과, 아니 친구와 함께 단골 여급을 찾아 '

낙원정樂園町'에 있는 카페를 방문한다. 구보 씨와 친구가 카페에 자리를 잡자 여급들은 두 사람에게 맥주를 권하지만 실상 술의 대부분은 자기들이 마신다. 그러고 나서는 다시 손님에게 맥주를 더 시키라고 해서 매상을 올린다. 두 소설의 시간적 배경은 15년 정도의 간극을 지니지만, 술 마시는 모습은 마치 같은 술자리처럼 보인다.

손님들이 카페를 찾았던 이유는 여러 가지가 있었지만 가장 주된 속내는 여러 명의 여급과 함께 술을 마실 수 있어서였다. 손님이 카페에 들어서면 여급 하나가 그 일행을 담당하고, 다른 여급들은 이 식탁, 저 식탁을 옮겨 다녔다. 손님의 입장에서 보면 비록 옮겨 다녔을망정 자신이 앉은 식탁에는 늘 여러 명의 여급들이 있었던 것이다.

「만세전」에서 이인화 역시 염치없고 무례하게 굴어서 그렇긴 했지만 여러 명의 종업원을 앞에 두고 술을 먹는 것이 싫지는 않았다고 얘기한다. 여러 명의 여급과 함께 술을 마시는 것이 카페에서 처음 등장한 모습이라고 하는데, 「만세전」은 어렴풋하게나마 그것의 또 다른 연원이 일본 국숫집에 있었음을 말해준다.

카페 역시 일본을 거쳐 조선에 유입된 것으로, 조선에 들어선 카페의 풍경은 일본의 그것과 크게 다르지 않았다. 점심때는 식사나 차를 팔기도 했지만 점차 팁을 주고 여급의 에로틱한 서비스를 받으면서 술을 마시는 유흥공간으로 정착되었다. 일본인들이 주된 고객이었으니 처음 카페가 등장했던 곳 역시 일본인들이 주로 활동했던 본정과 명치정이었다. 이후 조선인들도 조금씩 카페에 맛을 들이자 종로에도 문을 열게 되는데, 구보 씨와 친구가 들른 카페 역시 그중 하나였다.

일본 국숫집이 식민지 조선에 정착했던 다른 하나의 방식은 좀 더 유의해서 살펴봐야 한다. '우동 갈보집'으로 불렸던 곳이 그곳이기 때문이다. 우동 갈보집은 주로 종로 청진동, 수은동 등의 좁은 골목에 있었으며, 보통 저녁 7시에 문을 열어 새벽 3, 4시까지 영업을 했다고 한다.

1927년 11월 『매일신보』의 기사는 우동 갈보집의 외관을 우동, 삐루 등이 써진 커다란 일본식 전등이 켜져 있고 회색 페인트칠을 한 유리창에는 우유, 차, 커피, 스키야키すき燒き, 서양요리 등이 적혀 있다고 했다. 우동집이라는 간판이 말해주듯 우동 갈보집에서 명목상 파는 음식은 우동과 소바였다. 하지만 그곳을 찾는 손님들이 원했던 것은 우동, 소바가 아니라 술과 여급의 서비스였다.

더욱 심각한 문제는 우동 갈보집의 손님이 중학교나 고등보통학교 학

당시 신문에 실린 삽화인데, 우동 갈보집의 주된 손님이 어린 학생들이었음을 보여준다.

생들이었으며, 여급 역시 10대 중후반의 어린 여성이었다는 것이다. 신문 기사는 두 사람이 20전을 내면 차 한 잔씩 마시고 여급들과 얘기하고 조금 더 돈을 쓰면 키스 정도도 어렵지 않게 할 수 있다고 했다. 어린 여급은 역시 학생 손님들을 졸라 매상도 올리고 심지어 매음까지 했다. 그래서 우동 갈보집에서 학생 손님들의 월사금, 여관집 밥값이 사라진다고 탄식했던 것이다. 이러한 점은 우동 갈보집 역시 어떠한 방식으로든「만세전」에 등장했던 일본 국숫집과 연결되어 있었다는 것을 말해준다.

5. 스쳐간 만세 '전'의 풍경

「만세전」의 전개는 도쿄에서 출발해 고베, 시모노세키, 부산, 김천, 경성 등으로 이어지는 이인화의 여로를 따르고 있다. 또 여로는 당대 식민지 조선의 암울한 현실을 핍진하게 드러내는 기제로도 사용되었다. 이인화가 관부연락선을 타고 내릴 때 거듭 행해지는 취체, 또 선내 목욕탕에서 듣게 되는 일본인들의 대화는 식민지 조선인들에게 강제되었던 차별과 착취를 생생히 드러낸다.

「만세전」이 지닌 의미는 거기에 머무르지 않는다. 이인화가 도쿄에서 시모노세키까지 이동했던 철도인 도카이도선과 산요선은 일본이 조선의 식민지 침탈을 위해 사활을 걸고 개척한 철도였다.「만세전」에서 이인화는 부산, 김천을 거쳐 경성에서 내리지만 기차는 압록강 철교와 안동과 봉천 간의 철도를 통해 중국의 봉천까지 이르게 되어 있었다.

「만세전」이 식민지 조선의 암울한 현실을 그리고 있음을 고려하면 일본 국숫집 장면은 다소 의아하게 다가온다. 그것이 알지 못하는 사이에 삶의 터전을 빼앗기고 간도로 이주할 수밖에 없는 조선인을 안타까워하는 장면에 곧바로 이어져서이기도 하다. 일본 국숫집에서 이인화는 시키지도 않은 술까지 가져와 마시는 종업원들의 무례하고 염치없는 모습을 보고 기분이 상한다. 하지만 여자 종업원 여럿을 데리고 술을 먹는 것이 좋았다는 속내까지 감출 수는 없었다.

하지만 일본 국숫집 장면은 「만세전」이 식민지 조선의 현실을 핍진하게 그렸다는 것과 어긋나지 않는다. 조선이 일본의 식민지가 되었던 것은 무력에 의해서만은 아니었다. 또 기차나 관부연락선 등 조선을 거쳐 대륙으로 향했던 물리적 기제에 의해서만도 아니었다. 식민지의 규율은, 푸코Michel Foucault의 언급처럼, 위에서 쏟아져 내리는 것이 아니라 스며드는 것이었기 때문이었다.

식민화와 규율은 무심코 내뱉는 언어의 질서, 무의식적으로 따르는 관습적 행동 등 기호나 취향 등을 통해 식민지인들에게 스며들었다. 이를 고려하면 조선이 일본의 식민지가 되었던 것 혹은 조선인들이 일본인의 피식민자가 되었던 것은 강점이 이루어졌을 때가 아니라 그것을 일상으로 내면화했을 때였을 것이다.

관부연락선이 운항을 개시하오

위의 이미지는 1905년 9월 일본의 『데츠도우시보鐵道時報』에 실린 연락선 개항 광고이다. 제목은 「하관 부산 간 연락기선 개항」이었다. 9월 11일부터 처음으로 연락선이 시모노세키와 부산을 운항한다는 내용을 담고 있다. 광고에 나타난 연락선은 시모노세키와 부산 사이를 운항해 보통 '관부연락선'이라고 불렸다.

광고의 내용을 조금 더 살펴보자. 새롭게 만든 기선인 '일기환壹岐丸'이 운항을 개시한다고 했으며, 이어 연락선의 특징과 편리, 등실에 따른 운임을 소개했다. 연락선의 출항과 입항 시간도 나타나 있다. 그런데 광고에는 '일본과 조선 간 교통의 대발전', '선박과 기차를 연결하는 수송'이라는 부제 역시 달려 있다. 실제 관부연락선의 역할은 도쿄에서 시모노세키에 이르는, 또 부산에서 경성을 거쳐 봉천에 이르는 철도를 연결하는 것이었다.

처음 운항 당시에는 위에 나온 일기환과 함께 '대마환對馬丸'이 운항을 했다. 이후 일본과 조선을 오고가는 수많은 사람들이 관부연락선을 이용했는데, 「만세전」의 이인화 역시 그 하나였다. 앞선 노선이 일본이 식민지 조선을 거쳐 대륙으로 진출하기 위한 길과 겹쳐져 있었다는 사실을 간과해서는 안 된다.

3장

먹지 못한 설렁탕
-현진건의 「운수 좋은 날」(1924)

APPETIZER

거의 100년 전이라는 시기를 고려하면 현진건의 「운수 좋은 날」은 그나마 잘 알려진 소설이다. 그것이 문학적 성취에 따른 것이면 좋겠지만, 주된 이유는 학생들의 교과서에 실렸기 때문이다. 지금은 재미도 없고 돈도 안 되는 천덕꾸러기로 여겨지니, 교과서에 실리는 것이 '문학'에게 드문 동앗줄인지도 모르겠다.

「운수 좋은 날」은 인력거꾼 김 첨지를 중심인물로 한다. 근 열흘 동안 손님이 없었던 김 첨지는 모처럼 '운수 좋은 날'을 맞는다. 하지만 그의 마음 한켠에는 아내에 대한 걱정이 도사리고 있다. 걱정은 빗나가지 않아 일을 마치고 집으로 돌아간 김 첨지를 맞은 것은 이미 죽은 아내였다. 그는 '설렁탕을 사 왔는데 왜 먹지를 못 하니…… 괴상하게도 오늘은 운수가 좋더니만…….'이라고 중얼거린다.

역설적인 제목 덕분에 소설의 결말은 더욱 안타깝다. 「운수 좋은 날」에서 설렁탕이 등장하는 것은 아내가 남편에게 사다 달라고 간절히 부탁했기 때문이었다. 그런데 아픈 아내는, 그것도 채 익지도 않은 조밥을 급히 먹다 배탈이 난 아내는, 왜 그리도 설렁탕을 먹고 싶어 했을까?

1. '운수 좋은 날' 혹은 '운수 나쁜 날'

현진건의 소설「운수 좋은 날」은 1924년 6월 『개벽』이라는 잡지에 발표되었다. 작가의 대표작이라고 할 만큼 독자들에게도 잘 알려진 작품이다. 인력거꾼 김 첨지는 열흘 동안 손님 한 명도 없었지만 그날은 어쩐 일인지 아침부터 손님을 맞는다. 문안에 들어간다는 앞집 마나님을 전찻길까지, 교원인 듯한 양복쟁이를 동광학교까지 태워다 주고, 첫 번에 30전, 둘째 번에 50전 해서 모두 80전을 벌었다.

이후에도 손님들은 계속 이어져 김 첨지는 그날 모두 3원에 가까운 돈을 벌게 된다. 지금으로 따지면 80전은 24,000원, 3원은 90,000원 정도 되니, 큰돈은 큰돈이었다. 하지만 그게 모두 김 첨지의 몫은 아니라는 것과 또 이전까지 열흘 동안 손님이 없었다는 사실도 잊어서는 안 된다.

오랜만의 운수에도 불구하고 김 첨지에게는 떠나지 않는 걱정이 있다.

그의 아내가 기침으로 쿨룩거리기는 벌써 달포가 넘었다. 조밥도 굶기를 먹다시피 하는 형편이니 물론 약 한 첩 써본 일이 없다. ……중 략…… 따라서 의사에게 보인 척이 없으니 무슨 병인지 알 수 없으되 반듯이 누워 가지고 일어나기는 새로도 모로도 못 눕는 걸 보면 중증은 중증인 듯. 병이 이토록 심해지기는 열흘 전에 조밥을 먹고 체한 때문이었다.

한 달 전부터 아내가 앓기 시작했지만 형편이 안 되어 변변히 약도 써보질 못했다고 한다. 기침을 하던 아내의 병이 위중해진 것은 열흘 전 조밥을 먹고 체한 다음이었다. 그날 이후 일어나기는커녕 누운 상태에서 몸을 돌리지도 못하게 되었다는 것이다.

저녁 무렵 일을 마치고 집으로 향하던 김 첨지는 무언가 불행한 일이 닥칠 것을 느끼게 된다. 김 첨지가 우연히 만난 치삼이와 함께 선술집으로 간 것도 그 때문이었다. 종일 이어진 운수에 상응하는 불행이 닥치지 않을까 해서 조금이라도 늦추려 했던 것이다.

늦게서야 선술집을 나선 김 첨지는 아내 말을 떠올리고 설렁탕을 사서 집으로 돌아갔다. 소설의 결말은 독자들이 아는 대로다. 방 안에 들어서며 설렁탕을 한 구석에 놓을 새도 없이 호통을 쳤지만 아내는 대답이 없다. 죽은 사람이 대답할 수는 없었기 때문이다. 김 첨지는 죽은 아내를 향해 '설렁탕을 사다 놓았는데 왜 먹지 못하니, 왜 먹지를 못하니?' 하고는 '괴상하게도 오늘은 운수가 좋더니만……'이라고 중얼거린다.

「운수 좋은 날」에 설렁탕이 등장한 것은 아내의 간절한 바람 때문이다. 누워서 일어나기조차 힘든데도 아내는 김 첨지에게 설렁탕을 사달라고 조른다. 김 첨지는 체했으면서 설렁탕을 사달란다며 야단을 치지만 못 사주는 마음이 편치는 않다. 도대체 설렁탕은 어떤 음식이었기에 체해서 몸도 일으키지 못하는 아내가 그렇게 먹고 싶다고 졸랐을까?

「운수 좋은 날」에서 김 첨지는 술이 취해서도 설렁탕을 사서 집으로 돌아간다. 하지만 이미 죽은 아내는 먹고 싶어 했던 설렁탕을 먹지 못한다. 「운수 좋은 날」에 정작 설렁탕이 제대로 그려지지 못한 것 역시 그 때문이다. 그래서 설렁탕이 어떤 음식이었는지 알기 위해서는 조금의 번거로움을 감내해야 한다. 「운수 좋은 날」과 함께 식민지시대 다른 소설들의 도움을 받는 일이 그것이다.

2. 그때 설렁탕집은 어땠을까?

소설『천안기』에 실린 삽화로 설렁탕집에서 '나'와 막벌이꾼이
실랑이를 벌이는 모습이다.

먼저 설렁탕집 내부를 둘러보면서 설렁탕이 어떤 음식이었는지에 접
근해 보자. 위의 이미지는『천안기』라는 소설에 실린 삽화인데,『천안기』
는 이광수가 1926년 1월부터 3월까지『동아일보』에 연재했던 소설이다.
중심인물은 '나'와 파리인데, 둘을 통해 당시 세태를 비꼬고 있다.

소설에서 '나'는 '부평초'라는 여자 집에 놀러갔다가 뺨을 맞고 쫓겨
난다. 어떤 일이 있었는지 밝히지는 않겠지만, 쫓겨난 이유는 '남자답지
못하다'는 것이었다. 아침도 못 먹고 쫓겨나 요기하러 들른 곳이 설렁탕
집인데, 위의 삽화가 '나'가 들른 설렁탕집이다. 굳이 얘기하지 않아도 알
겠지만 오른쪽에 앉아 손가락으로 자기를 가리키고 있는 인물이 '나'다.

아침을 먹던 '나'는 어젯밤 부평초와의 일을 생각하다가 웃음이 터진다. 마침 입에 있던 밥풀이 앞에 앉은 막벌이꾼 그릇에 들어가 두 사람은 다투게 된다. 둘의 실랑이에 설렁탕집 일꾼들도 웃음을 감추지 못하는데, 그 일꾼들이 '때 묻은 설렁탕집 머슴놈'으로 표현되어 있다는 것도 기억해 두자.

'선농단'이니 '슐루'니 하는 기원의 유명세에 비해 실제 식민지시대 설렁탕집 내부나 외관을 보여주는 자료는 드물다. 이를 고려하면『천안기』의 삽화와 내용은 설렁탕집에 대한 중요한 정보를 제공하고 있다는 점에서 흥미로운 자료라 할 수 있다.

이 책이 먼저 주목하는 부분은 '나'가 '막벌이꾼'과 마주 앉아 설렁탕을 먹었다는 것이다. 모르는 사람과 합석을 했다는 것인데, 설렁탕집에 식탁이 몇 안 되었으며, 모르는 사람과 합석을 하는 경우도 종종 있었음을 말해준다. 다른 하나는 식탁이, 삽화가 보여주는 것처럼, 많은 사람이 한꺼번에 먹을 수 있도록 길게 이어져 있었으며 폭은 좁아 웃다가 튄 밥풀이 앞사람 그릇에 들어갈 정도였다는 것이다.

다른 글에는 '높이가 한 자밖에 안 되는 식탁에 의자도 목침 높이밖에 안 되니 거의 쪼그리고 앉아서 먹는 것 같아' 설렁탕집 가기를 꺼렸다는 언급도 있다. 의자가 작고 낮은 것 역시 불편하건 말건 손님들을 더 많이 받기 위해서로 보인다.『천안기』에서 실랑이가 끝난 후 막벌이꾼이 문제의 밥풀이 들어간 국물을 개의치 않고 그릇째 마셨다는 사실도 흥미롭다.

소설이 말해주는 또 하나의 정보는 설렁탕집이 새벽에도 문을 열었다는 사실이다. 아침을 사 먹을 경우 설렁탕집에서 해결하는 것이 일반적이었던 것으로 보인다. 신문 미디어의 기사를 참고하면 당시 음식점을 대표

했던 것으로는 설렁탕집과 함께 냉면집, 선술집 등이 있었다. 일부 마니아를 제외하면 냉면을 아침으로 먹기는 그랬을 테니, 선술집과 더불어 설렁탕집이 아침을 해결하는 장소였을 것이다. 식민지시대에도 새벽뿐 아니라 문을 닫지 않고 24시간 영업하는 설렁탕집 역시 드물지 않았다고 한다.

사실 설렁탕은 아침뿐 아니라 언제라도 부담 없이 한 끼를 해결하는 음식이었다. 5장에서 살펴볼 박태원의 소설 「소설가 구보 씨의 일일」에도 설렁탕이 등장한다. 소설에서 구보 씨는 다료를 운영하는 친구와 무엇을 먹을지 상의도 없이 '대창옥'으로 향한다. '대창옥'은 경성의 이름난 설렁탕집으로 공평정에 위치했으며, 서린정, 관훈정, 안국동 등에도 지점이 있었다. 두 사람이 자리를 잡자 거침없이 '두 그릇만 달라'고 주문했던 것으로 보아 이름난 설렁탕집인데도 설렁탕, 수육 등 메뉴도 단출했음을 말해준다.

설렁탕이 부담 없는 요깃거리였다는 사실은 채만식의 대표작 『태평천하』에도 나타난다. 『태평천하』에서 윤 직원은 며느리 고 씨에게 큰소리를 치다가 며느리가 대거리를 하자 둘은 다툼을 벌이게 된다. 그 바람에 윤 직원은 저녁도 제대로 못 먹고 쫓겨나듯 사랑으로 간다. 밥상 머리에서 싸우면 손해라는 말이 맞나 보다.

마침 거기에는 거간꾼 석 서방이 윤 직원에게 돈을 빌리려는 사람의 이자를 낮출 수 있는지 떠보려고 와 있었다. 석 서방이 인사차 식사는 했냐고 묻자 윤직원은 다음과 같이 대답한다.

"안 먹었으면 자네가 쉴렁탕이라두 한 뚝배기 사줄라간디, 밥 먹었냐구 묻넝가?" 하면서 탐탁잖아하는 낯꼴로 컨컵스런 소리를 합니다.

"아, 잡수시기만 하신다면야 사 드리다 뿐이겠습니까?" ……중 략……

"그렇지만 어디 지가 설마한들 설렁탕이야 사드리겠어요! 참 하다못해 식교
자라두 한 상……."

"체에! 시어미가 오래 살면 구청물통에 빠져 죽는다더니, 내가 오래 사닛개루
벨일 다아 많얼랑가 비네! 인케는 오래간만에 목구녕의 때 좀 벗기는게 비다!"

윤 직원은 석 서방의 질문에 잠시도 망설이지 않고 사투리를 맛깔나
게 섞어 '설렁탕이라도 한 그릇 사 줄 거냐'고 묻는다. 이 역시 설렁탕이
당시 한 끼를 해결하는 대표적인 음식이었음을 말해준다.

설렁탕이 아니라 식교자를 사겠다는 석 서방의 얘기는 설렁탕에 대
한 또 다른 정보를 제공한다. '식교자'의 사전적인 의미는 '온갖 반찬과
국, 밥 따위를 차려 놓은 상'을 뜻한다. 그런데 소설에서 석 서방이 대접
하겠다는 식교자는 당시 '명월관'에서 팔았던 요리 한 상을 가리킨다.

명월관에서 팔던 식교자는 한 상에 8원에서 30원까지 있었다. 지금
으로 따지면 240,000원에서 900,000원 정도이다. 최독견의 회고에 따르
면 15원 짜리만 해도 대형 신선로에다 암소갈비구이, 붉은 도미회 등이
곁들여져 손님 넷, 기생 넷이 먹고 마시고도 남을 정도였다고 한다. 그러
니 설렁탕이 아무리 부담 없이 한 끼를 해결하는 일반적인 음식이었어도
식교자 앞에서는 머리를 숙여야 했을 것이다.

1909년에 '일한서방日韓書房'이라는 곳에서 발행한 책으로 『조선만
화朝鮮漫畫』가 있다. 『조선만화』는 당시 조선에 머물던 도리고에 세이
키鳥越靜岐, 우스다 잔운薄田斬雲이 그리고 쓴 책이다. 조선의 풍물과 사람
들을 50개의 제재에 따라 소개했는데, 다행히 설렁탕도 제재 50개 안에

들어가 있다.

　『조선만화』는 조선에 거주했던 일본인이 조선에 대한 인상을 남긴 드문 자료다. 하지만 식민지에 호기심을 지닌 일본인 독자를 대상으로 했다는 점, 설렁탕 역시 일본인들이 먹지 않는 재료로 만든 낯선 음식으로 소개하고 있다는 점 등에서 '식민자植民者'의 시선을 근간으로 하고 있음도 사실이다.

『조선만화』에 수록된 설렁탕집 외관인데, 좀 그로테스크하다.

　『조선만화』에서 설렁탕은 「식당 앞의 소머리뼈店頭の牛頭骨」라는 제목으로 소개되었는데, 삽화는 옆과 같다. 삽화에는 앞쪽에 큰 솥이 보이고 그 뒤에는 커다란 선반 위에 피가 흐르는 소머리, 뼈만 남은 소머리, 소뼈 등이 있다. 큰 솥은 소머리와 소뼈를 끓여 육수를 내는 데 사용되는 것이었고, 피가 흐르는 소머리는 그 재료였을 것이다. 또 뼈만 남은 소머리, 소뼈 등은 육수를 내고 난 것으로 보인다.

　해설에는 커다란 솥은 항상 불위에 놓여 있는데, 솥을 비우고 바닥까지 씻는 일이 없어도 매일 끓이기 때문에 여름에도 부패하지 않는다고 되어 있다. 그런데 피가 흐르는 소머리나 큰 칼을 든 사람 등 삽화는 물론 솥을 깨끗이 씻는 일이 없다는 글의 논조 역시 긍정적이지만은 않다.

설렁탕에 대한 삽화나 해설이 부정적인 데 치우쳐 있는 것 역시 앞선 식민자의 시선과 무관하지 않을 것이다. 그런데 아이러니하게도 설렁탕집 입구는 『조선만화』에 소개된 것과 크게 다르지 않았던 것으로 보인다. 1920년대 말 『별건곤』이라는 잡지에 발표된 글도 설렁탕집 입구를 털이 그대로 있는 삶은 소머리가 광고를 하듯이 채반 위에 놓여 있다고 묘사하고 있기 때문이다.

대개 설렁탕집에서는 입구에 가마솥을 걸고 재료를 넣고 끓이면서 물을 보충하는 방식을 사용했다. 거기에는 설렁탕을 조리하는 한편 설렁탕집으로 손님들을 끌어들이기 위한 의도도 있었다. 『탈춤』이나 『먼동이 틀 때』 등의 소설에는 설렁탕집에서 흘러나오는 누릿한 곰국 냄새가 구미를 동하게 해 입안에 군침이 돌았다는 언급이 있다. 입구에 솥을 걸고 계속 끓일 경우 앞을 지나가는 사람들도 설렁탕이 끓으며 내는 누릿한 고기 냄새와 훈훈한 김을 피할 수 없었다. 허기가 일상화되었던 식민지인들에게 설렁탕집에서 나오는 냄새와 훈기는 뿌리치기 힘든 유혹이었을 것이다.

3. 누릿한 맛과 으뜸가는 영양

식민지시대 설렁탕의 맛은 어땠을까? 사람들이 즐겨 먹었던 음식이지만, 설렁탕의 맛을 다룬 글을 이상하리만큼 찾기 힘들다. 그런 가운데 설렁탕의 맛을 보여주는 소설로는 채만식의 『금의 정열』이라는 작품이 있다.『금의 정열』은 1939년 6월부터 11월까지『매일신보』에 연재되었는데, 1930년대 조선에 일었던 금광 열풍을 다루고 있다.

사실『금의 정열』은 채만식의 소설로는『태평천하』,『탁류』에 비해 그리 주목되지 않는 작품이다. 소설의 중심인물 '상문'은 지방에서 금광 개발을 하느라 정신없이 분주하다. 경성에 오면 '반도호텔'에 묵으며 금광 사업에 밑천을 제공할 사람들과 술자리를 가진다. 소설에 설렁탕이 등장한 것도 전날 손님들과 과음을 한 상문이 해장을 위해 찾았기 때문이다.

상문은 기사가 모는 자신의 차를 타고 종로로 가서 설렁탕집에 들른다. 상문이 찾은 설렁탕집은 지금도 종로 조계사 앞에서 영업을 하는 '이문설렁탕'이다. 이문설렁탕은 1900년대 초에 '이문옥'이라는 이름을 달고 문을 열었다. '이문'이라는 이름은 그곳이 요즘의 방범초소 역할을 했던 '이문里門' 근처라서 그렇게 붙였다고 한다. 상문이 찾았을 때는 화신백화점 뒤쪽인 종로 인사정 268번지에 있었다. 그때는 이문식당이라는 이름을 사용했는데, 여전히 이문옥이라고 부르는 사람들도 많았다.

손님은 상하 없이 구름처럼 몰려들고, 심지어 하룻밤 20원의 객실료를 무는 호텔 손님까지도 새벽같이 자동차를 몰고 찾아오니 ……중 략…… 상문은 10 컨어치 우랑과 혀밑을 곁들인 30컨짜리 맛보기에다가 거친 고춧가루를 한 숟갈 듬뿍, 파 양념은 두 숟갈, 소금은 반 숟갈, 후추까지 골고루 쳐 가지고는 휘휘 커어서, 우선 국물을 걸쭉하니 후루루 후루루……. 술로 밤새도록 간을 친 속이니, 얼큰한 그 국물이 비위에 썩 받기도 하겠지만, 본디 또 식성이 그렇게 복성스러운지 모른다.

상문은 이문식당에서 우랑과 혀밑을 추가한 30전짜리 설렁탕을 시켜, 고춧가루와 파를 듬뿍 넣고 소금과 후추로 간을 맞추고는 먹기 시작한다. 걸쭉한 국물을 들이켜는 모습이 눈에 보이는 듯해, 소설을 읽고 나면 당장이라도 설렁탕을 먹으러 가고 싶을 정도다. 흥미로운 것은 고춧가루를 한

식민지시대 설렁탕집은 배달도 했다. 이미지는 『조선일보』에 연재된 『멍텅구리』의 한 컷이다.

숟가락이나 넣어서 먹었다는 것인데, 고춧가루가 요즘 깍두기 국물과 비슷한 역할을 한 것으로 보인다. 다른 글에도 고춧가루가 등장하는 것을 보면 당시 설렁탕에 고춧가루를 넣어 먹는 것은 일반적이었던 것 같다.

설렁탕이 등장하는 대부분의 소설에서는 그 맛이 '누릿하다'고 표현되는데, 누릿하다에 대해서는 조금 더 살펴볼 필요가 있다. 『별건곤』에 실린 글에는 누린내나 쇠똥내가 난다고 하지만 설렁탕의 제대로 된 맛은 그 누린내, 사실은 구수한 냄새에 있다고 했다. 이어 파를 넣고 고춧가루를 듬뿍 치고 소금으로 간을 맞추어 국물을 훌훌 마셔가며 먹는 맛이란 도무지 무어라고 형언할 수 없다는 것이다.

조리방식을 다루면서 얘기하겠지만, 설렁탕이 누릿한 맛이 강했던 것은 사실로 보인다. 그것이 구수한 맛이라며 파와 고춧가루를 많이 넣어서 먹으면 맛있다고 했지만, 실제 파와 고춧가루를 듬뿍 넣었던 것 역시 거꾸로 누릿한 맛이 강했다는 사실을 말해준다. 『금의 정열』에서 상문이 해장을 위해 찾은 설렁탕집에서 고춧가루를 한 숟가락이나 넣어 얼

큰하게 해서 먹은 것 역시 마찬가지 이유에서였을 것이다.

다시 현진건의 「운수 좋은 날」로 돌아가 보자. 김 첨지의 아내가 아팠던 것은 한 달 전부터였다. 열흘 전 조밥을 먹고 체한 후에는 반듯이 누워서 일어나기는커녕 몸을 돌리기도 힘들어한다. 그러던 아내는 사흘 전부터는 설렁탕 국물이 마시고 싶다며 김 첨지에게 사달라고 간청한다.

김 첨지는 '조밥도 못 먹는 년이 설렁탕을 먹고 싶다며 지랄한다'며 야단을 쳤지만, 손님 둘을 태우고 80전을 받았을 때 가장 먼저 떠오른 생각은 아내에게 설렁탕을 사줄 수 있다는 것이었다. 김 첨지는 고된 인력거 일이 끝나고 막걸리를 곱빼기로 다섯 잔이나 마셔 만취가 된 상태에서도 설렁탕을 사 가지고 집으로 돌아간다.

아내는 누워서 일어나지도 못 하는 상태에서도 왜 그렇게 설렁탕을 사달라고 했을까? 심지어 병이 위중해진 것이 익지도 않은 조밥을 허겁지겁 먹은 후 배탈이 나서였는데 말이다. 먼저 아내의 갈망에는 설렁탕 값이 당시 하층민들도 먹을 수 있을 정도로 저렴했다는 점도 작용하고 있다. 식민지시대 설렁탕의 구체적인 가격에 대해서는 뒤에서 다루도록 하겠다.

하지만 김 첨지 아내의 갈망을 온전히 이해하기 위해서는 가격만이 아니라 설렁탕이 몸을 보하는, 특히 병자에게 좋은 음식으로 여겨졌다는 점 역시 고려해야 한다. 병을 앓는 사람이 설렁탕을 찾았던 것은 현진건의 「운수 좋은 날」에 한정되지 않는다. 「괄시 못할 경성 설렁탕」에서도 설렁탕의 매력을 사 먹기가 편리하고, 모든 사람의 입맛에 맞는다는 것과 함께 몸에 보가 된다는 점을 강조한다. 다른 글에서도 설렁탕의 장점이 영양이 풍부한 것이라며 예전부터 경성의 폐병쟁이와 중병 앓고 난 사람들이 설렁탕을 먹고 회복한 것은 물론이었다고 한다.

한용운의 소설 『박명』에서도 병이 위중해 사직공원에 누워 있던 대철이는 순영이에게 설렁탕을 사달라고 한다. 순영이가 주사를 맞자고 하는데도 주사 맞은 지는 얼마 안 되었다고 훌훌한 설렁탕 국물이 한 그릇 먹고 싶다는 바람을 말한다. 이 말을 들은 순영이 역시 대철이의 바람을 거절하지 못하고 설렁탕을 사서 대철이에게 먹이지만 대철이는 끝내 세상을 떠나고 만다.

설렁탕의 영양과 관련해서는 다시 한 번 『조선만화』의 「식당 앞의 소머리뼈」를 들여다볼 필요가 있다. 「식당 앞의 소머리뼈」에서 설렁탕은 일본인에게 익숙하지 않은 음식, 야만적이고 이상한 음식으로 소개되었다. 그런데 설렁탕의 영양에 관해서만은 논조가 달라진다.

> 의사의 의견에 따르면, 이 소머리 육수는, 진짜 좋은 것이며 닭고기 육수나 우유는 비할 바가 아니라 한다. 커다란 솥은 연중 불 위에 놓여 있고 ......중략...... 매일 새 뼈를 넣고 물을 새로 부어 끓인다. 이 육수, 즉 수프는 꽤 잘 우려낸 것으로 매일 끓이기 때문에 여름에 결코 부패하지 않는다. 이것을 청케 하면 아마도 세계에서 비견할 수 없는 자양케가 될 것이라 한다.

인용은 의사의 의견이라는 말까지 덧붙여 설렁탕 육수가 지닌 영양에 대해 강조하고 있다. 설렁탕 육수는 닭고기 국물이나 우유에 비할 수 없을 정도로 좋은 음식이며 정제하면 세계에서 으뜸가는 자양제가 된다는 것이다. 삽화와 해설의 대부분이 설렁탕의 부정적인 면에 초점이 맞추어져 있어, 인용에 나타난 설렁탕의 영양에 대한 칭찬은 어색할 정도로 두드러진다.

그런데 육수나 고기가 건강에 좋다는 생각은 조선에만 있었던 통념은 아니었다. 댄 주래프스키Dan Jurafsky는 자신의 저서 『음식의 언어Language of Food』에서 중세의 의학책도 육수의 의학적인 성질에 대해 주목한 바 있었으며 라틴어 의학서들도 차가운 시크바즈sikbāj 국물의 효능을 강조했다고 한다. 여기에서 시크바즈는 진한 쇠고기 스튜 정도를 뜻하는데, 양고기나 닭고기로 만들거나 함께 조리하기도 한다고 했다.

근대 일본에서도 약을 대신해 고기를 먹는 등 육식이 건강에 좋다는 사실이 공공연히 받아들여졌다고 한다. 일본에서는 종교적인 이유 때문에 에도 시대까지 육식이 금지되었지만 화로를 뜰에 내 놓고 몰래 수육을 먹는 등 육식이 행해진 경우도 드물지 않았다. 특히 양생이나 병자의 체력 회복을 위해 약 대신 고기를 먹는 경우가 많았다는 것이다.

그렇다면 이렇게 몸에 좋은 설렁탕의 가격은 얼마였을까? 대개 설렁탕은 쌌다. 10전 정도였다고 언급될 뿐 가격에 대한 구체적인 접근 역시 드물다. 이태준은 1931년 4월 『동아일보』에 「고향」이라는 소설을 연재했다. 앞서 1장에서 에키벤에 관해 살펴보면서 잠깐 언급한 적이 있다. 소설의 중심인물은 윤건인데, 일본 유학까지 마치고 조선으로 돌아왔지만 제대로 된 일자리를 찾기가 힘들다. 그는 임시로 여관에 머물면서 '신간회', 신문사, 잡지사 등을 찾아가 취직 얘기를 했지만 번번이 쑥스러운 꼴을 하고 돌아서야 했다. 그렇게 지내는 동안 지니고 있던 돈마저 다 쓰게 되자 윤건은 '오늘부터는 13전짜리 설렁탕 값도 떨어지고 말았다'고 쓸쓸하게 웃는다.

이석훈은 『조선일보』에 「회색가」라는 소설을 연재했는데 거기서도 설렁탕 값이 언급된다. 소설의 중심인물인 최 군은 여관비가 떨어져 괄시를 당하다가 친구 성해의 기억을 떠올린다. 성해 역시 여관에서 기식했는데 주인에게 거듭해서 밥값을 독촉 받자 여관을 나와 서울 거리를 헤매게 된다. 종로나 본정의 책방으로, 백화점으로 다니다가 해가 저물자 성해와 친구는 마지막으로 남은 30전을 가지고 설렁탕을 먹으러 갔다는 것이다.

위의 소설들은 설렁탕 값과 관련한 몇 가지 사실을 말해준다. 하나는 1920, 30년대에 설렁탕 값이 대개 13전에서 15전 정도 했다는 것이다. 당시 커피, 홍차, 거친 담배가 10전, 쌀 80kg 한가마니가 10원, 공무원이나 교사의 월급이 30~40원 정도였다. 쌀값을 기준으로 환산했을 때, 13전에서 15전은 지금 3,900원에서 4,500원 정도에 해당되는 금액이다.

다른 하나는 설렁탕 값이 다른 외식 메뉴의 그것에 비해 저렴했다는 사실이다. 장국밥, 냉면, 떡국, 비빔밥, 만두 등의 가격은 15전에서 20전 정도였다. 심지어 1935년에는 다른 음식들의 가격을 2전씩 올리는 데 반해 설렁탕의 가격만 그대로 두기도 했다. 역시 앞선 기준에 따라 현재로 환산해 보면, 장국밥, 냉면, 떡국, 비빔밥, 만두 등의 가격은 4,500원에서 6,000원 정도 된다.

4. 설렁탕에 대한 오해

(1) 언제쯤 외식의 대표 메뉴가 되었을까?

설렁탕은 언제 사람들이 즐겨 찾는 음식이 되었을까? 이 질문은 설렁탕의 기원에 대한 오해를 바로 잡는 일과도 연결된다. 그런데 이 책의 관심은 언제 설렁탕이 처음 등장했느냐를 따지는 데 있지는 않다. 오히려 언제 설렁탕이 외식의 대표 메뉴로 자리 잡았는가를 밝히는 데 있다.

이 문제를 해결하는 데 도움을 줄 수 있는 소설로 1장에서 살펴봤던 이광수의 『무정』이 있다. 『무정』에는 설렁탕은 아니지만 '장국밥'이 등장한다. 그런데 『무정』에 나타난 장국밥에 대한 대화는 설렁탕이 언제 외식의 대표 메뉴가 되었는지에 대해 우회적으로 접근할 수 있게 해준다.

영채가 평양으로 갔다는 얘기를 들은 형식과 기생집 노파는 영채의 뒤를 좇는다. 두 사람은 서둘러 평양에 갔지만 영채의 생사는 확인할 수 없었다. 영채에 대한 생각을 떨치지 못한 채 두 사람은 아래와 같은 대화를 나눈다.

> 형식은 시장증이 난다. 노파더러, "어디 들어가서 조반을 사먹고 찾아봅시다. 설마 죽었겠어요." 한다.
> 노파는 형식을 보며, "아이구, 나도 대동강에나 가서 빠져 죽었으면 좋겠소." 하고 눈물을 씻는다. ……중 략……
> 형식은, "어서 너무 슬퍼 마시오. 아직 아니 죽고 세상에 있는지 알겠어요? 자, 어디 가서 조반이나 먹읍시다." 하고 혼잣말 모양으로, "장국밥이 있을까?"

하며 사방을 둘러보았다.

형식은 시장했던지 아침을 먹고 영채를 찾아보자고 한다. 거기에서 형식이 떠올린 음식이 장국밥이다. 기생이 되어서도 자신만을 의지했던 영채의 생명이 촌각에 달렸는데, 사방을 둘러보며 장국밥 타령을 하는 모습은 역시 형식답다.

노파는 어떻게 장국밥을 사 먹느냐며 평양에서 역시 기생집을 운영하는 동생의 집을 찾아간다. 위의 대화는 장국밥에 대한 몇 가지 정보를 제공하는데, 하나는 장국밥이 당시 사람들이 즐겨 먹었던 외식 메뉴였다면, 다른 하나는 그럼에도 장국밥을 사 먹는 것에 대해 썩 호의적이지 않았다는 사실이다.

두 사람에게 영채의 사정 얘기를 들은 노파의 동생은 안타깝지만 사람의 힘으로 어쩔 수 없는 일이라고 한다. 그런데 동생 역시 아침을 먹자면서 하는 말이 '장국밥을 시켜 오라고 할까? 집에서 밥을 지으라고 할까?'라는 것이다. 공교롭게 노파 동생의 입에서도 장국밥이 등장했던 것이다.

도대체 장국밥이 어떤 음식이었기에, 『무정』에서 형식도 노파 동생도 찾았을까? 장국밥이 어떤 음식인지 알기 위해서는 먼저 오해에서 벗어날 필요가 있다. 장국밥을 장터국밥으로 생각하는 일이 그것이다. 장국밥에서 '장'은 '장터'가 아니라 '간장'을 가리키는 말이다.

이서구는 「개화백경」이라는 글에서 장국밥을 다음과 같이 소개한다.

잡고기를 아예 쓰지 않고 청육만 끓여서 국물이 맑고 기름기가 동동 떠서 '설

렁탕'에 비할 바가 아니다. 게다가 산적을 구워서 얹어주는데 양념도 알맞거니와 고기가 연해서 더욱 좋고 ......중 략...... 산적을 구워서 뚝배기에다가 재어놓으면 바닥에 국물이 흥건히 괸다. 그 국물을 '맛나니'라 했다. 국이 싱거울 때 간장 대신 치는데, 그 맛은 요사이의 조미료에 비할 바가 아니었다.

인용은 장국밥이 고깃국물에 밥을 말고 그 위에 구운 산적을 얹어주는 음식임을 말해준다. 싱거울 때는 산적을 간장에 재어놓으면 나오는 국물인 '맛나니'로 간을 한다는 언급 역시 덧붙이고 있다. 박종화 역시 장국밥을 예찬하면서 양지머리만을 삶아 낸 국물에 유통을 썰어 넣고 그 위에 갖은 양념을 한 산적구이를 올려서 구미가 동한다고 칭찬한 바 있다.

김동리의 소설 『해방』에 실린 장국밥집의 모습이다.

이 책의 관심과 관련해 유의해야 할 점은 이서구나 박종화가 장국밥에 대해 언급하면서 모두 설렁탕과 비교를 한다는 것이다. 옆의 이미지는 김동리의 『해방』에 등장하는 장국밥집이다. 거의 요즘 설렁탕집과 차이가 없음을 알 수 있다. 고깃국물을 베이스로 한 음식이라는 데서 비교가 되는 것 같은데, 두 글에서는 모두 장국밥이 설렁탕과 비교할 수 없을 정도로 맛있다고 한다. 그리고 그 이유를 역시 설렁탕과 달리 잡고기를 전혀 쓰지 않은 데서 찾는다.

식민지시대 대표적인 조리서인 『조선요리제법』에는 장국밥은 아니지만 장국에 대한 소개가 있다. 『조선요리제법』에 대해서는 1장에서 된장 담그는 법을 살펴보면서 얘기한 바 있다. 거기에는 국물을 낼 때 고기에 양념을 한 후 불에 볶다가 물을 붓고 끓이라고 되어 있다. 펄펄 끓인후에 다시 작은 불에 2, 30분 정도 더 끓이라는 것이다. 역시 간장으로 간을 맞춘다는 강조 역시 덧붙여져 있다.

『조선무쌍신식요리제법朝鮮無雙新式料理製法』에도 장국 조리법이 실려 있다. 『조선무쌍신식요리제법』은 위관 이용기가 편찬한 조리서로 『조선요리제법』만큼은 아니지만 1924년 초판이 나온 이후 1943년 4판이 나올 정도로 인기가 있었다. 파, 마늘, 후춧가루, 깨소금 등 고기에 양념하는 재료가 자세히 소개된 것만 빼면 『조선무쌍신식요리제법』에 실린 장국밥의 조리방법 역시 『조선요리제법』과 다르지 않다.

윗글의 도움을 받으면 장국밥은 정육 부위만으로 끓여 낸 고깃국물에다 간장으로 간을 한 음식이었음을 알 수 있다. 그것만 해도 맛있었을 텐데, 그 위에 산적을 올려서 먹었으며 또 산적을 재어놓은 데서 나오는 '맛나니'로 간을 맞췄으니 더욱 구미가 당겼을 것이다. 고깃국물 위에 산적을 올렸다고 하니, 밥을 면으로 바꾸면, 얼핏 육전을 올려서 먹는 '진주냉면'이 떠오르기도 한다.

『무정』에서 영채를 찾기 위해 평양에 간 형식은 아침거리로 장국밥을 떠올린다. 또 기생집 노파의 동생 집에 들르자 그녀도 가장 먼저 장국밥을 떠올렸다. 그런데 왜 형식도, 노파 동생도 가장 먼저 장국밥을 떠올렸을까? 만약 『무정』이 발표된 1917년 즈음에 설렁탕이 외식 메뉴를 대표하는 음식이었다면 두 사람 다 설렁탕을 떠올리지 않았을까?

당시까지 설렁탕이 경성을 대표하는 음식이었으니, 대화의 공간적 배경이 평양이라서 그랬을 가능성도 있다. 그런데 '장국밥이 있을까?'라

자기 동네 명물로 설렁탕집을 소개한 기사이다. 이미 1920년대 중반이 되면 설렁탕집이 동네의 명물이 되었음을 알 수 있다.

는 형식의 의문은 경성에는 장국밥이 있는데 평양에도 있을까라는 것이다. 만약 경성에서 아침으로 사 먹는 일반적인 음식이 설렁탕이었다면 질문은 '설렁탕이 있을까?'로 바뀌었을 것이다.

『무정』에서 형식이 박 진사의 집을 떠나 경성으로 간 것은 17, 18세 정도였으며 이후 2년 정도 도쿄에서 유학을 한 기간을 빼면 계속 경성에 머물렀다. 경성학교에 들어가 교사 생활을 한 기간만도 4년으로 그려져 있으니, 경성에서 즐겨 먹는 외식 메뉴를 알 수 있는 충분한 기간이다.

『무정』은 형식이 영채의 뒤를 좇는 부분을 제외하면 공간적 배경이 대부분 경성이다. 그리고 소설에는 소갈비, 닭고기, 국수, 조기, 암치, 화채, 사이다, 빙수 등 많은 음식이 등장한다. 이에 반해 설렁탕은 소설에서 한 번도 언급조차 되지 않는다. 설렁탕이 작가인 이광수가 좋아하지 않는 음식이라서 그랬을 수도 있을 것이다.

하지만 '나'가 아침을 요기하기 위해 들른 설렁탕집이 등장하고, 또 설렁탕의 배달 모습도 등장하는 『천안기』 역시 같은 작가의 소설이다. 또

『흙』에서 한 선생이 숭에게 조선사람의 병폐를 설명하면서 예로 든 것 역시 설렁탕 배달부 둘이 부딪쳐 그릇을 깨뜨리고는 서로 잘못이라고 싸우는 장면이다.

같은 작가의 소설임에도 1920, 30년대에 발표한 소설에는 설렁탕이 나타나는데 1910년대의 소설에서는 등장하지 않는 것은 오히려 설렁탕이 1910년대까지는 대표적인 외식 메뉴가 아니었음을 말해주는 것 아닐까?

이와 관련해서는 1920년 10월, 1924년 6월에 발표된『매일신보』,『동아일보』의 기사의 도움도 받을 수 있다. 기사에는 1920년까지 경성 내외에 설렁탕집 숫자가 25개에 불과했는데 1924년이 되면 100군데가 넘는다고 되어 있다. 4년도 안 되는 시간 동안 설렁탕집이 네 배 이상 늘었다는 것이다. 이를 통해 설렁탕집이 경성의 거리에 들어서고 설렁탕이 대표적인 외식 메뉴가 된 것이 1920년대에 들어서였음을 알 수 있다.

그렇다면 설렁탕은 어떻게 장국밥을 밀어내고 1920, 30년대의 대표적인 외식 메뉴로 자리 잡게 되었을까? 아마 가장 큰 이유는 가격이었을 것이다. 앞서 확인한 바와 같이 설렁탕의 가격은 등락을 거듭했음에도 불구하고 항상 장국밥보다 3전에서 5전 정도 쌌다.

장국밥과 설렁탕은 모두 고깃국물로 만든 음식이었다. 물론 장국밥은 정육만을 사용해 국물이 맑고 냄새도 없어서 설렁탕과는 달랐다.『조선무쌍신식요리제법』에는 국을 끓일 때 양지머리나 업진이나 사태나 쐐약갈비 등 네다섯 가지만 넣고 잡된 고기는 넣지 말아야 맛이 달고 쇠똥 냄새가 없어진다고 되어 있다. 당시에도 잡된 고기를 넣으면 음식이 맛이 없어지고 냄새가 난다는 사실을 알고 있었다는 것이다.

하지만 식민지 조선에서 빈곤과 궁핍은 소설만의 문제가 아니었다.

콩깻묵을 솥 밑에 깔고 그 위에 보리를 얹어 지은 대두밥이나 수수밥을 먹는 집이 많았으며 감자나 참외로 끼니를 대신하는 집 역시 적지 않았다. 심지어 끼니를 때우지 못해 굶는 집이 더 많았을 정도로 기아는 식민지 조선에 일반화된 현상이었다. 그런 상황에서 잡된 고기를 넣어 음식 맛이 좋지 않고 누린내가 나는 정도는 문제가 되지 않았다.

1938년 3월『조선일보』에는「설렁탕 값 올린 후 먹는 사람이 격감」이라는 기사가 실린다. 기사는 설렁탕 값을 15전에서 20전으로 올렸는데, 그 후 설렁탕을 찾는 손님들이 이전의 3분의 1도 안 된다는 내용을 담고 있다. 기사는 설렁탕이 가장 부담 없이 요기할 수 있는 음식이었던 데는 맛도 중요했지만 가격도 크게 작용을 했다는 것을 말해준다. 여기에서 식민지시대에 음식을 먹느냐 못 먹느냐를 결정하는 데 새롭게 떠오른 잣대가 다름아닌 가격이었음을 알 수 있다.

(2) 기원을 다시 생각해 보자

안석영이 쓴『춘몽』이라는 소설에는 '김 군'이 친구인 '류 군'을 설렁탕집으로 데려가는 장면이 등장한다. 그러자 '류 군'은 '김 군'을 설렁탕집 가마솥에다 집어넣고 싶다는 생각을 한다. 겨우 마음을 진정시킨 '류 군'은 '이건 어디 되겠나? 오랜만에 만나서 설렁탕을 먹으며 바라보고 앉아서야 답답하지 않은가?'라며 결국 청요릿집으로 간다. '김 군'에게는 미안하지만 소설로 보면 청요릿집으로 가는 것보다 가마솥에다 집어넣는 것이 더 재미있었을 것 같다.

앞서 살펴본 채만식의 『금의
정열』에서도 설렁탕의 맛에 대해
서는 칭찬을 아끼지 않지만 설렁
탕집은 '지저분한 시멘트 바닥,
질질 넘치는 타구, 행주질이라고
는 한 번도 안 한 식탁에다가 수천
마리의 파리가 주인을 대신 손님
을 맞는다'고 그려져 있다. 종로

지금도 설렁탕은 사람들이 즐겨 찾는 음식이다.
이미지는 드라마 『나의 아저씨』에서 지안(이지
은 분)과 동훈(이선균 분)이 서로의 상처를 감춘
채 설렁탕을 먹는 장면이다.

골목에 즐비한 설렁탕집에서 먹고 난 뚝배기나 수저를 제대로 씻지 않
고, 또 먹다 남은 김치를 다시 김칫독에 넣어 비위생적이라는 불만은 빈
번하게 제기되었다.

『별건곤』에 실린 글에는 사람들이 설렁탕을 즐겨 먹었던 이유를 값
이 싸고, 배가 부르고, 몸에 좋은 음식이기 때문이라고 했다. 얼핏 사람들
이 설렁탕을 즐겨 먹었던 것과 설렁탕이 거친 음식이고 음식점 역시 불
편했다는 사실이 모순되는 것처럼 보인다. 하지만 실제 둘은 긴밀하게
연결되어 있었다.

설렁탕이 값이 싸고 배가 불렀다는 언급은 바꾸어 말하면 배가 부를
정도로 많은 양을 싼 가격에 먹었다는 것을 뜻한다. 설렁탕은 부담 없는
가격이었는데도 고기를 재료로 만든 음식이라는 점에서 몸에 좋은 음식
으로 받아들여졌다.

여기에서 떠오르는 궁금증은, 설렁탕은 어떻게 많은 양의 음식을, 그
것도 소고기를 재료로 한 음식을, 싼 가격에 팔 수 있었을까 하는 것이다.
1922년 4월 『동아일보』에는 의문에 도움을 줄 수 있는 글이 실렸는데,

1920년대 소의 부위별 가격을 다룬 기사가 그것이다.

보통 우육은 한 근에 55전, 등심이나 안심은 60전이었는데, 우피는 30전, 우지는 15전이었으며, 이 책이 관심을 가진 우골은 3전이었다. 조선에는 축산물을 가공하는 기술이 발달하지 못해 우골이 사용되지 않아 저렴한 가격에 팔았다는 것이다. 이를 고려하면 설렁탕의 주요 재료였던 소뼈는 보통 우육에 비해서는 1/18, 등심이나 안심에 비해서는 1/20의 가격밖에 되지 않았음을 알 수 있다.

설렁탕은 재료뿐 아니라 조리방법에서도 다른 음식과 차이가 있었다.『조선요리제법』,『조선무쌍신식요리제법』에 있는 곰국의 조리방법을 보면 고기, 흘데기, 곤자소니, 양 등에 간장으로 간을 맞춘 후 무와 함께 삶으라고 했다. 그런데 한 번 삶은 고기와 무를 꺼내 다시 양념을 한 후 처음 고기 삶은 국물에 넣고 오래 끓이라고 덧붙여져 있다. 곰국뿐만 아니라 육개장, 장국 등 소고기를 재료로 한 음식의 조리방법 역시 두 번

설렁탕이 등장하는 '아지노모도味の素' 광고다. 이미지는 설렁탕이 아지노모도의 광고에 등장할 정도로 외식의 대표 메뉴가 되었음을 말해준다.

에 걸쳐 간을 하고 끓이는 과정은 다르지 않았다.

설렁탕의 조리방법은 식민지시대 조리서에는 등장하지 않는다. 1952년『조선요리제법』을 개정, 보완해 발행한『우리나라 음식 만드는 법』에 가서야 실린다. 거기에는 설렁탕의 재료로 소뼈, 소머리, 소족 등을 제시한 후, 재료들을 준비해서 솥에 넣고 물을 넉넉히 붓고 생강과 마늘을 넣어 오래 끓이라고 되어 있다. 소뼈, 소머리, 소족 등을 넣고 한꺼번에 삶았으며 재료에 다시 간을 하는 과정도 없었다는 것이다.

이러한 점은 설렁탕의 기원에 새롭게 접근할 수 있는 계기를 마련해 준다. 설렁탕의 기원에 대한 유력한 주장은 두 가지가 있다. 가장 많이 알려진 것은 설렁탕이 임금이 제사와 의례를 행했던 '선농단先農壇'과 관련이 있다는 주장이다. 조선시대에 선농단에서 왕이 제사를 지낸 후 밭을 가는 의례를 행했는데, 의례가 끝난 후에 소를 끓여서 백성들을 먹게 한 데서 유래된 음식이라는 것이다.

그런데 제사와 의례를 마치고 왕이 신하나 백성에게 하사한 데서 유래되었다면, 그것을 '가장 싸고 거친 음식', '저런 더러운 음식'으로 취급하지는 않았을 것이다. 또 그 음식을 좁고 긴 식탁과 작고 불편한 의자가 놓인, 또 소머리에 파리떼가 붙어 있는 음식점에서 팔았다는 것도 마찬가지다. 그리고 설렁탕집에 데려간 친구를 가마솥에다 집어넣고 싶다는 생각도 하지는 않았을 것이다.

다른 하나의 기원은 13세기 전후 원나라와 교류하면서 '슈루', '슐루'라는 음식이 전해지는 과정에서 유래되었다는 주장이다. 이 주장은『방언집석方言集釋』,『몽어유해蒙語類解』등의 책에 있는 고기를 삶은 '공탕을 한나라에서 콩탕, 청나라에서는 실러, 몽골에서는 슐루라고 한다' 등을 근거로 들고 있다.

　'슈루', '슐루'라는 몽골 음식에서 유래되었다고 하더라도 앞선 의문은 지울 수 없다. 1929년 12월 『별건곤』에는 조선 팔도의 이름난 음식을 소개하는 기사가 실렸다. 거기에서 평양의 냉면, 대구의 탕반, 진천의 메밀묵, 전주의 탁배기국과 함께 경성을 대표하는 음식으로 소개된 것이 설렁탕이었다. 고려시대에 몽골에서 전해진 음식이 1920, 30년대까지 개성이 아니라 경성의 명물이었다는 것은 앞뒤가 맞지 않는다. 또 당시까지 식용으로 하지 않았던 소뼈 등 모든 재료를 한꺼번에 넣고 끓였다는 조리방식 역시 마찬가지이다.

　오히려 있는 그대로의 설렁탕을 인정하는 것은 어떨까? 설렁탕은 그때까지 소비되지 않았던 소뼈를 주된 재료로 해 물을 붓고 오래 끓여 만든 음식이라는 사실이 그것이다. 어떤 간도 하지 않았고, 또 끓이는 것 외에는 다른 조리과정도 없었다. 거꾸로 그런 재료와 과정이었기 때문에,

김웅초가 그린 「서울의 우욕탕」이라는 이미지다. 시골에서 온 사람이 설렁탕이라는 상호를 보고 목욕탕인 줄 알고 잘못 들어왔다는 것인데, 당시까지도 설렁탕이 경성에서 주로 파는 음식이었음을 말해준다.

또 구차하고 좁은 공간에서 팔았기 때문에, 궁핍한 하층민들이 13전에서 15전 정도의 싼값에 푸짐하게 먹을 수 있었을 것이다. 설사 선농단에서 임금이 하사하지 않았더라도, 또 고려시대에 몽골에서 전해지지 않았더라도, 그것만으로도 설렁탕은 충분히 가치와 의미를 지닌 음식이 아닐까?

5. 인력거꾼 김 첨지

「운수 좋은 날」을 읽고 나면 마음이 먹먹하다. '설렁탕을 사다 놓았는데 왜 먹지 못하니, 왜 먹지를 못하니?' 하는 김 첨지의 중얼거림이 귀에 맴돌아서이다. 그런데 먹먹함 속에서 한 가지 의문이 떠오른다. 김 첨지는 왜 아픈 아내를 두고 인력거를 끌러 나갔을까 하는 의문이 그것이다.

그날 아내는 김 첨지에게 일하러 나가지 말라며 그래도 나가려면 일찍 들어오라고 한다. 김 첨지 역시 인력거를 끌면서도 몇 차례나 밀려드는 아내 걱정에서 벗어나지 못한다. 그런데도 왜 김 첨지는 인력거를 끌러 나갔고 또 왜 빨리 아픈 아내에게 돌아가지 않았을까?

여기에서 김 첨지의 직업이 인력거꾼이었음을 다시 환기할 필요가 있다. 김 첨지는 그날 연이은 운수에 모두 3원에 가까운 돈을 버는데, 앞서 그게 모두 김 첨지의 몫은 아니라고 했다. 당시 인력거 삯은 가까운 거리는 5정보에 15전, 먼 거리는 10리에 60전을 기준으로 했다. 여기서 5정보는 약 500m, 10리는 4km에 해당된다. 이 기준에 따라 어림잡아 계산해 보면 김 첨지는 그날 인력거를 모두 50리, 곧 20km 끌었던 것이 된다.

인력거가 조선에 들어온 것은 1894년이었다. 철도, 전기 등 근대의 산물이 대부분 서양에서 건너온 것임에 반해 인력거는 일본에서 처음 만든 것이었다. 처음 들어왔을 때 인력거 손님 가운데 조선인은 대부분 대한제국 정부의 고위 관료나 부유한 자들이었다. 구경만 하는 데 만족했던 사람들은 인력거를 개화된 세상을 상징하는 교통수단으로 받아들였다.

조선에 택시회사가 처음 설립된 것이 1925년이었고, 버스회사가 인가된 것이 1928년이었다. 그렇다면 김 첨지가 일할 당시에는 인력거에

견줄 마땅한 다른 교통수단이 없었음을 알 수 있다. 전차가 있었지만 일정한 궤도만을 왕복하게 되어 있어 어떤 곳이나 자유롭게 운행할 수 있는 인력거와는 달랐다.

아내의 걱정과 만류 속에서도 김 첨지는 3원에 가까운 돈을 벌고서야 그날 일을 마무리한다. 김 첨지가 그날 3원을 번 것이 앞선 인력거의 독점적 성격과 관련되어 있는 듯하지만, 오히려 이 책은 김 첨지가 이전 열흘 동안 손님을 태우지 못했다는 사실에 주목하려 한다.

먼저 그날 김 첨지가 번 3원이 온전히 김 첨지의 것은 아니었다는 것부터 살펴보자. 이 문제에 대해서는 1922년 11월 『동아일보』에 실린 기사를 참고할 수 있다. 당시 물가를 인하한다는 명분 아래 목욕비, 이발비 등과 함께 인력거삯을 25% 인하하려 하자 경성 시내 인력거꾼 수백 명이 모여 인하를 막으려는 회합을 가졌다고 한다.

이 책이 주목하는 부분은 '일본인 영업주는 같은 차부 중에도 일본인 차부에게는 십분의 칠분을 주고 조선인 차부에게는 그중 또 일분을 차별하야 육분밖에 주지 않았다'는 대목이다. 조선인 인력거꾼의 경우 회사에 등록을 하고 영업을 하면서 버는 돈의 40%를 회사에 납부하고 나머지를 자신의 몫으로 하였다는 것이다. 그렇다면 그날 김 첨지가 번 돈 가운데 회사에 40%를 납부하고 1원 80전 정도만 가져갈 수 있었다는 것이다.

「운수 좋은 날」에서 김 첨지는 연이은 운수를 맞기까지 열흘 동안 손님을 단 한 명도 태우지 못했다. 이는 그날 이후에도 손님을 못 태우는 날이 계속 될 수 있음을 뜻한다. 그렇다면 그날 번 3원 가까운 돈 가운데 회사 몫을 제외한 1원 80전은 김 첨지 가족의 하루 생활을 위한 돈이 아니라 적어도 10일 많게는 20일 이상을 버텨야 하는 돈일 수도 있었다.

김 첨지는 가족들의 생계를 위해 더 오랜 시간, 더 많이 인력거를 끌 수밖에 없었다. 하지만 인력거 회사, 나아가 일본 제국주의로 상징되는 자본은 김 첨지의 시선에도, 또 독자의 그것에도 들어오지 않는다. 회사나 자본을 대신해서 김 첨지에게 노동을 강제하는 존재는 인력거다. 인력거를 매개로 자본에 종속된 김 첨지가 할 수 있는 유일한 일은 인력거를 계속 끄는 것이었다. 김 첨지가 아내의 만류에도 인력거를 끌러 나갔던, 또 먼저의 손님을 태우고도 빨리 집으로 돌아가지 못 했던 이유는 거기에 있었다.

DESSERT

설렁탕 끓이는 법

식민지시대의 대표적인 조리서는 『조선요리제법』, 『조선무쌍신식요리제법』 등이었다. 그런데 이들 조리서에는 설렁탕의 조리법은 없다. 소고기를 재료로 한 국으로는 곰국, 육개장, 맑은 장국 등의 조리방법이 실려 있다. 이 역시 설렁탕의 기원과 관련해 시사하는 바가 크다.

설렁탕이 조리서에 등장하는 것은 1952년에 발행된 『우리나라 음식 만드는 법』에서였다. 이 책은 『조선요리제법』을 시대에 맞게 내용을 보완해 새롭게 발행한 조리서였다. 여기서는 『우리나라 음식 만드는 법』에 실린 설렁탕의 조리방법을 소개하겠다.

〈재료〉
쇠머리 반쪽, 쇠족 두 개, 양지머리 두 근, 쇠뼈 약간, 생강 조금,
호추가루 조금, 마늘 한 톨, 고춧가루 조금, 파 넉넉이, 소금 조금

〈만드는 법〉
1. 여러 가지 재료들을 다 깨끗이 준비해서 쏟에 넣고 물을 넉넉히 붓고 생강과 마늘을 넣고 오래오래 과서,
2. 뼈는 다 꺼내고 살만 잘게 썰어 펄펄 끓여서 그릇에 푸고,
3. 첩시에 파 채친 것과 소금, 고춧가루, 호추가루를 겨뜨려 놓아 상에 놓으면 식사할 때에 국에 가미해서 먹는 것이다.

〈참고〉 여기에서 '쏟'은 솥, '호추가루'는 후춧가루를 가리킨다.

4장

선술집의 풍경

– 채만식의 「산적散炙」 (1929)

APPETIZER

채만식이 작가 생활을 시작했던 것은 1924년 12월 「세길로」를 「조선문단」에 발표하면서였다. 그의 소설 가운데는 「태평천하」와 「탁류」가 잘 알려진 것들이다. 두 소설에서는 윤 직원의 구두쇠 짓이나 초봉의 인생유전을 통해 억척스럽거나 고단한 식민지인의 삶을 그린 바 있다.

채만식은 음식을 그리는 데도 누구 못지않게 뛰어났다. 3장에서 설렁탕을 게걸스럽게 먹는 상문이 등장했던 「금의 정열」도 채만식의 작품이다. 「불가음주 단연불가」라는 수필에서는 막걸리 마시는 모습을 그렸는데, 작가의 음식 다루는 솜씨가 유감없이 드러난다.

빡빡한 막걸리를 큼직한 사발에다가 넘실넘실하게 부은 놈을 커억 들이대고는 벌컥벌컥 한입에 주욱 마신다. 그리고는 진흙 묻은 손바닥으로 쓰윽 입을 씻고 나서 풋마늘 대를 보리고추장에 찍어 입가심을 한다. 등에 착 붙은 배가 불끈 솟고 기운도 솟는다.

사실「산적」은 잘 알려진 소설이 아니다. 분량도 거의 소품에 가까울 정도로 짧다. 하지만 식민지시대 소설, 아니 모든 자료를 통틀어「산적」만큼 선술집의 모습을 오롯이 드러내는 작품도 드물다. 소설을 읽으면 아늑한 선술집의 분위기가 느껴지고, 지글지글 익어가는 안주 냄새가 나는 듯하다. 이제「산적」을 통해 선술집 구경을 시작해 보자.

1. 선술집이라는 곳

'나'는 실직을 하고 다시 직장을 얻기도 난망한 상태에 처한 인물이다. 궁핍한 살림에 아내에게 전당포에 옷을 잡혀 쌀을 사오라고 보낸다. 그러고는 따뜻한 쌀밥 먹을 생각에 기뻐하다가 다시 배가 고파 시무룩해진다. 그런 모습으로 아내가 오기만을 기다리는 '나'는 대책 없는 인물 같기도 하다. 그런데 목 빠지게 기다린 아내의 손에는 정작 쌀이 아니라 '산적' 해 먹을 고기가 들려 있다.

선술집의 모습을 담은 사진이다. 출처가 『그림엽서로 보는 근대 조선繪葉書で見る近代朝鮮』인데, 다른 사진들처럼 연출의 흔적도 보인다.

왜 쌀을 사오지 않았느냐고 묻자 아내는 민망한 듯 고기 사온 사연을 이야기한다. 전당포에서 50전에 옷을 잡히고 오다가 음식점 앞을 지나는데 맛있는 냄새가 났다고 했다. 그것은 불이 이글이글한 화로에다 석쇠를 놓고 산적 굽는 냄새였다. 그 냄새에 아내는 쌀을 사야 한다는 생각도 까맣게 잊고 푸줏간에 가서 고기를 사왔다는 것이다.

아내에게 쌀 대신 고기를 사게 만든 그 음식점은 어디였을까? 그곳은 선술집이라는 곳으로, 이름 그대로 서서 마시는 술집이었다. 1925년 7월 『동아일보』에 실린 기사를 보면 인기가 여간이 아니었음을 알 수 있다. 당시 종로에는 조선요리점이 8개, 중국요리점이 7개, 일본요리점이 1개 있고, 조선음식점은 236개, 중국음식점은 34개, 일본음식점은 19개 있다고 했다. 종로에만 많은 요리점과 음식점이 있었다는 것이 눈길을 끄는데, 이 책의 관심은 그중 가장 많이 늘어난 게 선술집이라는 데 놓인다.

1927년 10월 『별건곤』이라는 잡지에 실린 아래의 기사 역시 선술집의 급격한 증가에 주목하고 있다.

경케가 피폐해가고 살림이 쪼그라켜 들어가는 반면에 거기에 따라서 부쩍 늘어가는 것이 경성 시내의 음식컴이요 음식컴 중에서도 '섇술집'이 가장 많이 늘어온 것은 술잔이나 먹는 분이면 다 아실 것입니다.

경기가 안 좋은데도 음식점이 부쩍 늘었는데, 그중 선술집의 증가가 가장 눈에 띈다는 것이다. 1943년 11월 경성상공회의소에서 편찬한 경성부내 음식점 상황에도 요리점, 식당, 오뎅집, 중국요리점, 내외주점, 카페와 끽다점 등 전체 음식점 2,500여 개 중에서 선술집 1,150여 개로 반을 차지할 정도다.

식민지시대 음식점 가운데 선술집이 가장 두드러지게 증가했다면 그만큼 많은 손님들이 선술집을 찾았다는 것을 뜻한다. 그러니 다른 쟁쟁한 술집들을 누르고 경성의 명물로 자리 잡았을 것이다. 그렇다면 거기에는 요릿집, 카페, 내외주점, 색주가, 모줏집과는 다른 선술집만의 매력이 있었음을 짐작할 수 있다.

이 장에서는 어떤 매력이 선술집을 식민지시대의 대표적인 술집으로 자리 잡게 했는지 알아보려 한다. 여기에서 독자들을 선술집으로 안내할 소설은 채만식의 「산적」이다. 전당포에 옷을 잡힌 아내가 쌀 대신 고기를 사온 위의 장면 역시 「산적」에 등장하는 모습이다.

　이제 「산적」의 도움을 받아 경성의 선술집을 구경해 보자. 구경이 끝나면 어렴풋하게나마 손님이 선술집에 들어가 술을 주문하고 안주를 골라 조리하는 모습을 눈앞에 그려볼 수 있을 것이다. 또 주모나 주부가 술을 능숙하게 다루는 한편 술 따르는 동작을 통해 주흥을 돋우는 광경 역시 마찬가지다.

2. 주모와 주부, 그리고 목로

　「산적」은 1929년 12월 『별건곤』에 발표된 짧은 소설이다. 「산적」은 채만식의 소설로는 『태평천하』, 『탁류』만큼 잘 알려진 소설은 아니다. 그래도 다른 데서는 찾기 힘든 선술집의 모습을 잘 보여주고 있어 독자들을 선술집으로 안내하기에 부족함이 없다.

　「산적」의 전반부에는 종로 행랑뒷골에 위치한 선술집 내부에 대한 묘사가 있다. 아내에게 산적을 만들 고기를 사오게 만든 바로 그 집이다. 묘사는 선술집에 대한 중요한 정보를 제공하는데 특히 선술집의 구조를 다음과 같이 이야기한다.

> 드나드는 문 앞에서 보면 바로 왼편에 남대문만한 솥을 둘이나 건 아궁이가 있고 그 다음으로 술아범이 재판소의 판사 영감처럼 목로 위에 높직이 앉아 연해 술을 치고 그 옆에 가 조금 사이를 두고 안주장이 벌어져 있다.

인용은 선술집의 문을 열고 들어가면 왼쪽에 아궁이가 있고 큰 솥이 두 개 걸려 있다고 했다. 「산적」에는 나타나 있지 않지만 그중 하나는 추탕, 선짓국, 시레깃국 등 술국을 끓이는 솥이었다. 그러면 다른 하나의 솥도 국이나 탕을 끓이는 솥이었을까? 다른 솥 하나의 용도는 그것이 아니라 물을 끓이는 솥이었다. 당시에는 술을 데워서 먹는 것이 일반적이라서 술을 데우는 물이 필요했기 때문이다.

솥 옆에는 선술집의 상징이었던 '목로'가 있고 '주모'나 '주부'가 높직이 앉아 있다. 목로는 선술집에서 사용하던 널빤지로 만든 좁고 긴 상을 뜻한다. 그래서 선술집을 '목롯집', '목로술집', '목로주점'으로 부르기도 했다. 흥미로운 점은 「산적」에서 술을 주문받고 데워서 잔에 붓는 역할을 술아범, 곧 주부가 한다는 것이다.

한용운의 소설 『박명』에 등장하는 선술집의 모습이다. 순영이 목로 뒤에 앉았는데, 그 옆으로 비스듬한 안주장이 보인다.

선술집을 비롯한 술집에서 술을 주문받고 따르는 역할은 보통 여성, 곧 주모가 한 것으로 알려져 있다. 옆의 이미지는 한용운의 소설 『박명』에 등장하는 선술집인데, 목로 뒤에 순영이 앉아 있는 모습이 보인다. 그런데 「산적」은 술을 주문받고 따르는 역할을 주모가 하는 것이 일반적인 것은 아니었음을 말해준다. 「산적」에서처럼 술아범이 하는 경우도 있었고, '중노미'라고 불리는 젊은 사람이 그 역할을 담당하기도 했다.

앞선 인용의 마지막 부분에는 목로와 술아범의 왼쪽 옆으로 조금 사이를 두고 '안주장'이 있다고 되어 있다. 안주장은 선술집에 따라 안주탁자로 불리기도 했다. 보통 안주장, 안주탁자 등은 손님이 앞뒤의 안주를 한눈에 보고 고르기 쉽게 앞쪽은 낮고 뒤쪽은 높도록 비스듬하게 놓여 있었다. 앞 페이지의 삽화에는 눈치 없는 사람이 가리고 있어 위쪽에 과일만 조금 보인다.

「산적」이 보여주는 또 하나 중요한 사실은 목로와 그 위에 앉은 술아범의 위치이다. 그 자리는 아궁이에 놓인 솥과 안주장의 사이에 있었다. 다른 글에도, 온돌에 큰 솥을 걸어 물을 끓이며 그 옆에는 주인이 앉아 있고 또 그 근처에는 각양각색의 안주를 전시한 목판이 비스듬히 서 있었다는 걸 보면, 그것이 선술집의 일반적인 구조였던 것으로 파악된다.

목로와 그 위에 앉은 술아범의 위치는 선술집에서 가장 중요한 자리였다. 그곳은 술아범이 앉은 채로 술을 주문받아 데우고 잔에 부어줄 수 있는 자리였다. 또 거기는 손님들이 안주장에서 가져가는 안주와 그 숫자도 확인할 수 있는 자리였다.

「산적」의 묘사를 따라 안주장 옆쪽으로도 가 보자.

그리로 돌아서 마방간의 마죽구시 같은(평평하니까 마죽구시와는 좀 다를까?) 선반, 도마가 있고 그 위에는 식칼, 간장, 초장, 고추장, 소금 무엇 무엇이 담긴 주발이 죽 놓여 있다. 안주 굽는 화로는 목로에서 마주 보이게 놓여 있다.

안주장에서 오른편으로 돌아가면 아래편에 '마죽구시' 같은 도마가 놓이고 그 위에 선반이 있다고 했다. 마죽구시는 말의 여물통이라는 뜻인데, 소설에서는 허름한 도마와 선반을 그렇게 불렀던 것 같다. 도마와 선반의 위치는 들어오는 문을 기준으로 하면 맞은편이다.

　도마 위에는 식칼이 놓여 있고, 선반 위에는 간장, 초장, 고추장, 소금 등을 담아놓은 주발이 있다. 도마나 양념이 놓인 선반은 선술집이 영업할 때 사용되는 공간은 아니었고 영업시간 전에 손님들에게 팔 안주를 준비하는 곳이었다. 물론 안주가 다 팔렸을 경우에는 도마 위에서 안주의 재료를 손질하면서 선반 위의 양념을 사용했을 것이다.

　「산적」에는 선술집에서 화로가 어디에 있었는지도 나타나 있다. 화로는 목로와 그 위에 앉은 술아범의 맞은편, 곧 선술집 문에 들어섰을 경우 오른쪽에 위치하고 있었다. 손님은 술을 주문하고 안주장에서 안주를 골라 화로로 가져가 석쇠 위에서 직접 구웠다. 혹은 먼저 안주장에서 고른 안주를 화로 위에 올려놓고 술을 주문하기도 했다.

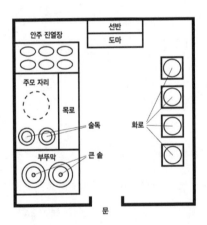

「산적」에 나타난 묘사를 통해 선술집 구조를 평면도로 구성해 보았다.

손님들은 직접 안주를 골라 화로로 가져가 굽든지 익혀 먹으니 안심이 되어서 이런 방식을 선호했다고 한다. 당시 선술집에 손님들이 많았다는 것을 고려하면 선술집마다 여러 개의 화로가 있었을 것으로 보인다. 옆의 이미지는 「산적」에 나타난 묘사를 통해 선술집 구조를 평면도로 구성한 것이다.

　안주장에서 안주를 골라 굽는 손님들을 위해서는 안주장의 오른쪽, 곧 도마와 선반이 있는 곳에 화로를 놓는 것이 더 편리했을지도 모른다. 하지만 거기는 손님이 많으면 목로 뒤에 앉은 술아범이 보기 힘든 위치였다. 화로가 목로의 맞은편에 설치된 것은 그 때문이었을 것이다.

이는 목로에 앉은 술아범의 위치가 술을 주문받고 안주를 가져가는 것을 확인할 수 있는 곳일 뿐 아니라 안주 굽는 것도 볼 수 있는 자리였음을 뜻한다. 다른 글 역시 술을 다루는 사람 앞에는 긴 마룻장을 놓아 술잔과 안주 접시를 놓게 하고, 조금 떨어진 데에다 숯불을 이글이글하게 피운 위에 석쇠를 걸어놓았다고 했다. 이를 고려하면 선술집에서 주부나 주모의 자리가 어디였는지를 보다 분명히 알 수 있다.

인용에는 나타나지 않지만 「산적」에는 손님들이 안주를 구울 때 공동으로 붉은 젓가락을 사용했다고 되어 있다. 드물게는 손님들이 일회용 위생저를 사용하는 경우도 있었는데 공용의 젓가락을 사용하는 것이 더 일반적이었다. 선술집의 손님들은 화로에 구운 안주 말고도 추탕, 선짓국, 순댓국 등 술국도 먹었다.

그런데 선술집에서 한 가지 독특한 점은 탕이나 국을 먹을 때도 숟가락을 사용하지 않았다는 사실이다. 그건 어쩔 수 없었던 일 같다. 선 채로 젓가락으로 안주를 구워 가며 국물을 먹다가 기다리던 술이 목로에 나오면 그것도 마셔야 했다. 그러니 숟가락까지 사용하기는 힘들었을 것이다. 손이 안 남아서든 그릇째 먹는 게 좋아서든 선술집 손님들은 탕이나 국의 국물은 그릇째 마시는 방식을 선호했다.

3. 이렇게 맛있는 안주가 공짜라고요?

(1) 안주의 향연

「산적」에는 선술집에서 안주장이 목로의 왼쪽에 있다고 되어 있다. 그런데 아내가 쌀을 사는 것도 잊게 만든 산적을 제외하고는 안주장에 무엇이 있었는지는 나타나 있지 않다. 다른 소설들의 도움을 받아 선술집에 준비된 안주에 대한 궁금증도 해결해 보자.

3장에서는 설렁탕을 다루면서 현진건의 「운수 좋은 날」을 살펴본 바 있다. 그런데 「운수 좋은 날」에는 선술집도 등장한다. 소설에서 인력거꾼 김 첨지는 모처럼 닥친 운수에 연이어 손님을 태운다. 앞집 마님, 양복쟁이 교원, 고향에 가는 학생, 짐이 많은 기생 등을 태우고 3원에 가까운 돈을 벌게 된다.

김 첨지는 오랜만에 닥친 운수에 기뻐하면서도 병든 아내에 대한 걱정을 떨칠 수 없다. 저녁 무렵 일을 마치고 집으로 향하던 김 첨지는 우연히 만난 치삼이와 함께 선술집으로 향한다. 종일 이어진 운수에 상응하는 불행이 닥치지 않을까 해서 그것을 조금이라도 늦추려 했던 것이다.

「운수 좋은 날」에 선술집이 등장한 것은 이러한 연유에서였다. 「산적」에서 아내는 고기 굽는 냄새에 끌려 선술집에 들어가서는 '아늑한 게 뜨스하다'고 했는데, 「운수 좋은 날」의 선술집 역시 김 첨지를 '훈훈하고 뜨뜻하게' 맞아준다고 했다. 또 하나 흥미로운 점은 선술집의 위치이다.

소설에서 김 첨지는 혜화문 밖에 사는데 일을 마치고 선술집을 찾은 것을 보면 그 근처임을 알 수 있다. 이는 "자네 문 안 들어갔다 오는 모양

일세."라는 치삼이의 인사를 통해서도 드러난다. 선술집이 이미 경성 시내뿐만 아니라 외곽 지역에까지 널리 자리를 잡았다는 것이다.

그러면 「운수 좋은 날」에 나타난 선술집의 안주장을 기웃거려 보자.

추탕을 끓이는 솥뚜껑을 열 적마다 뭉게뭉게 떠오르는 흰 김, 석쇠에서 뻐지짓 뻐지짓 구워지는 너비아니구이며, 제육이며 간이며 콩팥이며 북어며 빈대떡 ……. 이 너저분하게 늘어놓은 안주 탁자, 김 첨지는 갑자기 속이 쓰려서 견딜 수 없었다. 마음대로 할양이면 거기 있는 먹을거리를 모조리 깡그리 집어삼켜도 시원치 않았다. 하되 배고픈 이는 우선 분량 많은 빈대떡 두 개를 쪼이기도 하고 추탕을 한 그릇 청하였다.

인용은 선술집 안주장에 무엇이 있었는지에 대한 궁금증을 해결해 준다. 한편의 솥 안에서 추탕이 끓고 있다는 것은 앞서 확인한 선술집에서 제공하는 국이나 탕으로 보인다. 추탕이 끓는 솥의 반대편 안주장에는 너비아니, 제육, 간, 콩팥, 북어, 빈대떡 등이 있다고 되어 있다.

김 첨지는 이 중 빈대떡을 선택해 목로 맞은편에 마련되어 있는 화로로 가져간다. 소설에는 '빈대떡 두 개를 쪼이기도 했다'고 나타나 있다. 선술집에 들어간 김 첨지는 고된 인력거 일에 배가 너무 고파 모든 안주를 먹고 싶다고 생각한다. 그런 가운데 빈대떡을 선택한 것이 '분량이 많다'는 이유 때문이었으니 안주마다 양이 달랐다는 것도 알 수 있다.

선술집 안주에 대해서는 『조광』이라는 잡지에 실린 「서울잡기장」의 도움도 받을 수 있다. 글에는 먼저 탁자에 놓인 안주로 곱창, 제육, 콩팥, 간, 천엽 등의 육류를 비롯해 파산적, 떡산적, 빈대떡, 전어 따위의 누르미가 있다고 했다. 국, 탕으로는 추탕 외에 선짓국, 순댓국, 동탯국, 양골뼈다귓국, 냉잇국, 시레깃국이 준비되어 있었다. 이들 모두를 아울러 술국이라고 부른 것을 보면, 술을 마실 때 안주로 먹거나 술을 마신 후 해장하기에 적당한 음식이었을 것이다.

탁자에 놓인 안주와는 달리 술국은 여러 가지가 동시에 준비되지는 않았다. 각 선술집을 대표하는 술국을 끓이거나 그렇지 않은 경우 계절에 따라 하루에 한두 가지 정도를 마련했던 것으로 보인다. 식민지시대 신설리, 곧 지금의 신설동에는 '형제주점'이라는 유명한 선술집이 있었는데, 형제주점을 대표하는 술국은 추탕이었다. 형제주점에 들르면 사람 키보다 더 깊은 솥에 항상 추탕이 끓고 있었다고 한다.

옆의 이미지는 이기영의 소설 『인간수업』에 등장한 선술집의 모습이다. 이기영은 『고향』을 쓴 작가로 알려져있는데, 발표 시기로 보면 『인간수업』은 『고향』에 이어지는 두 번째 장편이다. 『인간수업』의 중심인물은 철학을 전공한 지식인이자 장안의 부호 준석의 외아들인 현호다.

이기영의 소설 『인간수업』에 실린 선술집의 삽화이다. 현호와 천식이 주모가 앉아 있는 목로 앞에서 술을 마시고 있다.

현호는 독립생활을 위해 애쓰던 중 완전한 자기창조를 위해서는 노동을 체험하는 것이 불가피함을 깨닫는다. 그러던 중 현호는 천식을 만나게 되는데, 천식은 시골에서 농사짓던 사람으로 돈을 벌기 위해 경성에 온 인물이다. 현호는 지게를 사서 천식과 함께 다른 사람의 짐을 지어

다주는 막노동을 경험한다.

현호와 천식이 청계천 옆에 있는 선술집을 찾은 것은 처음으로 지겟일을 경험한 날이었다. 두 사람은 처음 하는 지겟일에 배가 고팠는지 선술집에 들어서자 먼저 술국을 곱빼기로 받아 씨가 절반인 막고춧가루를 듬뿍 넣고 밥을 말아 시장기를 면한다. 아쉽게도 『인간수업』에는 무슨 술국이었는지는 나타나 있지 않다.

선술집의 안주를 마른안주와 진안주로 나누어 소개한 글도 있다. 마른안주에는 우포, 어포가 대표적이며, 진안주는 너비아니, 날 돼지고기와 삶은 돼지고기, 편육, 빈대떡, 떡산적이 있다고 했다. 돼지고기를 날로 먹었다는 것이 흥미로우며, 삶은 돼지고기와 편육의 차이는 무엇인지도 궁금하다. 진안주는 큰 목판에 두었다는데, 앞서 확인한 안주장을 가리키는 것으로 보인다. 마른안주, 진안주 외에도 제철을 맞은 생선회나 생선구이도 제공했다고 한다.

선술집의 안주는 이렇듯 다양했으며 그것이 손님들의 발길을 끌어들인 중요한 이유 가운데 하나였다. 그런데 술국 이외의 선술집 안주는 다양한 가운데 공통점도 지니고 있다. 너비아니, 제육, 간, 콩팥, 북어, 빈대떡, 곱창, 천엽, 파산적, 떡산적, 전어 등 선술집의 안주는 모두 화로에 석쇠를 놓고 구워 먹는 음식이었다. 화로에 석쇠를 놓고 굽는 방식은 지금은 자연스럽게 느껴지지만 식민지시대에는 그런 것만도 아니었다.

(2) 독특한 셈법

선술집은 술값의 셈법도 독특했다. 선술집에서는 술을 주문하면 안주는 그냥 먹을 수 있었다. 그것 역시 손님들이 선술집을 즐겨 찾게 만든 이유 중 하나였다. 그렇다고 안주장에 있는 것을 마음대로 먹을 수 있었던 것은 아니었다. 「운수 좋은 날」에서 선술집에 들어선 김 첨지는 마음대로라면 모든 안주를 먹고 싶었지만 그렇게 하지 못했다. 막걸리 곱빼기를 시키고 빈대떡 두 개를 데워서 먹었으니 막걸리 한잔에 안주 하나를 곁들여 먹었음을 알 수 있다.

선술집에서는 술 한 잔 값을 내면 안주장에 있는 다양한 안주 가운데 하나를 골라 먹을 수 있었다. 지금 생각하면 이상한 셈법인데, 술꾼들에겐 반가운 것일지도 모르겠다. 그래서 다른 글에도 지금은 술과 안주를 각각 사서 먹지만 그때는 술 한 잔에 무슨 안주든지 하나씩 주고 술값만 받았다고 되어 있다. 국, 탕 등 흔히 술국이라고 불리던 것은 술을 시키면 기본으로 제공되었는데, 이건 더욱 좋다.

술을 시키면 안주를 곁들여 먹었던 것은 선술집에만 있던 셈법은 아니었다. 비슷한 시기 존재했던 내외주점이나 모줏집에서도 술값을 내면 안주를 공짜로 먹는 것이 통용되었다. 내외주점이라는 이름은 여성이 술집을 운영하지만 손님과 '내외'를 한다고 해서 붙여진 것이다. 그런데 나중에는 오히려 주인이 술상에 붙어 앉아 웃음과 노래를 팔다가 성매매까지 하는 곳으로 변질되었다니, 이름과는 거꾸로 된 것이었다.

내외주점에서도 '일승一升'짜리 정종을 시키면 술상 하나가 차려져 나왔으니 술값만을 계산했음을 알 수 있다. 여기에서 일승은 한 되를 뜻한다. 모줏집은 선술집보다 더 저렴한 술집으로 주로 막벌이를 하는 사람들이 찾던 곳이었다. 모줏집에서 모주는 한 잔에 2전이었는데, 모주를 시키면 비지찌개나 열무김치를 제공했다.

이석훈의 『회색가』에 등장하는 선술집의 모습이다. 역시 주모 옆으로 비스듬히 세워진 안주 탁자가 보인다.

지금도 이런 셈법의 흔적이 남아 있는 술집이 몇 있다. 대표적인 곳이 전주 막걸릿집, 통영 다찌집, 그리고 마산 통술집이다. 이들 술집에서는 술값만 받고 안주는 따로 돈을 받지 않는다. 세월의 흐름과 함께 안주가 포함된 술값이 비싸진 것 역시 사실이니, 선술집과 비교할 수는 없을 것 같다.

선술집에서 술을 마시면 안주를 곁들여 먹는 것이 오랜 관행이었음은 술값과 안줏값을 따로 받으려는 정책이 번번이 실패로 돌아간 일에서도 알 수 있다. 1918년 선술집의 술 한 잔 값을 4전으로 하고 안주를 따로 팔게 하자 매상이 줄고 손님들은 술만 마시고 안주를 먹지 않았다고 한다.

1934년에는 다시 술과 안주를 따로 팔아야 한다고 해서 논란 끝에 시행이 되었는데, 역시 손님이 줄어서 준비했던 안주를 버리기까지 했다. 1936년 시행한 술 따로 안주 따로 계산법은 이 책의 7장에서 작가 이상에게 세상 사는 게 시들하게 만드는 일로도 등장한다.

선술집에서는 술 한 잔을 시키면 안주 하나를 공짜로 먹을 수 있었는데, 그러면 술 한 잔에 얼마나 했을까? 「운수 좋은 날」에서 김 첨지는 치삼이와 함께 막걸리 곱빼기를 다섯 잔씩 마신다. 둘 다 어지간한 술꾼이었나 보다. 그러고는 술값으로 1원을 냈으니 선술집에서 막걸리 한 잔은 5전이었음을 알 수 있다.

앞서 살펴본 내외주점에서는 일승짜리 정종과 거기에 따른 요리 한 상이 5원이었다. 모줏집에서는 모주 한 잔을 2전에 팔았다. 선술집에서는 5전을 내고 술 한 잔과 안주 하나를 먹었으니, 선술집은 내외주점과 모줏집의 중간 정도였다고 생각하면 될 것 같다. 김유정의 소설을 들여다보면서 얘기하겠지만, 식민지시대까지 존재했던 주막에서도 싸구려 안주를 포함한 술 한 잔 값이 5전이었다는 사실 역시 흥미롭다.

3장에서 설렁탕 값을 따져보면서 대충이나마 당시 음식 가격에 대해 얘기를 했다. 값이 인상된 후에는 설렁탕이 15전이고, 장국밥, 어복장국, 대구탕반, 비빔밥, 만두, 냉면 등이 20전 정도였다. 설렁탕 값이면 선술집에서는 술 두 잔에 안주 두 개를 먹고도 남고, 장국밥이나 냉면 값이면 술 네 잔에 안주 네 개를 먹을 수 있었다. 나였다면 장국밥집이나 냉면집보다는 선술집으로 갈 것 같다. 당시 음식점 가운데 선술집이 눈에 띄게 증가했던 주된 이유 역시 여기에 있었을 것이다.

선술집에서 주로 파는 술은 막걸리였지만, 약주나 소주도 있었다. 선술집에서 파는 약주는 말 그대로 약처럼 입에 쓰고 시큼했는데 한 잔의 양은 5작 정도 되었다고 한다. 5작은 반 홉 정도 되는 양이다. 그런데 선술집에서 약주는 막걸리만큼 인기가 없었던 것으로 보인다. 약주를 마시겠다는 친구에게 '졸장부의 짓'이라며 그까짓 막걸리 한 사발을 못 먹느냐고 타박하는 장면을 봐도 그렇다.

선술집은 술값이 넉넉하지 못한 손님들이 술을 마시면서 요기도 함께 하는 곳이었다. 게다가 막걸리에 대한 술꾼으로서의 자부심도 작용해 약주는 드물게 팔렸음을 알 수 있다. 이북명의 「인생스케치 - 노인부 편」이라는 글에는 늙은 노동자가 선술집에서 소주 마시는 장면이 그려져 있다. 그런데 소주 역시 약주와 같은 이유 때문에 선술집에서 그다지 많이 찾는 술은 아니었다.

술을 마시는 모습에도 선술집만의 특징이 있었다. 조금씩 나누어 마시지 않고 한꺼번에 마시는 것이 그것이다. 그것은 막걸리를 비롯하여 약주, 소주 등 모든 술에서 마찬가지였다. 『인간수업』에서 현호는 막벌이꾼들이 막걸리 사발을 한 모금에 쭉 들이켜는 모습을 보고는 장쾌하게까지 느껴진다고 했다. 목로 앞에서 막걸리 한 사발을 벌컥벌컥 단숨에 마시고는 '카!' 하는 추임새를 덧붙이는 모습은 생각만으로도 흥겹다.

다시 「산적」으로 돌아가 보겠다. 「산적」에서는 '더부살이'가 선술집 문 옆에 백탄불 화로를 피워놓고 산적을 굽는다. 더부살이는 식당이나 술집 등에서 허드렛일을 하는 중노미를 가리킨다. 선술집의 안주는 손님들이 직접 굽는 것을 관행으로 했지만 중노미가 도와주기도 했음을 말해 준다.

옆의 이미지는 한용운의 『박명』에 등장하는 선술집인데, 앞쪽에 한 손으로 부채질을 하며 다른 한 손에는 젓가락을 들고 있는 사람이 중노미이다. 「운수 좋은 날」에서도 술을 붓는 열다섯 살 됨직한 중대가리가 등장했다. 또 『인간수업』에서도 선술집에 들

한용운의 『박명』에 등장하는 선술집의 모습이다. 목로 뒤에는 손님들을 맞는 주모의 모습이 보인다. 앞쪽에서 부채질하며 고기를 굽는 사람이 중노미다.

어가니 안주지기 한 사람이 안주가 익는 대로 연신 뒤집어 놓는다고 했다. 중대가리, 더부살이, 그리고 안주지기 등 다양하게 불리지만, 이들 호칭은 모두 중노미를 가리킨다.

18세기 초 한양의 종로에는 이름만 대면 알 정도로 유명한 '군칠이 집'이라는 술집이 있었다. 술독이 100개도 넘는 큰 술도가였으니, 술을 빚고 음식을 팔기 위해 일하는 사람들도 많이 써야 했다. 그들을 중노미라고 불렀는데, 이후 술집이나 식당에서 허드렛일을 하는 사람을 칭하는 이름이 되었다고 한다.

선술집에서는 대개 손님들이 안주장에서 안주를 골라 직접 화로에 구워 먹었다. 그런데 손님들이 안주 굽는 것을 도와주거나 안주를 골라주는 등의 허드렛일을 시키기 위해 중노미를 두는 경우도 있었다. 중노미가 했던 궂은 일 가운데 하나는 술값이 없거나 부족한 손님을 따라가 술값을 받아오는 일이었는데, 그것은 선술집에서 외상 거래가 안 됐음을 말해준다. 이건 좀 그렇다. 한편 「운수 좋은 날」에서는 중노미가 술을 따르기도 했지만, 선술집에서 가장 중요한 술을 붓는 일은 중노미의 역할은 아니었다.

「산적」에서 더부살이가 문 옆에서 산적을 구운 것은 안주를 조리하는 한편 선술집으로 손님들을 끌어들이기 위한 의도도 있었다. 그렇게 구울 경우 선술집 앞을 지나가는 사람들도 고기 굽는 냄새에 회가 동하는 것을 참기 힘들었기 때문이다. 그렇게 보면 아내의 발을 싸전이 아니라 푸줏간으로 향하게 만든 것도 더부살이의 짓이었을지도 모르겠다.

4. 주모의 장단 혹은 선술집의 풍류

선술집에서 손님을 매료시키는 것은 안주 굽는 냄새만은 아니었다. 안주장에 진열된 다채로운 안주 역시 손님들이 선술집을 그냥 지나치지 못하게 했다. 「산적」과 「운수 좋은 날」에서 선술집을 '아늑하고 뜨뜻하다'고 느꼈다는 것은 앞서 확인했다. 그런데 '아늑하고 뜨뜻하다'는 것 역시 화로 위의 안주 굽는 구수한 냄새와 안주장에 진열된 안주의 향연과 무관하지 않았다.

선술집에서 술을 주문하고 따르는 모습 역시 흥미롭다.

목로에는 한 삼십이 불원한 유두분면油頭粉面**의 젊은 여자가 앉아서 술을 파는데 그 앞으로 왔다 갔다 하는 술꾼들은 벌써 얼근히 취한 축도 있어서 연해 너털웃음을 웃어가며 목로 안으로 산보를 하다가는 "한 잔 더 부!", "술 부!" 소리를 이 패 저 패가 번갈아 지른다. 그러는 대로 술파는 여자는 "예." 하고 다정한 목소리로 대답을 한다.**

인용은 앞서 나왔던 이기영의 소설 『인간수업』 가운데 한 부분이다. 목로에 한 서른 가까운 여자가 유두분면하고 술을 팔고 있다고 했는데, '유두분면'은 기름 바른 머리와 분 바른 얼굴이라는 뜻으로 화장을 했다는 정도로 이해하면 되겠다. 「산적」에서는 술아범이, 「운수 좋은 날」의 중대가리가 술을 담당했는데, 『인간수업』에서는 서른에 가까운 젊은 여자가 그 역할을 하고 있다.

다른 글에는 긴 탁자로 된 목로가 정면에 약간 높이 자리하고 목로 뒤에는 아름다운 작부가 쪼그리고 앉아 있는 것이 눈에 띈다고 했다. 또 아까는 갓 피려는 꽃봉오리 같은 색시가 앉았더니 지금에는 늙수그레한 주모가 대신 나와 있다고도 했다. 이를 고려하면 선술집에서는 주로 여성이 술을 주문받고 따르는 역할을 한 것으로 보이지만, 그것이 일반적이지 않다는 것도 앞서 확인한 바 있다.

인용에서 손님들은 젊은 주모에게 "한 잔 더 부!", "술 부!"라고 소리쳐 술을 주문한다. 이 역시 선술집에서 술을 주문하는 일반적인 모습이었던 것으로 보인다. "막걸리 주! 술국 주!"라고 외치는 경우도 있었고, 손님이 많을 때는 "아, 여기는 술을 안 주?", "아, 우리가 먼저 달라켔더니만!" 하고 서로 차례를 다투는 경우도 있었다.

목로 뒤에 앉은 서른이 안 된 주모도 그냥 술만 팔지는 않았다. 잠시 주모가 술을 데워 따르는 솜씨를 구경해 보자.

술파는 여자는 술 담은 양푼을 물 끓는 솥에다 넣고 삥! 삥! 돌리다가는 꺼내 놓고 술구기로 아주 수단 있게 퐁! 퐁! 떠내서 사기 술잔에 붓는다. "네 분 손님 술 났어요!" 여자가 열 싸게 부르짖자 지금 화롯가에서 안주를 구우며 혹은 술국을 마시고 새로 안주를 고르는 사람들이 일케히 목로로 와서 술파는 여자를 목표로 일렬종대로 늘어서더니만 자기 앞에 놓인 술잔을 들어서 차례로 마신다. "카-." 소리가 여러 입에서 나온다.

주모는 먼저 주문받은 만큼의 술을 양푼에 담은 후 물이 끓는 솥에다 넣고 빙빙 돌려가며 술을 데운다. 양푼을 돌려가면서 데우는 것은 술을 빨리 데우는 한편 안 데워진 쪽이 없도록 하기 위해서였다. 선술집 아궁이에 놓인 두 개의 솥 가운데 하나가 물을 끓이는 솥이라고 했는데, 물을 끓이는 용도가 여기에서 온전히 드러나고 있다.

술파는 여자는 술이 데워지면 양푼을 꺼내놓고 술구기로 사기 술잔에 나누어 붓는다. 술구기는 항아리에서 술을 풀 때 쓰는 국자보다 작은 도군데, 자루가 달렸고 바닥은 오목했다. '술구기로 수단 있게 퐁! 퐁! 떠내서 술잔에 붓는다'고 했는데, 주모가 술을 능숙하게 다루는 한편 술 따르는 동작으로 주흥을 돋우었음을 말해준다.

다른 글에도 주모가 일부러 양푼에서 '헝덩그레' 소리가 나게 하고 술잔을 '뚝딱뚝딱' 소리가 나도록 세마치장단처럼 해 주객의 흥취를 돋워 준다거나 술 붓는 아씨가 술 부을 적마다 술잔으로 장단을 맞추는 것이 멋있다고 했다. 이러한 언급을 보면 주모가 술을 따르면서 주흥을 돋우었던 것은 선술집에서 흔히 볼 수 있는 풍경이었던 것 같다.

술이 데워지면 주모는 술을 요령 있게 부은 후 화롯가에 있던 손님들에게 "네 분 손님 술 났어요!" 하고 외친다. 술이 나왔다는 소리에 화로 근처에 있던 손님, 또 안주 탁자에서 안주를 고르는 손님들이 서둘러 목로로 모여든다. 주문한 술이 데워지는 동안 손님들은 화로 근처에서 안주를 굽거나 혹은 안주 진열장에서 새로운 안주를 고르고 있었다는 것이다.

소설에는 목로에 모인 손님들은 일렬종대로 늘어서서 자기 앞에 놓인 술잔을 들어서 마신다고 되어 있다. 일렬종대라고 했지만 일렬횡대가 맞는 것 같은데, 주모가 긴 목로에 술잔을 놓으면 나란히 늘어서서 자신의 술을 마셨을 것이기 때문이다. 다른 글에 있는 주인이 옆에 놓아둔 양푼에 긴 술 국자로 손님이 청한 잔 수대로 떠서 붓고 사기잔을 늘어 놓는다는 언급 역시 이를 뒷받침한다.

앞서 확인했듯이 선술집에서는 주문한 술이 나오면 손님들은 목로 앞에 서서 한 번에 마셨다. 요즘 말로 하면 '원샷'으로 마신 것이다. 술 마시는 방식 때문에라도 선술집에서는 화로 위에 올려놓은 안주가 빨리 익어야 했다. 석쇠 위에 안주를 올려놓고 술을 주문했다고 하더라도 목로 앞에서 '원샷'해야 했음을 고려하면 술이 데워지는 동안 어느 정도는 익어야 했을 것이다. 『인간수업』에서도 현호는 마신 막걸리가 도로 넘어오려고 하자 화로 위의 기름진 안주를 먹어 간신히 비위를 가라앉히는데, 역시 빨리 익힌 안주 덕분이었다.

선술집을 즐겨 찾는 손님들은 어떤 사람들이었을까? 소설에는 선술집의 손님들에 대한 언급 역시 등장한다. 손님들의 많은 비중을 차지했던 것은 막벌이 등 거친 일을 하는 사람들이었다. 하지만 선술집에는 '세루 두루마기에 금테 안경을 쓴 사람'도 있고 '양복을 말쑥하게 입은 신사'도 있었다. 이를 보면 한복이건 양복이건 갖추어 입은 사람들, 곧 선술집에 어울리지 않는 손님들도 '민중식당', '싼값의 마실 터'로 불리던 선술집을 찾는 일이 드물지 않았다는 것이다.

선술집에서 술을 마시는 염상섭의 모습이다. 안석주가 그린 것인데, 1933년 3월 『삼천리』라는 잡지에 실렸다.

옆의 이미지에서 막걸리 잔을 들고 있는 사람은 염상섭인데, 안석영이 그린 것이다. 염상섭 역시 앞서 말한 두루마기에 안경을 낀 손님들 중 하나였다. 선술집 목로 앞에서 파안대소하고 있는 것을 보니 첫 잔은 아닌 모양이다. 안석영이 하필 선술집을 배경으로 그린 것을 보면 염상섭도 선술집을 즐겨 찾았음을 알 수 있다. 독자들을 선술집으로 안내했던 채만식을 비롯해 현진건, 이기영 등도 선술집의 단골이었다. 선술집에 정말 안 어울릴 것 같은 이상 역시 선술집 마니아였는데, 거기에 대해서는 7장에서 확인하도록 하자.

5. 선술집의 매력 몇 가지

「산적」을 중심으로 「운수 좋은 날」, 『인간수업』 등의 소설들 덕분에 식민지시대 선술집을 구경할 수 있었다. 이제 남겨 놓은 문제 몇 가지를 살펴보며 선술집에 대한 이야기를 마무리하려 한다. 하나는 술 한 잔을 먹으면 안주를 공짜로 먹었던 선술집의 고유한 셈법이다. 앞서 확인한 것처럼 그것은 선술집뿐만 아니라 내외주점, 모춧집 등 다른 술집에서도 통용되던 것이었다.

당연히 술값과는 별도로 안줏값을 따지는, 게다가 안줏값이 술값보다 비싼 지금은, 이러한 셈법이 낯설게 느껴진다. 하지만, 필자에게도 그렇지만, 당시 술꾼들에게는 더할 나위 없이 매력적인 셈법이었을 것이다. 그런데 왜 술을 마시면 안주를 공짜로 제공했을까? 그러한 관행을 이해하는 데 도움을 줄 수 있는 자료로는 고조리서가 있다.

15세기 중반부터 19세기 후반에 이르기까지 많은 조리서가 편찬되었다.『산가요록』,『수운잡방』,『계미서』,『음식디미방』,『음식보』,『규합총서』,『규곤요람』등이 그것이다. 그런데 이들 고조리서에는 공통점이 하나 있는데, 다루는 음식 가운데 술의 비중이 단연 높은 것이 그것이다.

『산가요록』에는 모두 56가지 술 빚는 방법을 소개했는데, 어육 저장법, 장류, 김치 등 나머지를 모두 합한 것과 비중이 같다.『수운잡방』에도 삼해주, 삼오주, 사오주, 벽향주 등 술 빚는 방법이 조리서의 중심에 자리한다. 1600년대 말에서 1700년대 초에 나온『주방문』, 1800년대 말에 나온 것으로 추정되는『주식시의』처럼 술 빚는 법만을 다룬 조리서가 편찬된 것 역시 마찬가지 이유에서일 것이다.

고조리서에 술을 담그는 방법이 수록되었던 먼저의 이유는 집에서 술을 빚어 먹었던 것, 곧 가양주 문화의 전통 때문이었다. 하지만 술과 관련된 부분의 비중이 높았던 것은 조리법의 중심에 술을 빚는 방법이 위치했기 때문이고, 나아가 그것은 술이 가장 중요하고 귀한 음식이었던 까닭이었다.

이러한 사실은, 이미 관행이 되어 의식하기 힘들지만, 제례에서 차지하는 술의 위상을 보면 알 수 있다. 예전 제례에서는 그 지방의 술을 담가 사용했으며, 심지어 명문가에서는 집안의 술을 직접 빚어 사용했다. 제례에서는 술을 중심으로 상을 차리는 것이 이루어질 뿐 아니라 순서 역시 술을 올리는 과정을 중심으로 진행된다.

술 한 잔을 시키면 안주 하나를 먹었던 것은 선술집이 정착되면서 만들어진 관행으로 보이고 처음에는 술을 시키면 술과 함께 먹을 수 있는 간단한 음식이 따라 나왔을 가능성이 크다. 주막에서 술을 마시는 경우 찬과 같은 안주가 곁들여 제공되었던 것도 이를 뒷받침한다.

선술집에 관련된 다른 하나의 문제는 돈과 관련된 것이다. 당시 설렁탕, 장국밥, 비빔밥, 냉면 등이 13전에서 20전 정도 했음은 앞서 확인했다. 독자 여러분들은 '막걸리 두 잔에 즉석 구이 두 종류'와 '설렁탕' 중 하나를 먹을 수 있다면 어느 쪽을 선택하겠는가? 술 한 잔과 안주 하나에 5전이라는 가격은 당시 외식 메뉴 가운데 뚜렷한 경쟁력을 지닌 것이었다.

그런데 선술집에서는 어떻게 5전에 그것들을 팔 수 있었을까? 선술집의 안주장에 진열되어 있던 안주는 너비아니, 제육, 간, 콩팥, 곱창, 천엽, 산적, 파산적, 떡산적, 북어, 빈대떡 등이었다. 여기에서 너비아니와 산적류를 제외한 육류는 제육, 간, 콩팥, 곱창, 천엽 등인데, 이들은 정육이 아니라 흔히 부속부위라고 불리는 부분이다.

3장에서 설렁탕을 다루면서 식민지시대 육류의 부위별 가격에 대해 살펴본 바 있다. 소고기를 예로 들면 '보통 우육'은 55전, '등심'이나 '안심'은 60전이었던 데 반해 부속부위인 '우골'은 3전, '우피'는 30전, '우지'는 15전이었다. 부속부위가 정육에 비해 터무니없이 쌌던 이유는 사람들이 그것을 잘 먹지 않았던 데 있다. 그렇다면 선술집에서 5전을 내면 술 한 잔에 안주 하나를 먹을 수 있었던 것 역시 안주장을 가득 메우고 있었던 육류의 부위와 관련되어 있을 것이다.

마지막으로 살펴볼 문제는 당시 선술집이 인기가 있었던 이유에 관한 것이다. 이미 5전이면 술 한 잔에 안주 하나를 먹을 수 있었던 점, 안주장에서 안주를 골라 직접 화로에 구워 먹었던 것 등에 대해서는 확인을 한 바 있다. 그런데 선술집의 인기를 다룬 당시의 글에서는 그런 특징에 수긍하면서도 가장 큰 장점은 역시 빨리 먹을 수 있었던 것이라고 한다.

선술집에서는 술을 시키고 안주를 골라 구우면 술이 데워져 나왔다.

그러면 목로에 서서 한 번에 술을 마시고 안주를 먹는 과정 등이 지체 없이 이루어졌다. 앞서 다룬 설렁탕의 매력 가운데 하나도 주문하면 채 1분도 안 돼 따뜻하고 누릿한 설렁탕과 함께 깍두기가 나온다는 것이었다.

이러한 속도에 대한 집착이 근대에 자리를 잡은 특징임을 고려하면, 선술집과 설렁탕 모두 식민지시대에 경성을 대표하는 술집과 음식이 되었다는 것을 추정할 수 있다. 이제 아쉽지만 선술집에서는 그만 마시고 나가야 할 것 같다. 하지만 너무 낙담할 필요는 없다. 앞으로도 들러야 할 술집이 많이 남았기 때문이다.

DESSERT

선술집과 아지노모도

　위의 이미지는 식민지시대 '아지노모도味の素' 광고에 등장한 선술집의 모습이다. 아지노모도는 일본에서 만든 인공조미료로, 1909년부터 시판되기 시작했다. '글루탐산나트륨MSG'을 주원료로 해 음식의 맛을 더하는 데 사용했다. 요즘은 과장이 지나치다는 표현에서 사용되는 'MSG'라는 말의 원조 격이다.

　아지노모도가 식민지 조선에 유입된 것은 1910년이었다. 광고는 1920년대 중반부터 1930년대 말까지 꾸준히 이어졌다. 광고에는 선술집과 더불어 냉면, 찌개, 탕반, 만둣국, 지짐이 등 식민지의 음식도 등장한다. 1945년 이후에는 '미원', '미풍'을 거쳐 '다시다'가 아지노모도의 명성을 이었다.

드문 이미지 자료인 이 광고에서도 선술집의 특징은 드러난다. 안주장에는 생선, 고기, 과일 등 다양한 안주가 비스듬하게 진열되어 있다. 왼쪽에는 화로 위에 찌개 혹은 지짐이가 올라가 있다. 아지노모도를 광고하기 위해 목로 뒤에 있어야 할 주모나 주부는 생략한 것 같다. 하지만 실제 선술집의 중심은 목로 뒤에 자리 잡은 그들이었다.

5장

—

오늘 밤 내게 술을 사줄 수 있소?

-박태원의 「소설가 구보 씨의 일일小說家 仇甫 氏의 一日」(1934)

APPETIZER

「소설가 구보 씨의 일일」이 『조선중앙일보』에 연재되었을 때 독자들은 꽤나 당혹스러웠을 것이다. 생경한 띄어쓰기와 익숙하지 않은 줄 바꿈 속에서 산책과 응시를 반복하는 구보 씨의 모습이 낯설었기 때문이다.

구보 씨의 산책은 천변에서 시작해 종로를 거쳐 장곡천정에 이른다. 또 경성역을 향하기도 하고 도쿄東京에서의 산책과 겹쳐지기도 한다. 그리고 밤에는 단골 여급의 흔적을 뒤좇아 낙원정에 이르게 된다.

「소설가 구보 씨의 일일」에는 음식도 심심치 않게 등장한다. 칼피스, 소다수, 설렁탕, 맥주와 같은 음식이 나오고, 낙랑파라, 경성역 티룸, 낙원정 카페 등의 음식점도 등장한다. 이 장에서는 박태원이 소개하는 낙랑파라, 칼피스, 낙원정 카페를 살펴보게 될 것이다.

또 하나 흥미로운 점은 「소설가 구보 씨의 일일」이 『조선중앙일보』에 연재될 때 삽화를 그린 인물이 이상이었다는 것이다. 이상은 박태원과 막역한 사이로 같이 '구인회'에서 활동하기도 했다. 그런데 이상은 「소설가 구보 씨의 일일」의 삽화만 그린 것은 아니었다.

　「소설가 구보 씨의 일일」이 실린 신문의 같은 면을 보면 이상의 연작시인 「오감도」 역시 게재되어 있다. 하나만도 벅찼을 텐데 둘을 동시에 실었던 학예부장 이태준의 마음은 어땠을까? 같이 실린 「소설가 구보 씨의 일일」과 「오감도」를 함께 읽어 보는 것도 흥미로운 일일 것이다.

1. 만남 혹은 소일, 낙랑파라

구보 씨가 전차에서 내린 것은 조선은행 앞 정거장에서였다. 오후 2시, 생각에 피로한 그는 한 잔의 홍차를 마시기 위해 장곡천정長谷川町에 있는 다방으로 갔다. 장곡천정은 지금의 소공동 근처다. 구보 씨는 일하는 아이에게 '가배차珈琲茶'와 담배를 시키고는 구석진 자리에 있는 등탁자藤卓子로 간다. 다방은 그의 시선을 통해 아래와 같이 그려져 있다.

> **다방의 오후 두시, 일을 가지지 못한 사람들이 그곳 등의자藤椅子에 앉아, 차를 마시고, 담배를 태우고, 이야기를 하고, 또 레코드를 들었다. 그들은 거의 다 젊은이들이었고, 그리고 그 젊은이들은 그 젊음에도 불구하고, 이미 자기네들은 인생에 피로한 것같이 느꼈다. 그들의 눈은 그 광선이 부족하고 또 불균등한 속에서 쉴 사이 없이 제각각의 우울과 고달픔을 하소연한다.**

다방의 손님들은 등의자에 앉아 차를 마시고, 담배를 태우고, 이야기를 하고, 레코드를 듣는다. 손님의 대부분은 직장을 가지지 않은 사람들로, 그들은 젊은이임에도 피로에 길들여져 있다. 가끔 활기찬 발소리나 웃음소리가 날 때도 있지만 그곳에 어울리는 것은 역시 우울과 고달픔이었다.

「소설가 구보 씨의 일일」에서 구보 씨가 들른 장곡천정의 다방은 '낙랑파라樂浪PARA'였다. 낙랑파라는 '명치제과', '가네보 푸르츠팔러' '금강산' 등과 함께 커피로는 경성에서 손가락을 꼽을 정도로 유명한 곳이었다. 한편으로 문인들을 비롯한 예술가들이 모이는 사랑방 역할도 했다.

장곡천정에 있었던 '낙랑파라'의 외관이다. 2층
으로 된 목조 건물로 간판에 있는 'Design &
Portrait Painting Atelier'라는 말이 눈에 띈다.

낙랑파라는 장곡천정 105번
지 2층 건물의 1층에 위치하고 있
었다. 종로와 본정의 사이라는 위
치부터 상징적이었는데, 조선호
텔과도 멀지 않은 곳이었다. 소설
에는 조선은행 앞 정거장에서 전
차를 내렸지만 오히려 황금정입
구 역에서 내리면 더 가까워 걸어
서 5분 정도 걸렸다.

낙랑파라가 개업은 한 것은
1932년 7월 7일이었다. '도쿄미술학교東京美術學校' 도안과를 졸업한 이
순석에 의해서였다. 이순석은 경성에서 '공예도안 개인전'을 개최했는
데, 화신백화점의 대표였던 박흥식에게 감명을 줬던지 이후 화신백화점
의 광고, 선전, 미술 담당자로 스카우트되었다. 하지만 미술에 대한 미련
때문에 곧 화신백화점을 그만두고 장곡천정에 문제의 2층집을 얻었다.

그러고는 1층에 낙랑파라를 개업하고, 2층은 자신의 화실로 사용했
다. 위의 이미지를 참고하면 낙랑파라는 'Design & Portrait Painting Atelier'
라는 간판이 눈에 띄며, 2층은 베란다가 있는 모습을 하고 있다. 나무로
지은 건물이지만 밖에서 보면 벽돌 건물처럼 보였다고 한다.

다음 페이지에 있는 이미지는 「소설가 구보 씨의 일일」의 삽화이다.
「소설가 구보 씨의 일일」의 삽화를 그린 사람은 박태원과 막역했던 「날
개」의 작가 이상이었다. 삽화에는 찻잔과 음료잔 뒤로 나른한 여급도 보
이지만 그것 못지않게 눈에 띄는 것은 등탁자와 등의자의 모습이다. 실

「소설가 구보 씨의 일일」의 삽화에 그려진 낙랑파라의 모습인데,
박태원과 막역했던 이상이 삽화를 그렸다.

제 등탁자와 등의자는 낙랑파라를 상징하는 것 가운데 하나였다.

당시 무겁고 비싼 가구 대신 가벼운 등나무 가구가 유행을 해, 도쿄 긴자銀座의 다방과 카페에도 등나무로 만든 탁자와 의자를 비치했다고 한다. 점차 등나무로 된 가구는 이국적이고 모던한 분위기를 내는 아이템으로 자리 잡게 되었다. 조선호텔 '팜코트 선룸Palm-court Sun-room'의 탁자와 의자 역시 등나무로 된 것이었다. 일반 가정에서도 등나무 가구에 대한 수요가 늘어나자 '미츠코시백화점'에서 판매하기도 했다.

낙랑파라의 대표적인 음료는 구보 씨가 마신 '가배차', 곧 커피였다. 커피와 함께 홍차 역시 인기가 있는 메뉴였다. 낙랑파라에서 팔았던 또 다른 음료는 무엇이 있었을까? 소설에서는 신문사 일을 하는 친구를 만났더니 '조달수曹達水'를 시켰다고 한다. 조달수는 소다수, 곧 탄산음료였으니, 라무네, 시트론, 사이다 등도 판매했던 것 같다.

음료에 대한 더 구체적인 정보는 「소설가 구보 씨의 일일」의 삽화를 참조할 수 있다. 낙랑파라의 내부를 그린 다른 삽화에는 '브라질커피'와 '립톤홍차'가 그려져 있다. 또 '아이스크림', '코코아'와 함께 '칼피스'도 보인다. 그리고 소설에는 한쪽 구석에 앉아 '토스트'를 먹고 있는 손님도 등장하니 메뉴에 간단한 요깃거리도 있었음을 알 수 있다.

낙랑파라에서 커피 가격은 어느 정도였을까? 구보 씨는 낙랑파라를 떠나면서 백동화 두 푼, 곧 20전을 탁자 위에 놓고 나온다. 20전은 커피와 담배의 값이었다. 밤에 다시 들렀을 때에는 맥주를 거나하게 마시는 손님을 보고 한 잔에 10전짜리 차를 마시는 사람들에게 우월감을 가질 것이라고 해 직접 찻값을 언급하기도 한다. 낙랑파라에서 커피, 홍차 등은 10전이었고, 아이스크림, 코코아, 칼피스 등은 15전 안팎이었다. 또 소다수는 라무네가 10전, 시트론과 사이다가 13~15전 정도 했을 것이다.

이 날 구보 씨는 모두 세 번 낙랑파라를 찾았다. 늦은 오후 신문사에서 일하는 친구를 만나러 들렀을 때는 흥미로운 일도 있었다. 강아지가 남자 손님과 여자 손님에게 푸대접을 받는 것을 본 구보 씨는 자기라도 좋아한다는 것을 강아지에게 알리려 한다. 그런데 좋은 의도가 반드시 좋은 결과를 낳는 것은 아니었나 보다.

그는, 문득, 자기가 이제까지 한 번도 그의 머리를 쓰다듬어 준다거나, 또는 그가 핥는 대로 손을 맡기어 둔다거나, 그러한 그에 대한 사랑의 표현을 한 일이 없었던 것을 생각해 내고 ......중 략...... 강아지는 진저리치게 놀라, 몸을 일으켜, 구보에게 향하여 컥대컥 자세를 취하고, 캥, 캐캥 하고 짖고, 그리고, 케풀에 질겁을 하고 카운터 뒤로 달음질쳐 들어갔다.

인용은 구보 씨가 쓰다듬으려 하자 강아지가 진저리치며 짖고는 카운터 뒤로 달아났다고 했다. 그때까지 한 번도 머리를 쓰다듬어 주거나 사랑을 표현한 일이 없다는 구보 씨의 언급을 보면 손님이 데려온 게 아니라 낙랑파라에 있는 강아지임을 알 수 있다. 낙랑파라에 강아지가 있었다는 사실 역시 식민지 경성의 다방을 그려보는 데 흥미로운 부분이다.

하지만 낙랑파라의 가장 대표적인 특징은 박태원을 비롯해 이상, 이태준 등 문인들이 모임을 갖는 장소였다는 것이다. '모임을 갖는 장소'라기보다는 '소일을 하는 장소'가 더 정확할지도 모르겠다. 이태준은 그의 단편 「장마」에서 낙랑파라에 대해 이야기한 바 있다. 오전 11시라 이른 시간이었지만, 낙랑파라에 가면 사무적 소속이 없는 박태원이나 이상 같은 사람이 커피잔을 앞에 놓고 무료히 앉았을지도 모른다고 했다.

그러다가 자신이 들어서면 마치 기다리고 있었던 것처럼 반가이 맞아 줄 것이라고 기대를 한다. 그런데 막상 낙랑파라에 가보니 친구들은 없고 몇 안 되는 손님들은 자신을 힐끔 쳐다보고는 얼굴을 돌린 채 시치미를 뗀다. 기대했던 박태원이나 이상이 없어서 그랬겠지만, 「장마」에 그려진 낙랑파라 역시 박태원이 언급한 피로하고 우울한 분위기와 그리 다르지 않다.

이무영의 「지축을 돌리는 사람들」에서 언급된 낙랑파라의 분위기 역시 흥미롭다. '극예술연구회' 공연에 초대를 받은 강식과 혜경은 공연을 기다리며 낙랑파라에 들른다. 소설에서 강식은 낙랑파라를 찾는 사람들은 카페에 가는 것은 타락한 것이고 여기서 차를 마시면서 담화하는 것이 진보적이고 고상하다고 생각한다고 얘기한다. 그렇지만 조선 사람이 운영하고 손님들도 조선 사람인 곳에서 "이랏샤이마세!"라고 인사하는 것에 대해서는 고개를 갸웃거린다.

낙랑파라에서 손님들이 가장 즐겨 찾는 음료가 커피라고 했는데, 낙랑파라의 커피 맛은 어땠을까? 기대와는 달리 낙랑파라의 커피 맛은 그다지 훌륭하지 않았던 것으로 보인다. 이태준은 앞선 소설에서 낙랑파라의 커피를 다음과 같이 언급하고 있다.

커피 한 잔을 달래 놓았으나 컵에 군물이 도는 것이 구미가 당기지 않는다. 그 원료에서부터 조리에까지 좀 학적 양심을 가지고 끓여 놓은 커피를 마셔 봤으면 싶다. 그러면서 화제 없는 이야기도 실컷 지껄여 보고 싶다.

인용에서는 커피를 시켰는데도 구미가 당기지 않는다며 원료에서 조리까지 제대로 된 커피를 마시고 싶다고 한다. 그런데 당시 경성에서 이태준이 말한 '학적 양심을 가지고 끓여 놓은 커피'를 찾기는 쉽지 않았던 것 같다. 앞장에서 다루었던 채만식은 1939년 7월 『조광』이라는 잡지에 발표한 글에서 경성의 다방을 다음과 같이 언급한다.

서울의 다방이 실질에 있어서 그만한 만족을 주느냐 하면 그건 섭섭하나마 아니다. 도대체 서울 안의 그 숱해 많은 다방치고, 다방의 차로는 중심인 커피 한 잔을 케 맛이 나게 끓여주는 집이 드물다. ……중 략…… 도무지 힝기레밍기레한 게 맹물 쉼직한 것을 명색 커피라고 마시고 지내는 오늘날의 다방 인종인 내가 나를 두고 생각해도 가엾은 노릇이다.

다방에서 끓여 내오는 커피의 맛이 '힝기레밍기레한 게 맹물 쉼직한' 맛이라고 했다. 그렇다면 유명한 다방조차 왜 그렇게 커피가 맛이 없었을까? 그것은 조리방식과 관련되는 것으로 보인다. 식민지시대에 커피를 조리하는 방식은 크게 세 가지가 있었다. 첫 번째는 가루커피를 사서 끓는 물에 타는 방식이다. 지금도 있는 조리방식인데 당시에도 제대로 된 커피 맛을 내지 못한다고 권하지 않는다. 두 번째는 커피에 끓는 물을 붓고 잠깐 뚜껑을 덮어 찌는 것같이 하는 방식이다. 커피를 조리하는 방식으로는 '우려내기법infusion'인데, 많이 이용되지는 않았다.

나머지 하나는 잘게 쪼갠 원두와 물을 같이 넣고 끓이는 방식으로 '달임법decoction'이라고 한다. 식민지시대 대부분의 다방에서 사용했던 방식은 원두와 물을 같이 넣고 끓이는 방식이었다. 길게는 20~30분 정도 원두를 물에 넣고 끓였다고 하니 커피의 제대로 된 맛을 내기 힘들었을 것이다.

박태원이 쓴 글 가운데 「제비」라는 짧은 수필이 있다. 아는 독자도 있겠지만 '제비'는 이상이 종로에서 개업했던 다방이었다. 이상은 무슨 일로 바빴는지, 손님도 없는 제비에는 일하는 아이 '수영'을 두고 있었다. 정작 주인은 아무 장식이 없는 벽 중간에 그림으로 걸려 있었는데, 그림 속의 주인은 우스웠는지 열여섯 정도밖에 안 된 수영은 거칠 것이 없다.

수영은 아침에 출근하면 불 위에 주전자 두 개를 올려놓고, 하나에는 커피를, 다른 하나에는 홍차를 달인다. 이 역시 당시 커피의 조리방식이 원두와 물을 같이 넣고 끓이는 방식이었음을 말해준다. 박태원은 그래도 가끔씩 제비에 들러 수영과 함께 사과나 귤이나 군밤을 나누어 먹곤 했다고 한다.

이왕 얘기가 나왔으니 「제비」를 조금만 더 살펴보자.

"무얼 드릴깝쇼?"

"커...... 나는 포트-랩. 자넨, 칼피스?"

"지금 안 되는뎁쇼. 무어 다른 걸루......"

"안돼? ...... 그럼 소-다스이."

"그것도 안 되는뎁쇼."

"그것두 없다?...... 그럼 무어 되니?"

수영은 눈썹 하나 까딱 않고 천연스레 대답한다.

"홍차나 고-히냐."

눈치 없는 손님들은 맛있는 커피와 홍차를 두고 칼피스, '소-다스이', '포-트랩' 등을 시키기도 한다. 그래도 수영은 자신이 준비한 커피와 홍차를 주문하게 해 5초도 안 되는 시간에 '신속'하게 내 놓는다. 그러고는 거기에 놀러온 카페 여급을 상대로 시시덕대고 낄낄거린다. 장사에 뜻이 없는 주인과 커피와 홍차만을 편애했던 종업원을 보면 제비 다방이 왜 망했는지 알 것 같다. 사실 제비 다방은 「소설가 구보 씨의 일일」에도 등장하는데, 그건 조금 뒤에 확인하도록 하자.

그래도 「제비」 덕분에 다른 다방에서 팔았던 메뉴를 알 수는 있다. 칼피스, '소-다스이', 곧 소다수는 뒤에서 얘기를 할 것이고, '포-트랩'은 'portlap'을 가리킨다. 포트와인, 곧 적포도주에 뜨거운 물을 붓고 설탕을 탄 음료이다. 당시 차갑지 않은 커피나 홍차를 부를 때는 '홋트 코히', '홋트 홍차' 등 꼭 '홋트hot'를 붙여서 불렀다는 것 역시 재미있다.

2. 구보 씨의 긴 하루

「소설가 구보 씨의 일일」은 박태원의 소설로, 1934년 8월부터 9월까지 『조선중앙일보』에 연재되었다. 박태원은 '구인회'의 일원으로 활동했는데, 들고 나옴이 있었지만 '구인회'의 나머지 구성원들은 이상, 이태준, 김기림, 정지용, 박팔양, 이무영, 김유정, 김환태 등이었다.

특히 박태원은 이상과 막역한 사이였는데, 앞서 얘기한 것처럼 「소설가 구보 씨의 일일」이 신문에 연재될 때 삽화를 그린 사람도 이상이었다. 여러 가지 얘기를 했지만 지금 박태원에 대한 가장 임팩트 있는 소개는 영화 『기생충』을 만든 봉준호 감독의 외조부라는 설명일 것이다.

「소설가 구보 씨의 일일」은 제목처럼 소설가 구보 씨의 하루를 그린 소설인데, 구보 씨를 작가 박태원으로 봐도 크게 무리는 없다. 어머니의 걱정을 뒤로 하고 집을 나온 구보 씨의 산책은 천변에서 시작된다. 종로에 위치한 화신백화점에 들러서는 거기 있는 부부를 보고 '행복은 무엇일까' 생각하기도 한다.

동대문행 전차에 몸을 실은 구보 씨는 우연히 낯익은 여성을 발견한다. 그녀는 1년 전 맞선을 봤던 인물이었다. 전차 속에서 구보 씨의 심경은 복잡하다. 그 여성도 자신을 봤는지, 자신은 그 여성을 사랑했는지, 그 여성 몰래 그렇게 생각하는 것이 감정의 모독은 아닌지…….

구보 씨가 장곡천정에 있는 낙랑파라로 향한 것은 그때였는데, 정말 생각에 피로할 만했다. 앞 절에서 독자들은 구보 씨의 고민과 피로 덕분에 낙랑파라를 구경할 수 있었다. 낙랑파라를 나와서도 구보 씨의 산책은 멈추지 않았다. 구보 씨는 경성역을 향해 발걸음을 옮기는데, 맥없는 고독에서 벗어나 약동하는 무리를 찾았으면 하는 바람에서였다. 하지만 경성역에 간 그가 정작 발견한 것은 서로 한 마디 말을 건네는 일조차 삼가는 고독한 군중이었다.

그때였다, 한 사내가 둥글넓적한 얼굴에 비속한 웃음을 지으며 구보 씨에게 손을 내민 것은. 그는 중학시절 동창생으로, 공부는 못 했어도 전당포를 하는 부잣집 아들이었다. 그래서였는지 어울리지 않게 근사한 여자 하나를 데리고 인천 월미도에 가는 길이었다. 같이 차나 한 잔 하자는 동창생의 제안에 구보는 내키지 않은 동행을 하게 된다.

그들이 향한 곳은 사실 독자들에게도 낯선 곳은 아니다. 경성역에 위치한 다방으로 흔히 경성역 티룸으로 불리던 곳이다. 이 책의 7장인 이상의 「날개」에서도 다루게 될 것인데, '나'가 아내가 손님을 받을 때마다 쫓겨나, 아니 외출해 시간을 보내야 했던 곳이기 때문이다.

3. 자네도 '가루삐스'를 마시지

「소설가 구보 씨의 일일」에서는 동창생, 동창생의 여자, 그리고 내키지 않는 구보 씨가 거기를 간다.

> 의자에 가서 가장 자신 있게 앉아, 그는 주문 받으러 온 소녀에게, 나는 '가루삐스', 그리고 구보를 향하여, 자네두 그걸루 하지. 그러나 구보는 거의 황급하게 고개를 흔들고, 나는 홍차나 커피로 하지.

동창생은 '가루삐스'를 주문
하며 구보 씨에게도 권하지만 구
보 씨는 황급히 고개를 흔든다. 이
어지는 부분에서 구보 씨는 '가
루삐스'가 자기 '미각'에 맞지 않
는다고 밝히는데, 그 이유가 재미
있다.

동창생이 주문한 '가루삐스カ
ルビス'는 '칼피스calpis'라고 불리

출시된 지 70주년을 기념해서 판매된 칼피스다.
처음 출시 당시의 모습으로 만들었다고 한다.

는 음료이다. 칼피스는 우유에 유
산균을 넣어 발효시킨 것으로, 요
즘 먹는 요구르트의 할아버지뻘 정도 된다. 요구르트는 살아 있는 유산
균을 넣는데 칼피스에는 죽은 유산균을 넣었다. 그 이유는 아이러니하게
발효가 더 진행되면 안 됐기 때문이다. 냉장고가 제대로 보급되지 않았
던 때라, 그래야 상온에 오래 두고도 판매할 수 있었다.

처음 칼피스를 만든 사람은 일본인 무역상이었던 '미시마 카이운三
島海雲'으로, 몽골에 갔다가 '살피스salpis'라는 음료를 마신 것이 계기가
되었다. 오카다 데쓰가 정리한 『음식기원사전』을 찾아보니, '피스'는 산
크리스트어로 '제호미醍醐味'라는 뜻이라고 한다. 우유에 갈분을 타서 미
음같이 쑨 죽의 맛이라는데, 어떤 맛인지 잘 안 와 닿는다.

미시마 카이운은 거기에 칼슘을 첨가해 1919년 7월 7일 시원한 산미
와 향미를 지닌 발효음료를 만들어 시판했다. 칼피스의 포장지에 그려진
물방울무늬는 시판 날짜가 칠월 칠석인 데 착안해 은하수Milky Way를 상

징한 것이었다. 일본에서 시판된 이후 중국, 만주와 함께 식민지 조선에서도 판매를 하게 되었다.

칼피스의 맛은 어땠을까? 어떠했기에 구보 씨가 미각에 맞지 않는다며 황급히 거절했을까? 칼피스도 죽은 유산균이었을망정 발효를 거쳤기 때문에 새콤한 맛이 났다. 거기에다 당분을 많이 넣어 요구르트보다 단맛이 강했다. 그래서 칼피스의 맛은 보통 '새콤달콤하다'고 표현되었다.

일본에서는 1922년부터 칼피스의 광고에 '첫사랑의 맛初戀の味'이라는 카피를 사용했다.

일본에서는 1922년부터 옆의 이미지처럼 칼피스의 광고에 '첫사랑의 맛初戀の味'이라는 카피를 사용했다. 광고가 적중했는지 칼피스는 인기를 얻어 판매가 급증했다. 일본에서는 지금도 칼피스가 판매 중인데, '첫사랑의 맛'이라는 카피 역시 여전히 사용되고 있다.

흥미로운 점은 식민지 조선에서도 칼피스가 '첫사랑의 맛'으로 팔렸다는 것이다. 나탈리 우드라는 여배우가 주연한 영화『풋사랑Marjorie Morningstar』이 1958년 1월 개봉되었는데 영화의 광고에는 나탈리 우드를 칼피스와 같은 맛을 풍기는 배우라고 소개하고 있다. 하지만 더 분명한 흔적은 박태원의「기호품일람표」라는 글에서 나타나는데, 거기에 대해서는 잠시 후 확인하도록 하자.

식민지시대 다방이나 찻집의 메뉴에는 칼피스가 빠지지 않고 끼어 있었다.「소설가 구보 씨의 일일」의 삽화를 보면 낙랑파라에서도 판매를 했던 것으로 보인다. 구보 씨의 동창생이 칼피스를 주문한 곳도 경성역 티룸이었으니 다방이긴 했다. 물론 이상이 운영했던 다방 '제비'에서는 팔지 않았다. 메뉴가 커피와 홍차 둘뿐이었으니, 그건 이해하도록 하자. 그리고 술을 마시는 공간이라는 선입견 때문에 조금 안 어울리기는 하지만 카페에서도 판매를 했다.

　채만식의 소설『염마』나 김혁의「여인부락」을 보면 칼피스는 보통 남성이 술을 마실 때 동행한 여성이 마시는 것으로 그려져 있다. 라무네, 사이다, 시트론 등 소다수가 칼피스의 역할을 하기도 했다. 술자리에 동행은 했지만, 술에 익숙하지 않은 혹은 마시지 못하는 척해야 하는 사람들이 주로 마셨다는 것이다.

　그런 이유로 많이 팔렸다면 요즘 같은 때는 매상이 그때만 못 할 것이다. 그런데 구보 씨의 동창생이 '가루삐스'를 시켰던 것은 술을 못 마시거나 그런 척해야 했던 경우는 아니었다. 사실 요즘 한국에도 칼피스와 비슷한 음료가 판매되고 있다. 1980년에 등장한 '쿨피스'가 그것인데, 이름부터 비슷하다. 쿨피스의 가장 큰 경쟁력은 가격이라서, 학교 앞 떡볶이집이나 분식집에 가면 냉장고의 한 자리를 차지하고 있다.

　이 장 끝에 있는 〈디저트〉에서 확인하겠지만 당시 다방에서 커피, 홍차, 라무네 등은 10전이었고, 사이다는 조금 더 비쌌다. 칼피스는 사이다와 비슷하거나 조금 더 비쌌을 것으로 짐작된다. 또 경성역에 있었던 다른 식당이나 찻집의 가격이 다른 데보다 비쌌음을 고려하면,「소설가 구보 씨의 일일」에서 동창생은 다른 다방보다는 조금 더 많은 돈을 지불해야 했을 것이다.

칼피스는 판매점에서 사서 집에서 마실 수도 있었다. 다른 음료와 다른 칼피스의 특징은 원액으로 팔았다는 것이다. 한 병을 사면 물에 타서 여러 잔을 만들어서 먹었다. 광고를 참고하면 1930년대 중반까지는 한 병이 1원이었다. 거기에 여섯 배의 물을 부으면 사이다 한 다스, 곧 12병 분량이 된다고 되어 있다. 사이다 병으로 값을 따지면 한 병에 8전 정도 한다는 것이다.

1930년대 후반 신문에 실린 칼피스 광고다. 50전 짜리 칼피스 한 병이면 사이다 7병의 분량이 된다고 했다.

옆의 이미지는 1930년대 신문에 실린 칼피스의 광고다. 광고에서처럼 1930년대 후반에는 양을 반으로 줄인 50전 짜리 제품도 출시되었다. 50전 짜리 제품은 오히려 사이다 병으로 한 병에 7전 정도가 되었다. 광고는 양을 줄여 편리하게 이용할 수 있으면서도 값은 더 저렴해졌다는 점을 강조하고 있다.

사람들이 칼피스를 즐겨 마셨던 첫 번째 이유는 마실 때의 시원함 때문이었다. 광고에서는 칼피스가 온도에 따라 맛이 다르다며 가장 맛있는 온도를 섭씨 14도라고 했다. 이어 깊은 우물에서 기른 물의 온도라고 친절한 설명 역시 덧붙였다. 물론 칼피스를 즐겨 찾았던 데는 당분에 의한 달콤한 맛도 작용을 했을 것이다.

1장에서 확인했던 것처럼 식민지시대에는 라무네, 사이다, 시트론 등 소다수가 인기가 있었다. 역시 시원하고 달콤했기 때문이다. 칼피스는 사이다 병으로 환산하고 가격과 비교하는 데서 나타나듯 사이다의 경쟁

상품이었던 것으로 보인다. 칼피스에는 탄산이 안 들어 있었지만 시원하고 달콤한 맛 외에도 발효를 통해 새콤한 맛도 났다. 그리고 칼피스가 지닌 또 하나의 무시할 수 없는 경쟁력은 건강 음료라는 것이었다. 칼피스의 광고는 '미미美味! 청량淸凉! 건강健康!'이라고 해, 맛이 좋고 시원한 것과 더불어 건강에도 좋다는 것을 강

칼피스를 마시면 모두 튼튼한 아이가 된다고 해 건강을 강조하는 광고를 했다.

조했다. 광고의 카피에도 '자강음료自强飮料'라는 수식이 빠지지 않았다. 위의 이미지에서 나타나듯이 '칼슘, 비타민, 유산, 아미노산' 등 성분이 들어가 아이들을 튼튼하게 자라게 한다고 했다. 소비자들은 몸에 좋은 우유에 유산균까지 들었으니 건강에 더욱 좋은 음료라고 생각했을 것이다.

소설에서 구보 씨의 동창생이 '가루삐스'를 시켰던 이유는 여기에 가까울 것이다. 수전 손택Susan Sontag은 『은유로서의 질병Illness as Metaphor』에서 결핵이 은유로 사용된 것에 대해 논의한 바 있다. 손택은 결핵이 현저히 드러나는 투명한 질병이라는 데 주목한다. 창백하게 말라가는 결핵 환자는 우수 어린 분위기 속에서 감성적이고 창조적인 존재로 여겨졌고, 사람의 마음을 끌어당기는 연약함이나 뛰어난 감수성의 상징이 되어 갔다고 했다.

그리고 결핵이 은유로 사용될 수 있었던 이유가 그 반대편의 존재에 의해서였음도 분명히 했다. 거기에는 산업 제국을 건설하거나 전쟁을 일

으켜 대륙을 약탈했던 위인들과 출세를 노리는 속물이나 졸부들이, 점점 뚱뚱해져 가는 현실이 놓여 있었다. 지나친 건강과 풍부한 기력이 경제적 과잉생산의 폐해를 낳고 보수적인 관료조직으로 정착되어 간 것 역시 마찬가지였다. 그렇다면 동창생이 '가루삐스'를 시켰던 이유 혹은 구보 씨가 황급히 거절했던 까닭 역시 이와 관련이 있을지도 모르겠다.

동창생과 내키지 않은 자리를 한 구보 씨는 서둘러 경성역을 빠져나온다. 이후에도 구보 씨의 산책은 멈추지 않는다. 앞서 언급했듯이 시인임에도 호구지책으로 기자 일을 하는 벗을 다방으로 불러내 소다수 마시는 것을 본다. 또 종로경찰서 앞 다료에 들러 주인인 친구를 기다리면서 예전 도쿄에서 만났던 여인과의 추억을 떠올리기도 한다. 아는 독자들도 있겠지만 여기서 종로경찰서 앞 다료는 커피와 홍차만 파는 다방 '제비'이다. 그러니 다료 주인은 당연히 이상인데, 박태원이 소설에서 '다료 주인', '친구' 등으로 부르고 있으니 그걸 따르겠다.

다료 주인이 돌아오자 둘은 '대창옥'에 가서 설렁탕을 먹는다. 「소설가 구보 씨의 일일」에 등장한 대창옥에 대해서는 이 책의 3장에서 설렁탕을 살펴보면서 얘기한 바 있다. 「소설가 구보 씨의 일일」에는 설렁탕을 먹는 중간중간 도쿄에서의 추억이 오버랩된다.

어서 옵쇼. 설렁탕 두 그릇만 주우. ……중 략…… 벗은 숟가락 든 손을 멈추고, 빠안히 구보를 바라보았다. 그 눈은, 무슨 생각을 하고 있느냐, 물었는지도 모른다. 구보는 생각의 비밀을 감추기 위하여 의미 없이 웃어 보였다. ……중 략…… 구보는 소년과 같이 이마와 콧잔등이에 무수한 땀방울을 깨달았다. 그래 구보는 바지주머니에서 수건을 꺼내어 그것을 씻지 않으면 안 되었다. 여름 저녁에 먹은 한 그릇의 설렁탕은 그렇게도 더웠다.

인용에서 중략이 된 데는 구보 씨가 도쿄에서 경험했던 연모와 겹쳐지는 부분이다. 도쿄의 다방에서 구보 씨는 누군가 떨어뜨린 윤리학 노트를 발견하고 돌려주려 한다. 노트 주인을 찾아 간 구보 씨는 그 인물이 '노부코'라는 일본인 여성임을 알게 된다. 구보 씨는 처음 만났을 때 붉어진 노부코의 얼굴에서 일상과는 다른 감정을 읽어낸다. 둘은 구보 씨의 제안으로 '무사시노武藏野'로 산책을 갔는데 그곳에서 우연히 구보 씨의 영어 교사를 마주치게 된다. 그 때문에 애써 무사시노까지 간 구보 씨의 기억에는 노부코와의 달콤한 기억 대신 영어 교사의 빈정거림만이 남게 된다.

앞선 인용에서 구보 씨는 대창옥에서 설렁탕을 먹느라 땀범벅이 되어 이마와 콧잔등이를 적신다. 그는 손수건을 꺼내 땀을 닦으면서도 연신 설렁탕을 떠 넣는다. 대창옥의 메뉴가 단출했다는 점과 설렁탕이 여름에도 즐겨 먹는 메뉴였다는 것은 이미 이 책의 3장에서 살펴보았다. 오히려 여기에서 주목하는 부분은 구보 씨의 '이마와 콧잔등이에 맺힌 무수한 땀방울'에는 도쿄에서 노부코와 함께했던 애잔한 추억도 담겨 있다는 점이다.

같이 저녁을 먹은 친구는 만날 사람이 있다며 10시 지나 다시 다방에서 만나자고 한다. 구보 씨가 그날 세 번씩이나 낙랑파라를 찾게 된 것도 그 때문이었다. 밤 10시경 다시 다방을 찾은 구보 씨는 쩌렁쩌렁한 목소리로 자신을 '구포 씨'로 잘못 부르는 손님에게 시달리기도 한다. 앞서 맥주를 몇 병씩이나 시켜 놓고 10전짜리 차를 마시는 사람들에게 우월감을 가질 것이라고 했던 그 인물이다. 기다림 끝에 다료 주인이 오자 무례한 손님을 피해 친구를 밖으로 끌어낸다.

겨우 정적을 되찾은 구보 씨는 다료 주인에게 간절한 바람을 담아 질문을 한다. "능히 오늘 밤 술을 사줄 수 있소?"라는 것이 그 질문이었다. 친구가 망설임 없이 고개를 끄덕이자 구보 씨의 마음은 어느 때보다 환해진다. 아마 이상도, 아니 친구도 구보 씨만큼이나 술을 마시고 싶은 마음이 간절했나 보다.

두 사람은 다시 다리에 기운을 얻어 종각 뒤에 위치한 술집을 향했지만 그들을 맞아주던 단골 여급은 없었다. 여급이 낙원정 카페로 옮겼다는 얘기를 들은 구보 씨와 친구는 기어이 그곳을 찾아간다. 독자들이 식민지시대 카페를 구경하는 기회를 가지게 된 것 역시 그 덕분이다.

4. 낙원정의 카페

소설 속에서 카페가 위치한 낙원정은 지금의 낙원동으로, 탑골공원의 뒤쪽이었다. 당시 낙원정에는 조선인들이 즐겨 찾는 극장 '우미관'과 '단성사', 요릿집 '태화관' 등이 유흥가를 이루고 있었다.

카페에 들어간 구보 씨와 친구가 자리를 잡자 여급들 역시 부지런히 손님을 맞는다. '여급'이라는 명칭은 일본에서 '웨이트리스waitress'의 번역어로 사용되었던 이름이 조선에 들어온 것이었다. 소설에는 처음에 세 명, 또 다음에 두 명 등 모두 다섯 명의 여급이 합석을 했다고 되어 있다.

본정이나 명치정과는 달리 당시 종로의 카페를 찾는 손님은 대부분 조선인들이었다. 그런데도 소설 속 카페 여급들은 모두 '-꼬'로 끝나는 일본식 이름을 하고 있었는데, 조선인이 운영하고 조선인 손님이 전부인 낙랑파라에서 '이랏샤이마세!'라고 인사했던 것과 마찬가지 이유에서 일 것이다.

잠시 후 그곳을 찾게 만든 문제의 단골 여급도 등장해 친구 옆에 앉는다. 구보 씨와 친구가 찾은 카페에서는 어떤 술과 음식을 팔았을까? 아쉽게도 「소설가 구보 씨의 일일」에는 두 사람이 맥주를 마셨다는 정도만 나올 뿐 다른 술이나 안주에 대해서는 언급되지 않는다. 카페를 그린 다른 소설들을 참고하면 주로 팔았던 술은 맥주를 비롯해 위스키, 칵테일, 정종이었다. 막걸리, 소주, 약주와 같은 조선 술은 취급하지 않았다.

음식은 식사의 경우는 정식, 비프스테이크, 비프스튜, 돈가스, 프라이드 피시 등이 있었다. 이들 식사 가운데 '정식'은 9장에서 조선호텔의 식당을 다룰 때 구성 메뉴와 기원에 대해 살펴보겠다. 카페에서 판매하는 안주로는 실과, 아스파라거스, 샐러드 등이 있었고, 앞에서 다룬 칼피스를 비롯해 커피, 홍차, 소다수 등의 음료도 있었다.

카페 안에서 어떤 일이 일어났는지 소설을 조금 더 들여다보자.

벗이 그와 둘이서만 몇 마디 말을 주고받고 하였을 때, 세 명의 여급은 다른 곳으로 가버리고 말았다. 동료와 친근히 하고 있는 듯싶은 객에게, 계집들은 결코 흥미를 느끼지 않는다.
"어서 약주 드세요!"
이 탁자를 맡은 계집이, 특히 벗에게 권하였다. 사실, 맥주를 세 병째 가져오

도록 벗이 마신 술은 모두 한 곱뿌나 그밖에 안 되었던 것임에 틀림없었다.

인용은 친구가 낙원정까지 오게 만든 단골 여급과 대화를 시작하자 세 명의 여급이 일어나 다른 식탁으로 옮겼다고 했다. 휑하니 가 버린 이들 여급을 통해 식민지시대 카페가 운영되었던 방식을 엿볼 수 있다.

카페에 손님이 들어서면 먼저 여급 하나가 그 일행을 담당한다. 아마 그 일은 카페에서 일하는 여급들 가운데 고참 순서로 맡았을 것이다. 그 여급은 손님에게 술을 권하는데, 구보 씨 친구같이 그날 술값을 낼 것 같은 사람이 타깃이 되었다. 여급들은 손님에게 술을 권하지만 실상 맥주의 대부분은 자신들이 마신다.

그러고 나서는 다시 손님에게 맥주를 더 시키라고 해서 매상을 올리는 방식이었다. 일행을 담당한 여급 외에는 이 식탁, 저 식탁을 옮겨 다녔는데, 특히 소설에서처럼 손님의 단골 여급이 있을 경우 다른 여급들은 금방 자리를 떴다. 그것은 자기까지 팁을 받을 가능성이 없다는 것을 알아서였다.

박태원의 소설 가운데「적멸」에도 카페가 등장한다. 소설에서 '나'는 전차를 타고 가다가 갑자기 카페에 가고 싶은 마음이 들어 본정 입구에서 하차한다.「적멸」에는 본정 입구라고 되어 있지만 사실「소설가 구보 씨의 일일」에서 '나'가 내린 조선은행 앞과 같은 정거장이다.

'나'는 본정에서 연이어 카페를 방문하는데, 다음 페이지에 있는 이미지는 식사를 하기 위해 들른 첫 번째 카페 내부의 모습이다. 그곳에서 '나'는 정식을 시켜 요기를 하는데, '나'의 뒤로는 기모노를 입은 여급과 '비루ビール'라는 글자가 보인다.

식사를 마치고 두 번째로 찾
은 카페에는 입구부터 손님들이
가득 차 있다. 여자들의 웃는 소
리, 중학생들의 이야기하는 소리
로 어수선하고, 어디선가 사회주
의에 대해 토론하는 얘기도 들린
다. 또 담배 연기, 술 냄새, 향수 냄
새, 살 냄새 등이 뒤섞여 코를 자

박태원의 「적멸」에서 '나'가 첫 번째로 들른 카
페이다. '나'는 거기서 '정식'으로 요기를 한 후
연이어 다른 카페를 찾는다.

극한다. 그리고 거기에서는 '재즈', '폭스트롯Foxtrot', '헝가리안 랩소디
Ungarische Rhapsodien' 등의 음악이 흐른다고 되어 있다. 여기서 '폭스트롯'
은 1910년대 미국에서 탄생한 4/4 박자의 댄스 음악인데, 이후 식민지 조
선에서는 '트로트'라는 음악으로 자리 잡는다. '헝가리안 랩소디'는 '프
란츠 리스트Franz Liszt'가 작곡한 클래식으로 헝가리 집시들의 민속 춤곡
인 '차르다시csárdás'를 기본적인 형식으로 한 곡이다. 작가는 「적멸」에서
카페를 술, 여자, 재즈, 웃음이 함께 있는 세기말적인 공간으로 규정한다.
　카페의 외관과 내부는 어떠했을까? 「소설가 구보 씨의 일일」에서는
그려져 있지 않은데, 카페의 외관과 내부는 『황원행』이라는 소설에 잘 나
타나 있다. 『황원행』은 최독견, 김기진, 염상섭, 현진건, 이익상 등 다섯
명의 작가가 돌아가며 『동아일보』에 연재한 소설이다. 『황원행』의 주된
무대는 '백마정'이라는 카페인데, 꽤나 고급 카페로 그려져 있다. 인조석
이층누각으로 지어졌는데, 정면에는 '카페 백마정'이라는 간판이 황금
색으로 빛나게 붙어 있다. 또 건물은 붉고 푸른 유리창으로 장식되어 있
었으며, 밤에는 '기린맥주'의 간판이 눈부시게 돌아간다고 했다.

내부로 들어서면 대리석 테이블이 놓여 있고 진열장에는 갖은 색깔의 술이 장식되어 있다. 또 카페 백마정의 자랑거리인 1,500원 상당의 '빅터축음기'에서는 '왈츠' 음악이 경쾌하게 흘러나온다. 카페에 손님이 들어서면 여급들이 모두 "이랏샤이마세!"를 외쳐 그들의 기분을 좋게 해

연작소설『황원행』에 등장한 카페 백마정의 내부이다. 당시는 최독견이 집필을 담당했을 때였다.

준다. 옆의 이미지는『황원행』에 등장하는 백마정의 내부 모습이다. 식탁 위의 맥줏병과 같은 스타일의 머리를 한 여급들이 눈에 띈다. 소설에는 카페를 독특한 색채와 음향이 가득한 데다가 젊은 여자의 살 냄새가 섞인 곳이라고 표현했는데, 앞서「적멸」에서 박태원이 카페를 술, 여자, 재즈, 웃음이 함께 있는 곳이라고 한 것과 다르지 않다.

카페의 여급들은 어떤 차림을 하고 있었을까?「소설가 구보 씨의 일일」에는 여급들이 어떤 차림을 하고 있었는지는 나타나 있지 않다.

거기에 대한 정보를 얻기 위해서는 다시 한 번 이상의 도움을 받아야 한다. 다음 페이지에 있는 이미지는「소설가 구보 씨의 일일」에서 '나'와 친구가 카페에 갔던 연재분의 삽화이다. 삽화는 낙원정 카페의 여급들이 양장을 하고 있었음을 보여준다. 카페에서 일본인 여급은「적멸」에서처럼 '기모노着物'를 입었고 조선인 여급은 양장으로 하고 큰 에이프런을 두르는 차림을 했다. 삽화를 통해서도 낙원정 카페의 여급들이 '-꼬'로 끝나는 이름을 가졌지만 조선인 여급이었다는 것을 알 수 있다.

「소설가 구보 씨의 일일」에서 낙원정의 카페를 방문한
'나'와 친구의 모습과 여급들의 차림이다.

　「소설가 구보 씨의 일일」에서는 술이 오고 가며 구보 씨와 친구의 대
화 역시 이어진다. 여급들은 구보 씨와 친구의 대화를 알아듣는 것처럼
웃기도 하는데, 구보 씨는 여급들의 '죄 없는 허위'를 야유하며 유쾌하게
웃는다. 여급들도 구보 씨를 따라 웃는데, 자신에 대한 야유인지도 모르
고 웃는 모습이 어쩐지 서글프다.

　구보 씨 역시 그들에게 동정과 연민을 느끼지만, 그것이 애정과는 다
른 감정임도 분명히 한다. 그는 여급들이 웃는 것이 손님들의 비위를 맞
추고 흥을 돋우어 술을 팔기 위해서였음을 알고 있었다. 그들의 관심은
손님들의 대화 내용이 아니라 매상을 올리는 데 있었기 때문이다.

　소설에서 여급들은 술을 따르고 말상대를 하는 정도의 술시중을 든
다. 다른 소설들에는 말상대뿐 아니라 손님들의 어깨에 손을 얹거나 목
을 안는 정도의 스킨십을 하는 모습도 그려진다. 다음 페이지에 있는 이
미지 중 왼쪽은 『황원행』에서 애라가 면후의 술시중을 들다가 어깨에 손
을 올리는 모습이다. 또 오른쪽 이미지는 『삼대』에서 경애가 병화와 춤

왼쪽 이미지는 『황원행』에 실린 삽화로, 애라가 면후의 술시중을 들다가 스킨십을 하는 모습이다. 오른쪽 이미지는 『삼대』에서 경애가 병화와 함께 춤을 추는 장면이다. 물론 경애가 병화와 같이 춤을 춘 데는 상훈을 열 받게 하려는 의도도 있었다.

을 추는 장면이다. 물론 손님들 가운데는 『삼대』의 상훈처럼 카페에서 도가 지나친 서비스를 바라는 경우도 있었다. 그것과는 반대로 손님이 식사를 하러 왔을 때는 여급은 서빙 정도의 서비스를 했다.

여급의 서비스가 달랐던 것은 그 정도에 따라 팁이 결정되었기 때문이다. 팁은 원칙적으로는 술이나 음식 가격의 10%로 정해져 있었다. 1930년대 카페에서는 맥주 한 병을 35전 정도에 팔았는데, 그럴 경우 3.5전이 팁의 관행이었다. 참고로 1930년대 식민지 조선에 판매되었던 맥주는 두 종류였는데, '기린맥주麒麟ビール'와 '삿포로맥주札幌ビール'였다. 조선에서 두 회사의 맥주 판매량은 상당해서, 1930년대 후반 영등포에 따로 공장을 신축할 정도였다.

하지만 팁이 10%라는 관행이 반드시 지켜지지는 않았다. 『황원행』에서 면후는 애라의 서비스가 마음에 들면 맥주 한 병과 안줏값으로 10

원을 손에 쥐어주기도 했다. 그럴 경우 10원 가운데 8, 9원은 여급의 몫이 된다. 1930년대 당시 설렁탕이 13전, 장국밥, 비빔밥, 떡국, 비빔밥 등이 20전 정도였음을 고려하면, 8, 9원의 크기를 짐작할 수 있다. 그래서 고급 카페의 이름난 여급들은 한 달에 300원에서 400원 정도의 수입을 올리기도 했다.

다시 「소설가 구보 씨의 일일」로 돌아가 보자. 술을 마시던 구보 씨는 옆에 앉은 여급에게 나이를 묻는다. 여급은 '갓 스물'이라고 하는데, 구보 씨가 보기에는 스물다섯이나 여섯은 되어 보였다. 구보 씨가 담배를 피우려 하자 카운터로 뛰어가 성냥을 가져오는 어린 여급도 등장하는데, 그 여급은 열여섯이나 열일곱 정도로 보인다고 했다. 카페에서 일하는 여급의 나이가 어린 경우 16, 7세이고, 많으면 25, 6세 정도였음을 말해 준다.

구보 씨는 성냥을 가져다준 어린 여급이 마음에 들었나 보다. 그 여급의 맑은 눈망울과 두 뺨의 웃음우물이 아직 더러움에 물들지 않았다며 같이 야외로 산책을 가도 좋겠다는 생각을 한다. 서너 시간 가까이 이어진 술자리니 조금 취하기도 했을 것이다. 구보 씨는 제안을 한 후 그녀에게 수첩과 만년필을 주고 O, X로 동의 여부를 쓰라고 한다. 구보 씨는 카페를 나가서 확인을 하는데, 여급의 대답이 O, X 가운데 어떤 것이었는지는 독자들이 생각하는 대로다.

「소설가 구보 씨의 일일」에는 술값을 계산하는 장면은 등장하지 않는다. 카페에서 술을 마시면 비용이 얼마나 들었을까? 일반적인 생각과 달리 카페에서 마시는 음료의 가격은 다방과 차이가 없었다. 가장 저렴한 커피, 홍차, 라무네 등의 음료 한 잔은 10전 정도였다. 하지만 대화를 하는 등 여급의 서비스를 받으면 50전을 내고 잔돈을 받지 않는 등 배보다 배꼽이 더 크기도 했다. 차 한 잔 마시고 정말 10전을 내는 손님도 있었는데 그때는 잔 밑에 10전을 두고 도망치듯 나갔다니 팁을 주는 것이 일반적이었음도 알 수 있다.

맥주는 위에서 얘기했던 것처럼 한 병에 35전을 받았다. 카페에서 두세 사람이 술을 마시려면 보통 10원 정도 들었는데, 그래도 명월관, 태화관, 식도원 등 요릿집에서 기생을 불러 술을 마시는 것보다는 훨씬 싸게 쳤다고 한다. 명월관에 가서 10명 정도가 넉넉하게 마시고 먹었더니 140원이 나왔다고 하니, 두세 사람 정도가 요릿집에 가서 가장 싼 7, 8원짜리 교자상을 시키더라도 20원 이상은 나왔을 것이다.

식민지 조선에 카페가 들어선 것도 다른 근대적 문물이나 유행과 마찬가지로 일본을 거쳐서였다. 카페라는 공간이 유럽에 등장한 것은 19세기였는데, 처음에는 작가, 음악가, 화가 등 예술가들의 사교공간이나 문화공간으로 등장했다. 커피, 홍차 등 음료를 주로 팔면서 간단한 음식도 제공했다고 한다. 그런데 카페가 미국에 진출하면서 알코올이 들어간 음료를 마시는 공간으로 자리를 잡게 된다.

탄베 유키히로旦部幸博는 『커피의 세계사咖啡の世界史』에서 일본에 카페가 정착되는 과정에 대해 주목한 바 있다. 일본에서 카페라는 이름을 달고 처음 등장한 것은 1911년 도쿄의 긴자에 개업한 '카페 프란단カフェー・プランタン'이었다고 한다. 서양화가였던 히라오카 켄하치로平岡権八郎와 마츠야마 쇼조松山省三가 운영을 했고, '프란단プランタン'이라는 이름은 소설가이자 극작가였던 오사나이 가오루小山内薫가 지었다. 일본에서도 카페가 처음 등장했을 때는, 운영을 주도했던 사람들을 통해 알 수

있듯이, 커피를 마시고 서양요리를 먹는 예술가들의 사교공간이었다.

카페 프란단에 이어 같은 해 8월 '카페 라이온カフェー・ライオン'이 문을 열었고, 11월에는 '카페 파울리스타カフェー・パウリスタ'가 개업을 했다. 카페 프란단과 카페 라이온에서는 개업 때부터 여급이 서빙을 했지만 이후 일반화되었던 스킨십 등 에로틱한 서비스를 하지는 않았다. 그런 점에서 그때까지 카페는 여전히 예술가를 비롯한 모던보이의 사교공간에 가까웠다고 할 수 있다.

1920년대 중반이 되자 카페는 일본 전국으로 퍼져 나갔으며, 유럽의 카페와도 또 미국의 그것과도 다른 모습을 보이게 되었다. 1924년 도쿄의 긴자에 문을 연 '카페 타이거カフェー・タイガー'에서는 기모노 차림의 여급들이 짙은 화장을 하고 손님들의 시중을 들면서 스킨십도 제공하기 시작했다. 1920년대까지는 술을 팔면서 에로틱한 서비스를 제공하는 곳이 주류를 이루었지만 여전히 음료와 식사만을 제공하는 곳도 있었다. 그런데 1930년대에 들어서면서 카페의 주된 모습은 점차 전자로 기울어졌다. 여급들이 팁을 받기 위해 남성 고객에게 에로틱한 자극과 성애적인 서비스를 제공하는 유흥공간이 된 것이었다.

식민지 조선에 카페가 유입된 시기는 1920년대 후반에서 1930년대 전반에 걸쳐서였다. 당시는 일본에서 카페가 여급의 에로틱한 서비스와 고객이 지불하는 팁이 교환되는 '에로, 그로, 넌센스エロ, グロ, ナンセンス'의 공간이 되었을 때였다. 물론 3장에서 「만세전」의 부산 우동집을 살펴보면서 카페의 또 다른 연원에 대해서도 확인한 바 있다.

처음 조선에 유입되었을 때 본정과 명치정에 자리를 잡았던 카페는 조선인 손님이 늘어나는 것과 맞물려 종로에도 진출하게 되었다. 1936

년을 기준으로 종로에 거의 300개에 가까운 카페가 있었다고 하니, 적은 숫자는 아니었다. 그런데 그 가운데도 일본인이 운영하던 곳이 122개였으니, 그것을 어떤 카페로 봐야 할지는 아리송하다. 소설에서 구보 씨와 친구가 들른 낙원정 카페도 그중 하나였을 것인데, 주인이 조선인이었는지 일본인이었는지는 알 수 없다.

5. 구보 씨의 산책은 멈출 수 있을까?

구보 씨와 친구가 낙원정의 카페에서 나온 것은 새벽 2시가 가까워서였다. 친구에게 인사 대신 이제 좋은 소설을 쓰겠다는 말을 전하고 헤어진다. 그러고는 늦게까지 자지 않고 자신을 기다릴 어머니의 행복을 떠올리며 이제 생활 방도도 찾고 창작도 열심히 하리라는 다짐을 한다.

여기에서 다시 한 번 소설을 거슬러 가보자. 경성역 티룸에 들렀을 때 동창생이 '가루삐스'를 권하자 구보 씨는 황급히 거절을 한다. 그때 그는 다음과 같이 생각한다.

음료 칼피스를, 구보는, 좋아하지 않는다. 그것은 '외설猥褻'한 색채를 갖는다. 또, 그 맛은 결코 그의 미각에 맞지 않았다.

구보 씨가 칼피스를 황급히 거절한 이유는 색깔이 외설적이고 맛이 자신의 미각에 맞지 않아서였다. 그런데 그 이유는 칼피스 광고의 카피였던 '첫사랑의 맛'과 관련이 있는 것으로 보인다.

구보 씨는 카페에서 성냥을 가져다준 여급에게 호감을 느끼는데, 더러움에 물들지 않는 눈망울과 볼우물을 지녔기 때문이라고 했다. 전차에서 양산을 무릎 사이에 끼운 여인에게는 부정적인 시선을 보냈는데, 그것 역시 여급에게 호감을 느꼈던 반대의 이유에서였다. 어쩌면 구보 씨가 호감을 느끼는 여성은 첫사랑의 표상과 가까울지도 모르겠다. 그렇다면 '첫사랑의 맛'이라는 새콤달콤한 칼피스의 맛을 좋아할 것 같기도 하다.

박태원은 1930년 3월 '몽보夢甫'라는 필명으로 「기호품일람표」라는 글을 발표한 적이 있다. 자신이 좋아하는 것과 싫어하는 것을 다소 풍자적으로 쓴 글이었는데, 이 책의 관심은 거기서 박태원이 칼피스에 대해 언급하고 있다는 것이다. 그는 '첫사랑의 맛'을 잘 알고 있는 나는 '칼피스'를 먹을 마음이 생기지 않는다며, 이어 웬일인지 '나'는 '파피스', '세피스', '오피스' 등 '-피스'가 붙은 음료를 의식적으로 취하지 않는다고도 했다.

「소설가 구보 씨의 일일」에서 구보 씨는 여급에게서 더러움에 물들지 않는 눈망울과 볼우물을 찾는다. 하지만 구보 씨는 자신이 찾고 있는 것이 이미 존재하지 않는다는 사실을 알고 있는 듯하다. 실제 '첫사랑'이라는 것은 실체를 지니지 않는 관념적인 표상에 지나지 않는다. 그것은, 염상섭이 소설에서 언급한 것처럼, 주판질도 해보고 앞뒤 경우 다 재본 후 한평생 몸을 의탁할 곳을 찾는 현대적 사랑의 반대편에 만들어진 신기루에 불과하다는 것이다. 이 책에서도 이미 『무정』에서 영채와 선형에게 기울어진 저울을 들이대던 형식을 통해 그 속내를 들여다본 바 있다.

구보 씨가 칼피스를 서둘러 거절한 이유 역시 이와 관련되어 있을 것이다. 더러움에 물들지 않은 첫사랑이 관념일 뿐이라는 것을, 실제 그것은 주판질을 하고 앞뒤를 재보는 외설을 감추고 있을 뿐이라는 것을, 알았고 받아들이기 힘들었다는 것이다.

「소설가 구보 씨의 일일」에서 구보 씨는 여러 여인과 비껴 지나간다. 1년 전 여름에 선을 봤던 여성은 마음에 들었지만 서로 망설이다 지나치고 만다. 도쿄에서 알게 된 여인은 자신도 알고 있는 우둔하고 순진한 남자와 약혼한 사이였다. 구보 씨는 여인을 행복하게 할 수 없을 거라고 헤어졌지만 지금도 그녀를 그리며 결정을 후회하고 있다.

구보 씨가 여러 여인들과 비껴 지나갈 수밖에 없었던 이유 역시 칼피스를 황급히 거절했던 까닭과 멀리 있지 않았다. 그렇다면 구보 씨 혹은 박태원의 산책은 그 후로도 오래도록 계속되었을 것이다. 한 가지 재미있는 사실은 이상도 박태원의 마음을 알았는지 삽화에서 칼피스를 '첫사랑의 맛'과는 반대로 꽤나 의뭉스럽게 그렸다는 것이다. 막역한 친구였으니 삽화에 그려진 칼피스의 모습을 보면, 박태원의 미각을 이해하는 데 도움이 될지도 모르겠다.

DESSERT

1920년대 카페 메뉴판을 구경해 보자

<table>
<tr><td colspan="4" align="center">御 品 書</td></tr>
<tr><td colspan="2" align="center">料 理</td><td colspan="2" align="center">飮 料</td></tr>
<tr><td>●ライスカレー</td><td>二十五錢</td><td>●コーヒー（モカ）</td><td>十錢</td></tr>
<tr><td>●オムレツ</td><td>三十錢</td><td>●紅茶</td><td>十錢</td></tr>
<tr><td>●サンドウィッチ</td><td>三十錢</td><td>●カルピス</td><td>十五錢</td></tr>
<tr><td>●ビーフシチュー</td><td>三十錢</td><td>●ソーダ水</td><td>十錢</td></tr>
<tr><td>●ビフテキ</td><td>三十錢</td><td colspan="2" align="center">酒 類</td></tr>
<tr><td>●あん蜜</td><td>十錢</td><td>●ウイスキー</td><td>十五錢</td></tr>
<tr><td>●チョコレイト</td><td>十五錢</td><td>●ブランデー</td><td>十五錢</td></tr>
<tr><td>●果物</td><td>十五錢</td><td>●ポートワイン</td><td>二十錢</td></tr>
<tr><td>●あいすくりん（限定數）</td><td>十五錢</td><td>●ジン</td><td>四十錢</td></tr>
<tr><td></td><td></td><td>●生ビール</td><td>十錢</td></tr>
</table>

위의 이미지는 1920년대 카페의 메뉴인데, 드물게 찾을 수 있는 것이니 한번 구경해 보자.

먼저 요리부터 살펴보자. 요리 메뉴에는 라이스카레, 오믈렛, 샌드위치, 비프스튜, 비프스테이크 등이 있다. 가격은 라이스카레만 25전으로 조금 싸고, 오믈렛, 샌드위치, 비프스튜, 비프스테이크는 30전이다.

안미츠, 초콜릿, 과일, 아이스크림 등도 요리라고 되어 있지만 지금으로는 디저트 정도가 되겠다. 가격은 안미츠가 10전으로 조금 싸고, 초콜릿, 과일, 아이스크림이 각각 15전이다.

다음에 나와 있는 것은 음료이다. 커피, 홍차, 소다수는 10전이다. 10전이라는 가격을 고려하면 소다수는 라무네였을 가능성이 높다. 앞에서 살펴봤던 칼피스는 15전인데, 우유음료인 데다가 여하튼 발효까지 된 건강음료라서 그런가 보다.

마지막으로 가장 관심이 있는 주류이다. 위스키와 브랜디가 15전이다. 포트 와인은 20전이고 진은 40전이다. 그리고 생맥주는 10전이다. 진은 병으로 파는 가격이고, 나머지는 다 잔의 가격이다. 생맥주가 생각보다 싼데, 메뉴판에는 없지만 기린, 삿포로 등 병맥주는 1920년대에는 25전 정도 했다.

〈참고〉 '안미츠ぁん蜜'는 한천으로 만든 젤리 위에 팥, 아이스크림, 통조림 과일을 곁들여 먹는 디저트의 하나이다.

6장

이 자식아, 너만 돈 내고 먹었니?

-김유정의 단편들 (1933~1936)

APPETIZER

김유정 소설은 농촌을 배경으로 하는 경우가 많다. 또 농촌과 어울리는 흙내 나는 인물들도 많이 등장한다. 그들은 병든 남편을 위해 주막집 물건을 훔치든지, 노름 밑천을 위해 아내에게 매춘을 시킨다. 닭싸움에 이기겠다고 닭에게 고추장을 먹이기도 한다. 그런데 흥미로운 점은 그들에게 악의를 발견하기 힘들다는 것이다. 오히려 천연덕스러울 정도이다.

김유정 소설에는 음식도 많이 등장한다. 덕분에 독자들은 시골 주막의 막걸리를 맛보고, 그 귀하다는 송이 따는 모습도 엿볼 수 있다. 또 김이 모락모락 나는 감자에 담긴 점순이의 마음도 느껴볼 수 있을 것이다.

김유정의 소설을 읽으면서 드는 의문 하나는 소설에 등장하는 인물에 관한 것이다. 천연덕스럽게 도적질을 하거나 매춘을 하는 것, 그러고는 어떤 부끄러움도 느끼지 못하는 것은 그들의 온전한 모습이었을까? 아니면 작가가 무지한 하층민들에게 어울리는 모습이라고 생각한 것이었을까?

사실 김유정도 가난에 시달렸다. 말년에는 병 때문에 친분이 없던 박종화에게 돈을 빌려달라는 편지를 보내기까지 했다. 모르는 사람에게 돈을 청해야 했던 김유정의 마음은 얼마나 착잡했을까? 혹시 소설에 등장하는 인물들 역시 천연덕스럽기보다 김유정의 마음과 같지는 않았을까 하는 것이 앞선 의문이다.

1. 시골 주막의 풍경

김유정의 소설에는 시골 주막이 심심치 않게 등장한다. 그중에서도 「산골 나그네」가 단연 두드러진다. 「산골 나그네」는 1933년 3월 『제일선』이라는 잡지에 발표된 단편이다. 소설은 산골에 위치한 주막에 허름한 차림의 여자가 찾아드는 것으로 시작된다. 그녀가 바로 소설의 제목이기도 한 '산골 나그네'다.

주막이라고는 하나 장사는 시원찮았다. 3, 4일에 겨우 술 한 초롱을 팔까 말까 할 정도였다. 초롱은 술을 담는 데 썼던 통인데, 한 관, 곧 열 근이 들어갔다. 한 초롱을 팔면 겨우 50, 60전 남으니 한 달에 5, 6원 정도의 벌이였다. 지금으로 따지면 한 달 벌이가 20만 원도 안 되었다는 것이다.

그런데 어쩐 일인지 그날은 주막을 찾는 손님들이 많다. '어쩐 일'이라고 했지만 독자들은 이미 이유를 알고 있다. 주막 주인은 이어지는 손님에 치마꼬리를 휘둘러가며 술을 준비하고 안주를 장만한다. 안주는 변변치 않아 짠지, 동치미, 고추장이 전부다. 일손이 부족하다는 핑계로 은근슬쩍 나그네에게도 막걸리를 데워 달라고 한다.

손님들은 한 잔 두 잔 마시고 취기가 올라오니 나그네에게 권주가를 부르라고 시킨다. 잔으로 계산하는 잔풀이를 하자니 그냥 마시기 아까웠는지도 모르겠다. 이 손님, 저 손님 나그네를 집적대는 볼썽사나운 모습을 구경해 보자.

계집이 칼라머리 무릎 위에 앉아 담배를 피워 올릴 때 코웃음을 흥 치더니 그 무지스러운 손이 계집의 아래 뱃가죽을 사정없이 움켜잡았다. 별안간 "아야!"

하고 퍼들껑 하더니 계집의 몸뚱아리가 공중으로 도로 뛰어오르다 떨어진다.

"이 자식아, 너만 돈 내고 먹었니?"

한 사람 새 두고 앉았던 상투가 콧살을 찌푸린다. 그리고 맨발 벗은 계집의 두 발을 양손에 붙잡고 가랑이를 쩍 벌려 무릎 위로 지르르 끌어올린다. 계집은 앙탈을 한다. 눈시울에 눈물이 엉기더니 불현듯이 쪼록 쏟아진다.

인용은 그날 주막에 손님이 많았던 것이 우연이 아니었음을 말해준다. 주막에 새로 여자가 왔다는 소문을 듣고 찾아온 것이었다. 소문이 얼마나 빨랐던지 그날 주막 주인은 모두 2원 85전어치 술을 팔았다. 한 잔에 5전이라고 했으니 거의 60잔 가까이 판 것이다. 나그네 덕분에 반 달 벌이를 한 셈이다. 물론 모두 다 현금치기는 아니라 85전만 현금이고 나머지 2원은 외상이었다.

주막 주인은 그날의 매상이 꿈인가 생신가 하며 나그네가 계속 있기를 바란다. 말 타면 경마 잡히고 싶다더니 욕심은 거기서 멈추지 않았다. 그때까지 장가를 못간 노총각 아들의 배필감으로까지 작정을 한다. 주막 주인의 속셈이 이루어질지는 조금 더 지켜보자.

「산골 나그네」는 시골 주막에 대한 몇 가지 정보를 제공한다. 먼저 주로 파는 술이 막걸리이며, 한 잔에 5전을 받았다는 것이다. 짠지, 동치미, 고추장 같은 안주는 거친 것이었는데, 따로 안줏값을 받지는 않았다. 정말인지 궁금해하는 독자들을 위해 작가는 다른 소설 「만무방」에서 안주로 풋김치를 주는데 '공짜 김치'라고 친절하게 밝혀준다. 그렇다면 5전은 안주가 포함된 술 한 잔의 값이었다.

여기서 어렵지 않게 떠오르는 것이 선술집이다. 독자들은 이미 이 책

4장에서 선술집을 구경하며 5전을 내고 술 한 잔과 안주 하나를 먹는 것을 보고 군침을 삼킨 바 있다. 같은 가격인데도 주막에서는 김치, 짠지, 고추장 같은 음식이 나온 데 반해 선술집에서는 너비

식민지시대 시골 주막의 모습이다. 낮은 지붕 밑에 주모와 손님들과 술병들이 어수선하다.

아니, 제육, 간, 콩팥, 북어, 빈대떡 등의 안주가 제공되었다는 점은 달랐다. 시골 주막과 달리 도회에 위치한 선술집은 서로 경쟁하는 과정에서 어느 정도 꼴을 갖추게 되었을 것이다.

『상록수』를 다루면서 얘기하겠지만, 당시에는 이미 주세법과 주세령의 시행과 함께 양조장에서 술이 생산되어 여기건 저기건 술맛은 다 비슷했다. 그래서 선술집에서는 공짜일망정 안주로 경쟁을 했던 것이다. 그런데 「산골 나그네」의 주막에서 받은 5전의 술값에는 비록 권주가는 망설였지만 손님들에게 해코지를 당하는 나그네의 눈물 값까지 포함된 것이니, 오히려 시골 주막이 더 쌌는지도 모르겠다.

「산골 나그네」는 시골 주막에서 외상으로 술을 마시는 경우도 많았음을 알려준다. 그날도 2원 85전 중 85전만 현금치기였고 그 갑절이 넘는 2원은 외상이었다. 이전에도 외상술을 마신 손님들이 많은데, 주막 주인이 외상값으로 받은 것은 좁쌀 닷 되가 다였다. 외상이 현금치기보다 많았으니 외상값을 제대로 받아내는 것이 중요한 문제였다. 선술집에서는 외상이 되지 않았다. 간혹 돈이 없다는 손님이 있으면 중노미를 붙여 보내 기어이 받았으니 그것도 다르긴 했다.

외상으로 마신 술을 물건으로 갚는 경우도 있었다. 심지어 김유정의 「떡」이라는 소설에는 어찌나 술에 감질났든지 집에 모아놓은 똥을 지고 가서 술을 마시는 인물까지 등장한다. '더러운 똥을 왜?' 하는 독자들도 있겠지만 똥 이외에는 마땅한 거름이 없었던 때라 똥은 농사에 꼭 필요했다. 그래서 잠은 다른 데서 자도 똥은 꼭 집에서 눠야 한다는 말도 있었던 것이다.

똥이 지금과 같은 천덕꾸러기가 된 것은 근대가 되어 수세식 변기가 등장하면서이다. 19세기 후반 유럽에서 처음 등장한 수세식 변기는 똥을 도시로부터 최대한 멀리 떨어진 강이나 바다로 흘려보내는 방식이었다. 거기에는 더 이상 똥을 거름으로 사용하지 않게 된 상황이 작용하고 있다. 수세식 변기에서 한 번 똥을 눌 때마다 평균 13리터의 물이 들어간다고 하니 물의 낭비 또한 만만치 않다.

「산골 나그네」에서 주막은 제목처럼 산골에 위치하고 있다. 나그네가 오기까지 손님이 드물었던 이유도 그것이었을 것이다. 그런데 김유정 소설에서 주막이 외딴 곳에 위치한 것은 「산골 나그네」만은 아니다. 「만무방」에서도 주막은 '북쪽 산 밑 미루나무에 쌓여' 있고, 「솥」에서도 '길가에 따로 떨어져서 호젓이 놓여' 있다.

주막은 술을 파는 곳이니 사람들이 많은 곳에 있어야 할 텐데 이상하다. 읍내같이 사람들이 살거나 왕래가 많은 곳에는 당연히 주막이 있었다. 「소낙비」에서는 주막 근처를 아예 주막거리라고 부르기도 한다. 오히려 소설은 당시 주막이 사람이 많이 모이는 곳만이 아니라 산속 외딴 곳에까지 있었다는 것을 말하고 있다.

「산골 나그네」에서 나그네는 소설의 결말까지 의문에 쌓인 인물로

「만무방」에 실린 시골 주막의 모습이다.
응칠이는 이곳 주막에서 막걸리 한 잔과 밥을 먹는다.

그려진다. 주막에 와서 술시중은 들지만 놀라고 울기도 하는 등 독자들
에게는 안쓰럽게까지 느껴진다. 여담이지만 「산골 나그네」는 드라마로
만들어져 〈TV문학관〉이라는 프로그램에서 방영되기도 했는데, 당시 나
그네 역을 맡은 사람이 정윤희라는 배우였다. 지금 전지현이나 김태희에
뒤지지 않는 미모였으니, 관객들이 나그네에게 느끼는 안쓰러움은 더했
을 것이다.

그런데 한 잔이라도 더 팔아야 했던 주막에서 술시중을 드는 모습이
모두 나그네 같지는 않았다. 당시 주막에서 술을 파는 모습은 오히려 같
은 작가의 소설 「솥」에 잘 나타나 있다. 소설에서 주인공인 '근식이'는 주
막에 가고 싶어 몸이 달아 아내의 눈치만 보고 있다. 근식이가 몸이 달아
했던 것은 술보다 '계숙이'가 보고 싶어서였다. 계숙이는 길가에서 호젓
이 떨어진 집에 방을 하나 빌려 술을 파는 여자였다.

근식이는 아내가 잠시 나간 틈을 타 기어이 주막을 찾는다. 돈이 없어 술 달라기를 망설이는데 눈치 빠른 계숙이는 곱게 술상을 차려 들고 들어온다.

> 돈이 없어서 미안하여 달라지도 않는 술이나 술값은 어찌되었든지 우선 한잔하란 것이었다. 막걸리를 화로에 거냉만 하여 따라 부며,
> "어서 마시게유, 그래야 몸이 풀리유." 하더니 손수 입에다 부어까지 준다.
> 그는 황감하여 얼른 한숨에 쭈욱 들이켰다. 그리고 한 잔, 두 잔, 석 잔…… 계숙이는 탐탁히 옆에 붙어 앉더니, 근식이의 얼은 손을 젖가슴에 묻어주며,
> "어이 차, 일 어째!" 한다. 떨고서 왔으니까 퍽이나 가여운 모양이었다.

계숙이는 몸이 풀린다며 어서 술을 마시라며 손수 입에 먹여주기까지 한다. 그것만이 아니다. 그녀는 근식이의 손이 차다며 자기 젖가슴을 내어주는 데도 인색하지 않다. 주막을 하는 여성들이 매상을 올리기 위해 스킨십과 같은 서비스를 적극적으로 이용했다는 것을 보여주는 장면이다.

여기에서 이전 시기 주막의 모습을 확인하는 일도 흥미로울 것 같다. 이광수의 『무정』에도 형식과 영채의 회상에 주막이 등장한다. 소설이 발표된 것이 1917년이니, 회상의 시점은 1900년 전후 정도된다. 당시에는 주막을 객점, 객줏집, 술막이라고 불렀는데, 형식은 처음 평양에 갔을 때 객줏집에서 묵는다. 거기서 저녁을 먹고 황화장수 무리와 같이 잠을 자려할 때다. 황화장수는 집집마다 찾아다니며 온갖 물건을 팔던 사람이니 억지로 바꾸면 '잡화행상' 정도 되겠다. 그런데 같이 자던 황화장수 한 사람이 돈을 줄 테니 같이 자자며 형식의 목을 안고 입을 맞추려고 한다.

또 영채는 외가에서 홀대를 받다가 아버지와 오빠들이 옥에 갇혀 있는 평양으로 떠난다. 가던 도중 배도 고프고 잘 데도 없어서 영채 역시 길가의 객점에 들어간다. 객점 주인에게 돈이 없으니 밥은 먹지 않고 자고만 가겠다고 하니, 주인은 안 된다고 했다. 그러자 손님 중 한 사람이 대신 밥값을 내 주는데, 그 손님은 나중에 영채를 겁탈을 하려는 사람으로 돌변한다.

『무정』에서 주막은 길을 가던 사람들이 술이나 밥을 먹고 잠을 자는 곳으로 그려진다. 술값이나 밥값을 내면 자는 데는 돈을 받지 않았다. 그 때까지 음식을 판다는 개념은 있었어도 숙박을 판다는 생각은 없었기 때문이다. 주막집 방은 여러 개가 아니라서 손님 모두가 같이 자는 방식이었다. 형식과 영채는 둘 다 주막에서 자다가 성적인 곤욕을 치를 뻔한다. 이는 주막에서 그런 일이 많이 벌어졌음을 말해주는데, 다른 한편으로 주막에서 따로 몸을 파는 여성을 두는 경우도 있었다고 한다.

김유정의 소설에 등장하는 주막은 더 이상 길손들을 손님으로 하지 않는다. 그렇기 때문에 손님이 자고 가는 경우도 드물었다. 주막은 마을 사람들에게 술을 파는 술집의 성격이 강했다. 식사를 제공하는 경우도 있었지만 그것보다는 값싼 안주를 놓고 술을 파는 데 치중했다. 「산골 나그네」와 「솥」에는 손님들의 술시중을 들고 스킨십과 같은 서비스를 제공하는 여성이 등장한다. 그 역할은 주모가 할 때도 있었고 따로 여성을 고용하는 경우도 있었다. 매상을 올려야 하는 주인의 입장에서도, 잔풀이를 하는 손님의 편에서도, 여성이 주막에 있는 것을 원했다.

원래 주막은 길손들에게 술과 안주를 파는 곳이었다. 판매하는 술은 주로 막걸리였고, 안주는 고기에서부터 간단한 요깃거리까지 있었다. 이후 술 없이 식사만을 판매하기도 했다. 앞선 언급처럼 술을 마시거나 식사를 하면 잠은 그냥 잘 수 있었다. 주막에 변화가 이루어진 것은 19세기 말이라고 한다. 도회에 위치한 주막은 더 이상 길손들에게 숙박을 제공하는 일은 하지 않았다. 주로 술과 음식을 팔았는데, 얼마 지나지 않아 술을 파는 술집과 음식을 파는 음식점으로 나누어지게 된다.

도회에서 주막의 흔적을 찾을 수 있는 곳은 선술집이다. 술 한 잔에 안주 하나를 곁들여 주는 선술집은 이미 4장에서 구경한 바 있다. 김유정의 소설에 등장하는 시골 주막에서도 변변치 않은 안주였지만 관행은 마찬가지였다. 그런데 시골 주막이 도회로 들어가 선술집이 되었다기보다는 그 반대였을 가능성이 높다. 시골 주막에서도 더 이상 길손을 손님으로 하지 않으면서 도회의 선술집과 같이 술과 밥을 파는 공간이 되었다는 것이다. 그 과정에서 점차 스킨십 등을 제공하며 술시중을 드는 여성을 고용하는 경우가 늘어났을 것이다.

2. 밥 한 끼 값으로 그 귀한 송이를

버섯 가운데 송이라는 것이 있다. 식감도 좋지만 향이 좋아서 상당히 비싼 버섯이다. 드물어서 그렇기도 한데, 송이가 등장하는 소설도 드물다. 김유정 소설에 나오는 송이 따는 장면에 주목하려는 이유도 거기 있다. 「만무방」이 그 소설인데, 1935년 7월 『조선일보』에 연재되었다.

소설의 제목인 '만무방'은 염치없이 막돼먹은 사람을 뜻한다. 소설의 중심인물이 '응칠이'니, 그가 바로 그런 사람인가 보다. 응칠이는 마땅한 직업이 없다. 일도 하고 싶으면 하고 그렇지 않으면 안 한다. 이건 좋다. 게다가 집도 없고, 아내도 없고, 자식도 없는 몸이다. 이건 좀 그렇다.

응칠이가 하는 일이 아주 없는 것은 아니었다. 송이가 모습을 드러내는 가을에는 송이파적을 하러 다닌다. 파적은 시간을 보내기 위해 어떤 일을 하는 것이니, 심심풀이로 송이를 땄다는 것이다. 송이는 깊은 산속에서야 모습을 드러내기 때문에, 응칠이는 이 골, 저 골을 마다않고 누비고 다닌다. 송이는 동해안과 맞닿아 있는 태백산맥과 소백산맥의 적송 숲에서 나온다. 가을에 소나무의 뿌리

소나무 아래서 자라난 송이버섯의 모습이다. 송이버섯이 자라기 위해서는 소나무는 물론이고 주변에 박달나무, 참나무, 철쭉나무도 있어야 한다.

에서 발아해 2주 정도 지나면 갓과 자루로 된 모습을 드러내니, 그때가 송이를 딸 때이다.

『동의보감』에는 송이가 오래된 소나무의 기운을 빌려 자란 것이라서 버섯 가운데서 으뜸간다고 되어 있다. 귀한 송이를 따는 것이니 잠깐 응칠이가 송이 따는 모습에 주목해 보자. 응칠이가 송이를 찾아내는 데 사용하는 것은 눈이 아니라 코다. 그는 송이가 있음직한 큰 소나무가 보이면 허리를 굽힌 채 나무 주위를 돌며 냄새를 맡았다.

운 좋게 송이 향을 맡고 다가가면 떨어진 솔잎에 덮여 무언가 솟아 있

는 것을 발견한다.

그 잎을 살며시 들어보니 송이 대구리가 불쑥 올라왔다. 매우 큰 송이인 듯. 그는 반색하야 그 앞에 무릎을 털썩 꿇었다. 그리고 그 위에 두 손을 내들며 열 손가락을 다 펴 들었다. 가만가만히 살살 흙을 헤쳐 본다. 주먹만 한 송이가 나타난다.

'얘, 이놈 크구나.'

손바닥 위에 따 올려놓고 한참 드려다 보며 싱글벙글한다.

운이 좋으면 인용처럼 주먹만 한 송이를 캐 싱글벙글할 때도 있지만 그런 경우는 드물었다. 대개는 송이를 캐고 '조금만 더 컸으면 좋았을 텐데…….' 하는 아쉬움을 느낀다. 응칠이는 깊숙한 골짜기도 마다하지 않고 이 산 저 산을 헤매며 송이를 캐지만 정작 그것을 먹지는 못한다. 장에 가져다 팔아야 하기 때문이다. 그는 2, 3일 정도 캐는 대로 집에 가져다 놓는 일을 반복해 한 꾸러미가 차면 장에 가서 팔았다.

그런데 그날은 어쩐 일인지 너무 배가 고파 응칠이는 자신이 캔 송이를 먹으려 한다. 금방 캔 송이의 맛과 향을 느껴보고 싶은 독자들은 위한 서비스인지도 모르겠다. 요즘으로 하면 자연산 송이 시식이 될 것이다.

「만무방」에 등장하는 응칠이의 모습이다. 소설에는 염치없이 막돼먹은 사람으로 그려졌는데, 가을에는 송이파적을 하러 다니기도 한다.

응칠이는 흐르는 냇물에 송이를 대충 씻어 허겁지겁 머리부터

입으로 가져간다. 입을 움찔거려 한 입 씹는 순간 송이향이 입안을 가득 메운다. 게다가 맛은 마치 혀가 녹을 듯 만질만질하다. 송이의 매력이 향 긋한 내음과 혀에 닿는 촉감에 있다고는 하는데, 금방 캐낸 송이의 향과 맛을 떠올려 보는 일은 힘들다.

자신이 직접 캐낸 송이를 맑은 냇물에 씻어서 바로 먹었으니 그 향과 맛이 얼마나 좋았을까? 하지만 독자들의 바람과는 달리 소설은 그렇지 않았다고 한다. 응칠이는 송이를 두 개를 먹고 나니 오히려 뭔가 속이 허전하다는 것을 느낀다. 그러자 머릿속에 떡, 국수, 말고기, 개고기, 돼지고기, 쇠고기 등 든든한 게 줄줄이 떠오른다. 늘 허기져 있으니 향이나 식감보다는 포만감을 느낄 음식이 간절했던 것이다. '금강산도 식후경'이라는 말처럼, 그에게는 '송이도 배부르고 나서'였던 것 같다.

요즘은 웬만해서는 자연산 송이를 구경하기조차 힘들다. 향내와 식감이 좋은 데다가 고단백, 저칼로리 식품이라서 더욱 인기가 있다. 또 토양, 기후 등 송이가 자라기 위한 조건은 까다롭기 그지없다. 소나무는 물론이고 주변에 박달나무, 참나무, 철쭉 등도 갖추어져야 겨우 모습을 드러낸다고 한다. 송이꾼들도 하루 12시간씩 다니면 겨우 한두 개 정도를 채취할 정도이니 귀한 음식임에 틀림없다.

이러니 가격이 비쌀 수밖에 없다. 최고로 기록된 가격은 1kg에 132만 원이었으며, 그렇지 않아도 좋은 송이는 1kg에 100만 원이 넘는다고 한다. 필자가 글을 쓰고 있는 지금도 1kg에 120만 원이 넘었다는 뉴스를 접한다. 독자들이 조금 더 편하게 이해하기 위해 다른 음식을 예로 들면 한우의 경우 최상급이 1kg에 20만 원에서 25만 원, 킹크랩의 경우는 12만 원에서 15만 원 정도이다.

그렇다면 응칠이는 송이를 팔아서 얼마를 벌었을까? 지금 같은 가격이면 가을 한철 일해서 큰돈도 벌 수 있었을 것 같다. 「만무방」에는 송이한 꾸러미를 장에 가져가면 많이 받는 날은 40전, 그렇지 못하면 25전 정도를 받았다고 되어 있다. 그런데 한 꾸러미라고 하니 거기에 송이가 몇개 들었는지, 무게가 얼마인지 짐작하기 힘들다.

　그런데 응칠이는 '염치없이 막돼먹은 사람'인지는 모르겠지만 독자들이 궁금해하는 것이 무엇인지는 아는 듯하다. 송이를 캐던 응칠이는 배가 고파 근처 주막에 들른다. 그는 허겁지겁 술과 밥으로 허기를 채운다. 앞서 시골 주막에서 막걸리 한 잔에 5전을 받았다는 것을 확인했는데, 밥도 5전이었다. 응칠이는 술 한 잔에 밥 한 그릇을 먹었으니 10원어치를 먹은 것이었다.

　먹은 후 돈이 없는 응칠이는 송이로 셈을 치러야 했다. 세 개를 내놓자 주막 노파는 탐탁해하지 않는다. 응칠이는 '한 개에 3전씩 치더라도 9전밖에 안되니 그렇겠지.' 하며 어쩔 수 없이 한 개를 더 내 놓는다. 주막집에서 치른 셈은 당시 송이 하나가 3전 정도였음을 말해준다. 그렇다면 캐낸 송이를 2, 3일 모아 장에 가져간 꾸러미에는 대개 송이가 10, 11개 정도 들어 있었을 것이다.

　기왕 이야기가 나왔으니 당시 시장에서 송이 가격도 알아보자. 1937년 10월 『조선일보』에는 농수산물의 가격에 대한 기사가 실려 있다. 거기에 송이 300g이 좋은 것은 도매 44전, 소매 56전, 보통 것은 도매 28전, 소매 36전에 팔린다고 되어 있다. 송이 하나가 대개 50g에서 60g이니 시장에서는 하나에 10전 정도 했나 보다. 응칠이는 하나에 3전에 팔았는데 10전을 받았던 것으로 보면, 유통비가 몸값보다 비싼 것은 그때도 다르

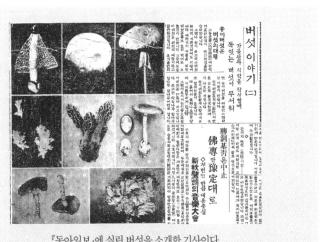

『동아일보』에 실린 버섯을 소개한 기사이다.
'송이버섯은 버섯의 대왕'이라는 부제가 눈에 띈다.

지 않았던 것 같다.

송이 가격이 어느 정도인지 알기 위해 기사에 실린 다른 것들의 가격도 곁눈질 해보자. 달걀은 10개에 상품은 55전, 보통은 50전이었다. 또 밤은 한 되에 25전, 사과는 한 개에 4전, 명란은 300g에 22전 정도였다. 요즘으로 하면 송이 하나에 3,000원, 달걀 하나에 1,500원, 사과 한 개에 1,200원, 명란은 300g에 6,500원 정도가 된다.

그러면 송이 하나 값이 달걀 두 개, 밤 1/3되, 사과 두 개, 또 명란 120g의 가격임을 알 수 있다. 그럴 리 없겠지만 혹시라도 선택할 기회가 온다면 나는 송이를 먹을 것이다. 지금과 비교도 되지 않을 정도로 쌌기 때문은 아니다. 송이의 향내와 식감을 느껴보고 싶어서인데, 솔직히는 싸기 때문이다.

여기에서 응칠이가 송이파적을 했을 때 송이 가격은 비싸지 않았다는 것을 알 수 있다. 그런데 요즘은 왜 이렇게 구경도 못 할 정도로 비싸졌을까? 거기에는 송이를 예전보다 구하기 힘들다는 점이 작용하고 있다. 앞서 송이는 소나무를 비롯해 박달나무, 참나무 등이 있어야 하는 등 자라기 위한 조건이 까다롭다는 것을 확인한 바 있다. 근래에는 산림이 줄어들고 토양의 변화가 일어났으니 전체 생산량 자체가 줄어들었다는 것이다.

또 하나의 이유는 송이 대부분이 수출되는 것과 관련이 있다. 수출은 이른 시기부터 이루어져 1930년대에 이미 일본에 수출되었다. 당시 기사에는 설악산에서 나는 송이가 멀리 일본에 가서 팔린다고 되어 있다. 그러다가 1970년대 이르면 한국에서 채취되는 송이 전량을 일본에 수출한다는 기사가 등장한다. 지금 식탁에 주로 오르는 양송이의 재배가 활성화된 것은 송이 수확이 예전 같지 않고 수출과 함께 가격이 급등하는 과정과 맞물려 있었다.

3. 느 집엔 이런 감자 없지?

김유정 소설이 하층민을 많이 다루어서 그런지 감자로 끼니를 때우는 경우도 종종 등장한다. 김유정의 소설로는 「봄 봄」과 함께 가장 많이 알려진 소설로 「동백꽃」이 있다. 많이 알려진 데는 두 소설이 중·고등학교의 교과서에 실려 있다는 사실이 작용하고 있다. 그것은 교과서를 만드는 사람들이 두 소설이 중·고등학생이 읽기에 적당한 소설이라고 생각했다는 것을 말한다.

「동백꽃」은 1936년 5월 『조광』이라는 잡지에 실렸다. 「동백꽃」에서 '나'는 '점순이'가 마음에 들지 않는다. 먼저는 점순이네가 마름집이라서 그렇다. 마름은 지주가 직접 관리하기 어려운 토지와 소작농을 관할했던 인물이다. 소작농을 평가해 다음해 소작을 얼마나 줄 것인지를 결정하고 심지어 뺏기까지 해 무시 못할 영향력을 지니고 있었다.

『조광』에 실린 「동백꽃」의 시작 부분이다. 그림의 인물은 '나'와 티격태격하는 점순이다.

식민지시대 소설 가운데 마름이 가장 생생하게 그려진 작품은 이기영의 『고향』이다. 마름 안승학이 등장하는 『고향』에 대해서는 다음에 기회가 있으면 살펴보겠다. 하지만 「동백꽃」에서 '나'의 답답함을 보면 점순이네가 마름집이라서 꺼렸던 것 같지는 않다. 정말 싫었던 것은 자기네 수탉이 점순이네 수탉에게 쪼여서 주둥이를 땅에 박으며 '킥! 킥!' 거리며 피를 흘리는 것이었다.

점순이가 자기네 수탉을 잡을 듯이 괴롭게 된 것은 '감자' 사건 때문이다. 나흘 전 집에 온 점순이는 웬일인지 제 집 쪽을 할금할금 돌아보며 "느 집엔 이거 없지?" 하면서 치마 속에서 뭘 불쑥 내민다. 더운 김이 모락모락 올라오는 구운 감자였다. 굵은 놈으로 세 개나 내밀면서 다른 사람 오기 전에 얼른 먹으라고 했다.

그런데 '나'는 고개도 돌리지 않고 밀어버리면서 "난 감자 안 먹는다. 너나 먹어라."고 했다. 몹시 배가 고팠던 데다가 구운 감자 냄새가 솔솔 나서 사실 먹고 싶긴 했다. 그런데 "느 집엔 이거 없지?"라는 말에 빈정 상했던 것이었다. 그때였다. 점순이의 숨소리가 심상치 않게 거칠어지고 얼굴이 홍당무처럼 새빨개진 것은.

그 일 이후 자기네 수탉은 점순이네 닭에게 곤욕을 치른다. '나'는 싸우기만 하면 너덜너덜해지는 닭이 마치 자기 같아서 더 괴롭다. 닭에게 고추장을 먹인 것도 고추장이 병든 황소에게 뱀을 먹인 것처럼 기운이 뻗치게 한다는 말을 들어서였다. 하지만 자기네 닭은 고추장을 먹고도 점순이네 닭에게 연신 곯았다.

'나'는 고추장이 부족해서라고 생각하고 억지로 더 먹인다. 그랬더니 닭은 고개를 뒤틀고 뻐드러져서는 일어나지 못한다. '나'는 그것이 고추장으로 될 문제가 아니라는 것을 몰랐다. 그리고 '나'가 정말 몰랐던 것은 점순이의 마음이었다. 교과서에 실린 「동백꽃」을 읽는 중·고등학생들도 모두 알고 있는 건데, '나'만 몰랐던 것이다.

소설 「소낙비」와 「솥」에도 감자가 등장한다. 「소낙비」는 1935년 1월부터 2월까지 『조선일보』에 연재된 소설이다. 「소낙비」에서 '춘호'는 오막살이 방문턱에 앉아 턱을 괴고 아내를 노려보고 있다. 아내는 남편의 애타는 마음을 아는지 모르는지 감자 씻는 데 여념이 없다.

춘호는 땅이 없어 농사를 짓지 못하고 뻔뻔히 놀고 있다. 진저리나는 산골을 떠나 경성으로 가려 하지만 그러려면 먼저 이 집 저 집에서 빌린 빚부터 갚아야 한다. 남편이 놀고 있으니 아내가 산에 가서 도라지나 더덕을 캐거나 남의 보리방아를 찧기도 했다. 하지만 그거로는 끼니를 연명하기도 힘들었다. 아내가 감자를 씻은 것도 저녁거리가 없어서 감자로 때우려던 것이었다.

　춘호는 사나흘 전부터 아내에게 돈 2원만 해달라고 성화를 부렸다. 밤마다 큰 노름판이 벌어진다는 기미를 알고 밑천을 마련하려 아내를 들볶았던 것이다. 남편의 성화에 볶이지만 아내도 돈을 만들 별다른 구멍이 없었다. 그나마 구멍은 예전 같은 마을의 쇠돌 엄마처럼 동네 이 주사와 배를 맞추고 돈을 받는 것뿐이었다.

　남편의 재촉에 아내는 소낙비를 맞으며 쇠돌 엄마네를 찾았다. 그런데 정작 쇠돌 엄마는 없고 얼마 안 있어 이 주사가 들이닥친다. 몹쓸 '봉변'이자 '지랄'이었지만 아내는 천행으로 바라던 바를 이루게 된 것이었다. 소낙비에 젖어 돌아온 아내는 춘호가 또 들볶자 내일 돈이 된다고 한다. 노름할 생각에 몸이 단 남편은 "꼭 되어?"라며 확답까지 받는다. 아내가 다시 끼니를 때울 감자를 삶으려 하자 춘호는 "병 나, 방에 들어가 어여 옷이나 말리여. 감자는 내 삶을게."라며 자상한 남편으로 돌변한다.

　춘호와 아내는 그날 밤 오랜만에 운우지정을 나눈다. 다음 날 춘호는 이 주사를 만나러 가는 아내를 배웅하는데, 실패 없도록 모양내 보내는 모습 역시 독자의 기대를 저버리지 않는다.

아내가 꼼지락하는 것이 보기에 퍽으나 갑갑하였다. 남편은 아내 손에서 얼래 빗을 쑥 뽑아 들고는 시원스레 쭉쭉 내려 빗긴다. 다 빗긴 뒤, 옆에 놓인 밥사발의 물을 손바닥에 연신 칠해 가며 머리에다 번지르르 하게 발라 놓았다. 그래 놓고 위에서부터 머리칼을 재워 가며 맵시 있게 쪽을 딱 질러 주더니 오늘 아침에 한사코 공을 들여 삼아 놓았던 짚신을 아내의 발에 신기고 주먹으로

자근자근 골을 내주었다.

"인케 가 봐!"하다가 "바루 곧 와, 웅?" 하고,

남편은 그 2원을 고이 받고자 손색없도록, 실패 없도록 아내를 모양내 보냈다.

「솥」은 시골 주막을 알아보면서 잠시 들여다본 적이 있다. 「솥」은 1935년 9월 『매일신보』에 연재된 소설이다. 근식이는 계숙이네 주막에 가고 싶어 몸이 달아 있다. 마음이 주막에 가 있으니 집에 신경을 안 써, 가을 치받이를 하지 않은 천장에서 찬바람이 새어든다. 치받이는 원래 서까래 위에 산자를 엮어 지붕을 이고 흙을 바르는 일을 뜻한다. 여기서는 가을을 맞아 지붕을 다듬는 일 정도로 생각하면 되겠다. 찬바람이 들어오니 아이는 추위와 허기에 헌옷을 들쓰고 앉아 칭얼거린다.

아내는 온종일 방아다리에 시달려 다리가 모로 늘어지고 사지가 뒤틀렸다. 그런데도 칭얼거리는 아이를 보고는 부지런히 감자를 구워 먹인다. 아직 젖먹이를 벗어나지 못한 아이에게 구운 감자를 먹였던 것은 다른 요깃거리가 없어서였다. 근식이는 자식이 밥을 먹든 감자를 먹든 오로지 주막에 갈 생각밖에 없다. 돈이 없으니 집안 물건을 갖다 주고 술을 마셨는데, 심지어 맷돌짝에다 아내의 속곳까지 없어진 지 오래다. 이제 들고 나갈 거라고는 매함지박과 키 조각만 남았다. 아내 역시 남편의 행동을 알고 기가 막히지만 잠자코 아이에게 감자만 먹인다.

근식이는 아내가 잠깐 나간 틈을 타 부리나케 함지박을 챙겨 주막으로 향한다. 앞에서 계숙이가 술도 먹여주고 젖가슴도 안겨주는 것은 여기에 이어지는 장면이다. 옆 페이지의 이미지는 『매일신보』에 연재될 때 근식이가 계숙이네 주막에서 노닥거리는 모습이다.

『매일신보』에 연재될 때 「솥」의 삽화이다.
계숙이가 근식이에게 술상을 봐 와 노닥거리는 모습이다.

술시중을 들던 계숙이는 농민회 사람들이 마을에서 나가라고 했다며
다음 날 떠나겠다고 한다. 그랬더니 근식이는 자기도 꼭 따라가겠다고
계숙이를 졸라 다시 한 번 독자들의 눈살을 찌푸리게 만든다.

한술 더 떠 근식이는 살림하려면 그릇이 있어야 한다며 집에 가서 솥
까지 챙겨 온다. 소설의 제목이기도 한 '솥'은 아내를 맞아들일 때 한평
생 같이 살자며 읍에서 산 것이었다. 심지어 솥만 아니라 수저 세 자루 중
아들 것만 남기고 두 자루도 들고 나왔다. 다시 주막을 찾은 근식이는 기
대에 부푼 채 날이 새기를 기다리다가 깜빡 잠이 들고 만다.

근식이의 밉쌀 맞은 바람이 이루어졌는지 조금 더 살펴보자. 날이 밝
자 그들은 예정대로 떠나는데 일행이 하나 늘었다. 먼저 아이를 포대기
에 싸서 업은 것은 계숙이다. 그런데 근식이 집에서 하나둘씩 꺼내온 솥,

맷돌, 함지박을 진 사람은 근식이가 아니라 계숙이의 남편이었다. 잠시 자는 동안 계숙이 남편이 돌아온 것이었다. 근식이는 그 옆에 우두커니 서서 어찌 할 바를 모르고 있다.

근식이의 아내가 두 주먹을 흔들며 헐레벌떡 뛰어온 것은 그때였다. 아내는 계숙이에게 왜 남의 솥을 훔쳐 가느냐며 따졌다. 그러자 계숙이는 독살이 올라 누가 훔쳐 가느냐며 갖다 줘서 가져간다며 소리를 지른다. 계숙이 부부는 미련이 없다는 듯 한번 돌아보지도 않고 떠나가고 그때서야 아내는 털썩 주저앉으며 울음을 놓는다. 구경꾼들 사이에서 근식이는 아내를 잡아 일으키며 "아니야, 글쎄. 우리 것이 아니라니깐 그러네, 참!" 하며 울상을 짓는다.

「소낙비」와 「솥」에서 감자는 끼니를 때우는 음식으로 등장한다. 「소낙비」의 서두에서 저녁거리로 감자를 씻던 아내는 소낙비를 맞으며 쇠돌 엄마 집에 가서 바라던 바를 이룬 날도 감자를 삶으려 한다. 감자로 끼니를 때우는 것이 빈번했음을 말해주는 것이다. 「솥」에서도 근식이의 아내는 추위와 허기에 지친 아이에게 감자를 구워서 먹인다. 젖도 못 뗀 아이에게 감자를 구워서 먹이는 것을 보면 다른 변변한 먹을거리가 없었음도 알 수 있다.

감자가 조선에 들어온 것은 1800년대 초였는데, 그 후 얼마 지나지 않아 조선 대부분의 지역으로 파급되었다. 처음 들어왔을 때는 '북저', '북감저', '토감저' 등으로 불렸는데, 그것은 먼저 유입된 고구마가 이미 '감저'라는 이름을 차지하고 있었기 때문이다. 도입 초기 중앙 관리들은 농민들이 기존 곡물 재배하는 것을 등한시할까 감자 재배를 적극적으로 권장하지 않았다. 하지만 농민들은 감자의 여러 이점을 알고 관에 알리지 않은 채 재배를 시작해 얼마 지나지 않아 대부분의 지역으로 퍼져 나갔다.

조선 후기의 학자 이규경은『오주연문장전산고五洲衍文長箋散稿』라는 책을 편찬했다. 조선을 비롯한 여러 나라의 예전과 지금의 물건에 대해 소개와 해설을 한 책이었다. 거기에는 감자가 조선에 유입된 지 얼마 안 됐는데도 곳곳에 재배를 하는 농민들이 늘었다고 되어 있다. 농민들이 감자를 재배해 흉년에 기아도 면하는 한편 경제적인 이익도 얻는다는 것이다. 당시 감자는 줄기만 꽂아 둬도 살아난다고 할 정도로 재배가 쉬워 백성을 구제할 기이한 것으로 평가되기까지 했다. 이에 반해 고구마는 19세기에 이르기까지 구황작물로서 자리를 잡지 못했다. 그것은 무엇보다 기후에 민감해 재배하기 까다롭다는 속성과 주식으로 삼기에 꺼려졌던 단맛 때문이었다.

그런 상황은 이 책이 관심을 지닌 식민지시대에도 마찬가지였던 것 같다. 1920년대 경기도 지방의 감자 수확량은 고구마 수확량의 4배가 넘었으며, 판매된 감자는 고구마의 9배에 달했다. 감자에 대해서는 1925년 8월『조선일보』기사에서 평안남도의 화전민을 다루면서도 언급되었다. 평안남도에 있는 화전민의 숫자가 10만 명이 넘는데 그들은 산비탈 모래바닥에서 쌀을 재배하지 못해 감자로 연명한다는 것이다.

1926년 8월『동아일보』에 실린 기사 역시 고구마가 남부의 일부 지역에서 열등한 품종이 재배되는 데 반해 감자는 전국 각지에 보급되었다고 했다. 전국적으로 보면 감자가 고구마에 비해 재배 면적은 4배 정도 넓고, 수확은 4.5배 정도 많았다고 되어 있다. 감자의 부각에 반해 고구마는 식민지시대에도 간식거리나 군것질거리에서 크게 벗어나지 못했다.

신문 기사는 길거리에 나가보면 고구마를 납작납작하게 구워 파는

'기리야끼きり焼き'나 쪄서 파는 '찐고구마'가 아이들의 식욕을 자아낸다고 했다. 다른 기사는 여름 긴 낮에 아이스크림 장사를 생각한다면 겨울 긴 밤에는 길에서 떠는 고구마 장사를 연상하게 된다고도 했다. 여름철 대표 간식이었던 아이스크림처럼 고구마가 겨울철 대표 간식으로 자리를 잡았음을 말해준다. 고구마가 조선인이나 외국인이나, 어른이나 어린이나, 남자나 여자나, 모두에게 겨울밤 값싼 야식거리라는 언급 역시 마찬가지다.

그런데 「동백꽃」에서 나를 골나게 만든 점순이의 말은 "느 집엔 이거 없지?"라는 것이었다. 그것은 감자마저도 흔한 음식이 아니었음을 말해준다. 앞서 잠시 언급했던 이기영의 『고향』에는 '술지게미'라는 것이 등장한다. 막걸리를 빚으면 찌꺼기가 남는데 그것을 '술재강' 혹은 '술비지'라고 부른다. 거기에 물을 섞어 알코올 성분을 없애고 남은 찌꺼기가 술지게미다.

예전에는 가축에게 주는 사료가 변변치 않아서 주로 가축을 키우는 사료로 썼다. 『고향』에서는 원터마을 사람들이 술지게미를 구하기 위해 아침부터 장터 근처 양조장에 줄을 서 있다. 그런데 그들이 사는 술지게미는 가축에게 먹이는 것이 아니라 자신들이 먹을 것이었다. 마을 사람들은 양식이 떨어지면 콩깻묵으로 죽을 쑤어 먹었는데, 거기에 비하면 술지게미가 훨씬 나았기 때문이다. 이러한 사정을 생각해 보면 "느 집엔 이거 없지?"라는 점순이의 말에 고개를 끄덕일 수 있을 것이다.

4. 그들은 '성Sexuality'에 헤프지 않았다

「산골 나그네」에서 주막 주인은 나그네가 머물러 주길 바란다. 거기에는 노총각인 아들과 짝을 맺길 바라는 마음도 담겨 있다. 하지만 주막 주인의 간절한 바람은 이루어진 것 같지 않다. 주막 주인은 급하게 날을 받아 아들의 혼례를 치르는 데까지는 성공한다.

그런데 그날 밤 나그네는 아들의 인조견 조끼와 옥당목 겹바지를 훔쳐서 달아난다. 서둘러 마을 외진 곳에 있는 물레방앗간으로 가는데, 거기서 나그네를 기다리고 있는 사람은 병든 남편이었다. 은비녀는 두고 떠났지만, 의도의 좋고 나쁨을 떠나, 결과는 나그네가 주막 주인과 노총각 아들을 속였던 것이다.

「소낙비」에서 아내는 2원을 받기 위해 다시 이 주사를 만나러 간다. 만나기만 하는 것이 아닐 것임은 아내도, 남편 춘호도, 그리고 독자들도 알고 있다. 그런데도 남편은 오히려 아내의 머리에 물을 칠해 주며 잘하고 오라고 격려까지 한다. 「솥」에서 계숙이는 날이 밝자 아이를 업고 '진짜' 남편과 함께 마을을 떠난다. 근식이가 집에서 내온 물건들은 빠짐없이 챙겨 남편이 메고 있다. 뒤늦게 달려와 솥을 내놓으라며 우는 아내에게 근식이가 할 수 있는 것은 자기네 솥이 아니라는 뻔한 거짓말뿐이다.

이렇듯 김유정 소설을 메우고

「소낙비」에서 춘호의 아내는 이 주사를 만나 천행으로 바라던 일을 이루게 된다. 화질 상태가 좋지는 않지만 이미지는 그날 밤 춘호 부부가 오랜만에 운우지정을 나누는 모습이다.

있는 것은 당시 농민들의 궁핍하고 고단한 모습들이다. 소설에 등장하는 음식도 마찬가지이다. 「산골 나그네」의 시골 주막에서는 짠지, 동치미, 고추장 등을 안주로 해 막걸리를 마신다. 「만무방」에서 응칠이는 송이를 캐지만 팔 것이기에 정작 자기는 먹지 못한다. 배가 고파 먹어 봤더니 웬걸 오히려 떡, 국수, 고기가 당긴다. 「소낙비」에서는 감자를 먹는 장면이 자주 등장하는데, 「솥」에서 젖도 못 뗀 아이에게 감자를 구워 먹이는 것을 보면 다른 먹을거리가 없었다는 것을 알 수 있다.

그런데도 소설이 어둡게만 그려지지 않은 것은 작가 특유의 '해학諧 謔' 덕분이다. 해학은 웃음을 통해 갈등을 해소하는 기법인데, 실제 그것은 '아이러니Irony'와 관련되어 있다. 아이러니는 행위와 결과의 어긋남, 외관과 실제의 엇갈림 등 어쩔 수 없는 간극을 통해 나타난다. 며느리로 받아들여 술도 팔고 아들의 노총각 신세도 면하게 하려는 주막 주인의 바람은 병든 남편을 챙겨야 하는 나그네의 처지와 어긋나게 된다. 계숙이와 마을을 떠나 새 살림을 차리려는 근식이의 바람 역시 남편이라는 작자의 등장으로 갈 곳을 잃는다.

아이러니는, 바닥없는 어둠이나 비참으로 떨어지려는 소설에 긴장감을 불어넣거나 웃음을 유발하는 장치라는 점에서, 김유정 소설의 두드러진 특징이기도 하다. 하지만 아이러니가 온전한 역할을 했는지 알기 위해서는 어긋남이나 엇갈림을 조금 더 조심스럽게 들여다볼 필요가 있다. 소설에서 왜 어긋남이나 엇갈림이 나타났는지에 대한 질문이 요구된다는 것이다.

분명한 사실은 김유정 소설에 등장하는 인물들이 도덕이나 윤리에 무심하다는 것인데, 특히 '성Sexuality'의 문제와 관련해서 그렇다. 「산골

「나그네」에서 나그네는 병든 남편을 돌보기 위해 제 발로 주막을 찾아들어 손님들의 술시중을 들고 나중에는 옷과 세간을 훔쳐 달아난다. 「소낙비」에서 아내는 돈 2원을 벌기 위해 이 주사와 배를 맞추는데 남편 춘호는 한술 더 떠 머리에 물을 칠해 주며 잘하고 오라고 부추긴다. 「솥」에 등장하는 계숙이는 남편이 버젓이 있음에도 근식이를 꼬드겨 술값으로 가져온 살림을 차지했다.

이들에게 나타나는 윤리나 도덕의 부재는 보통 식민지시대 하층민의 궁핍이나 빈곤과 관련해 파악된다. 혹은 그것을 그들의 순박함과 연결시키는데, 사실 둘은 동전의 양면이기도 하다. 물론 앞선 행위들은 그들이 처한 곤궁이나 궁핍과 무관하지는 않을 것이다. 하지만 따져 봐야 할 것은 그것이 정말 그들의 모습인지 아니면 작가가 그럴 거라고 생각하는 표상인지 하는 문제다.

작가는 소설에 등장하는 나그네, 춘호의 아내, 계숙이를 성에 대한 윤리나 도덕에 무지한 인물로 그리고 있다. 또 그것을 그들의 본능에 충실한 순박한 모습이라고 얘기하고 있다. 그것은 김유정뿐 아니라 당시 지식인들의 하층민에 대한 일반적인 생각이기도 했다. 대부분의 독자들은 김동인의 「감자」에서 복녀가 비참한 최후를 맞이한 것이 가난 때문이라고 생각한다. 하지만 작가는 복녀의 파국이 작업 감독, 빈민굴의 거지들, 왕 서방 등으로 이어지는 성적 욕망과 타락, 또 그것의 부정성을 알지 못했다는 무지 때문임을 분명히 한 바 있다.

하지만 그들 하층민은 성에 대한 윤리나 도덕에 무지하지 않았다. 순박했을 수는 있지만 그 순박은 작가가 연결시킨 성에 대한 방종보다는 윤리나 도덕 쪽에 가까웠다. 어쩔 수 없어서 그랬던 것이지, 몰라서 혹은 좋아해서 그랬던 것은 아니라는 것이다. 그들이 감자로 끼니를 때우고 짠지나 김치를 안주로 술을 마셨던 것도 먹을 것이 없어서였지, 그것이 하찮은 음식인 줄 모르거나 좋아해서 그랬던 것은 아니었다.

하층민이 성에 대한 윤리나 도덕에 무지하다는 것은 식민지시대 지식인이 지녔던 생각일 뿐이었다. 사실 무지나 순박을 핑계로 소설에 그려진 성적인 일탈들, 곧 이 손님, 저 손님에게 성애적인 서비스를 하는 것, 또 돈을 받기 위해 이 주사와 관계를 하는 것 등은 지식인 자신들의 욕망을 하층민에게 투사한 것이기도 했다.

에드워드 사이드Edward W. Said는 중심부에 대한 주변부의 과도한 모방을 양자affiliality로 입양되는 것을 통해 설명한 바 있다. 부모에 대한 과도한 모방은 친자보다 양자에게 더욱 분명하게 나타나는데, 완전한 결연을 맺어 정말 가족이 되고자 하는 욕망 때문이라고 했다. 하지만 양자의 과도한 모방은 대가 역시 필요한데, 입양을 위해 떠나온 곳에 대한 강한 부정이 그것이다.

김유정 소설에서 하층민을 통해 성에 대한 관심이나 갈망을 드러내는 것은 사실 작가를 비롯한 지식인들의 욕망을 하층민에게 떠넘기는 작업이었다. 그 작업을 통해 지식인들은 자신이 지닌 성적 욕망이 부정적인 것이라는 관념의 굴레에서 벗어나게 된다. 하지만 에드워드 사이드의 언급처럼 그 작업은 대가를 필요로 했는데, 입양을 위해 떠나온 성적 욕망에 대한 강한 부정이 그것이었다.

DESSERT

그때는 송이를 어떻게 요리했을까?

식민지시대에는 송이버섯을 '산적散炙'으로 만들어 먹는 것이 일반적이었다. 식민지시대 대표적인 조리서인 『조선요리제법』과 『조선무쌍신식요리제법』에 나타난 송이산적의 조리법에 대해 소개하겠다.

『조선요리제법』의 송이산적

〈재료〉

송이 여섯 개, 간장 두 숟가락, 고기 반근, 깨소금 한 숟가락, 후추 조금, 기름 반 숟가락, 꼬챙이 적당히

〈조리방법〉

1. 고기와 송이는 두 치 길이, 두 푼 넓이, 두 푼 두께로 썰어라.

2. 이 우에 얹는 양념들을 넣고 잘 섞어라.

3. 꼬챙이에 곁들여 꿰어서 굽나니라.

『조선무쌍신식요리케법』의 송이산적

〈조리방법〉

1. 연한 고기를 두툼하고 넓게 켜며서 간장, 기름, 깨소금, 후춧가루를 넣어 주물러 놓아라.

2. 고기를 도마에 펴 놓고 칼로 다시 커미고 두드려가며 기름, 파, 깨소금을 뿌려 켜켜로 놓았다가 석쇠에 구워라.

3. 송이는 쪼개어 크거든 둘로 잘라라.

4. 격지격지 꿰어 굽는데 이것도 각각 꿰어 구어야 송이가 타지 않나니라.

7장
—
소외된 식탁

-이상의 「날개」(1936)

APPETIZER

식민지시대 작가 가운데 이상만큼 인기가 있는 작가도 드물다. 거기에는 난해한 내용, 준수한 외모, 그리고 무엇보다 그의 요절이 작용하고 있다. 세상을 떠났을 때 그의 나이는 28세에 불과했다. 그렇다고 독자들이 처음부터 이상을 좋아했던 것은 아니었던 것 같다. 「오감도」가 『조선중앙일보』에 실렸을 때 '미친 수작 그만하라'는 항의가 거셌다는 것을 보면 그렇다.

「날개」만 봐도 이상의 남다름은 예사롭지 않다. 당시는 다른 작가들이 생경한 연애의 한쪽 면에만 얽매여 허덕이고 있을 때였다. 그런데 그는 현대에는 연애 역시 사고파는 일에 불과하다고 의뭉스럽게 얘기한다. 그것도 자신의 부재를 전제해서만 가능하다고…….

이상 소설에서 음식을 살펴보는 일도 기대를 갖게 한다. 33번지에 사는 18가구의 밥상부터 아내가 손님을 받는 동안 전전해야 했던 경성역 티룸의 메뉴까지. 또 커피나 맥주가 어울릴 것 같은 이상이 선술집 마니아였다는 사실을 확인하는 것 역시 흥미롭다.

일본이 패전을 앞둔 시기 검거되었다가 신병으로 풀려난 이상은 다시 몸을 일으키지 못했다. 죽어가면서도 레몬을 먹고 싶다고 했다니 그것 역시 이상답다. 지금까지도 그를 좋아하는 독자들이 많지만, 유별난 그는 자신의 요절을 위로하는 독자들도 탐탁해하지 않을 것 같다.

1. 33번지의 18가구

이상의 소설 「날개」의 공간적 배경은 똑같은 구조에 18가구가 살고 있는 33번지이다. 그중 하나에 '나'와 아내가 살고 있다. '나'는 다른 사람들과 놀지도 않고 인사도 안 하며 자신의 방에만 머문다.

방은 장지를 통해 두 개로 나누어져 있다. 그나마 해가 조금 드는 아랫방이 아내의 것이고, 해가 안 드는 윗방이 '나'의 방이다. 하지만 '나'는 침침한 자신의 방에 만족하고 있다. 아내는 무슨 일을 하는지 남들이 퇴근하는 저녁 일곱 시쯤 다시 세수를 하고 깨끗한 옷을 차려입고 외출한다.

'나'는 아내가 나가면 아내의 방에서 시간을 보내는 때가 많다. '지리가미', 곧 손잡이가 달린 거울을 가지고 놀기도 하고, 화장품 마개를 열어 아내의 어디서 그 냄새가 났던가 생각해 보기도 한다. 또 벽에 걸린 치마를 보고 아내의 몸을 떠올리며 '점잖지 못한' 생각을 할 때도 있다.

33번지에 사는 사람들과 인사도, 얘기도 안 하지만, 그래도 '나'는 그들에게 관심은 있다. 33번지에 사는 사람들은 모두 꽃과 같이 젊으며, 밤에는 안 자고 낮에 침침한 방에서 잤다. 아마 대부분 아내와 같은 일을 하는 것 같다. 그래서 '나'에게는 그 33번지가 유곽이라는 느낌이 없지 않았다.

「날개」에는 식탁이 잘 등장하지 않는다. 그나마 그려져 있는 것은 아래와 같은 정도이다.

아내가 밥을 짓는 것을 나는 한 번도 구경한 일은 없으나 언제든지 끼니때면

내 방으로 내 조석 밥을 날라다 주는 것이다. ……중 략…… 이 밥은 분명 아내가 손수 지었음에 틀림없다. 그러나 아내는 한 번도 나를 자기 방으로 부른 일은 없다. 나는 늘 윗방에서나 혼자서 밥을 먹고 잠을 잤다. 밥은 너무 맛이 없었다. 반찬이 너무 엉성하였다.

아내는 끼니때면 밥을 차린다. 하지만 같이 먹지는 않고 '나'의 방에다 차려준다. 아내가 차린 밥은 너무 맛이 없었고 반찬은 너무 엉성했다. 그나마 엉성한 반찬이 무엇이었는지 궁금하지만, 아내에게 혼날까 그랬는지 '나'는 얘기해 주지 않는다.

2. 그들의 먹을거리, 비웃과 두부

(1) 비웃은 석쇠에 센 불로 구워야

하지만 「날개」에는 엉성한 반찬을 유추할 수 있는 대목도 있다. 낮에 조용하던 33번지는 저녁이 되면 활기를 띤다. 저녁이 되면 뜨물 냄새, 비누 냄새 같은 여러 냄새가 나는데, 그중 하나가 비웃 굽는 냄새라고 했다. 그런데 여기서 '비웃'은 무엇일까?

비웃은 '청어'를 가리키는 말이다. '푸른 생선靑魚'이라는 이름은 몸의 빛깔을 보고 붙인 것이다. 누어, 등어, 고심청어, 구구대 등 청어를 부르는 이름은 다양했다. 아마 생선 중 가장 많은 이름을 가졌는지도 모를 정도이다. 『명물기략名物紀略』이라는 책에는 '비유어肥儒魚'라고 기록되어 있는데, 값이 싸고 맛있어서 가난한 선비들을 살찌게 한 데서 온 이름이라고 한다. 맞는 것 같기도 하고, 억지스러운 것 같기도 하다.

비웃이 가장 많이 나는 때는 겨울이 지나가는 2월과 3월이었다. 무침, 찜, 조림 등 다양한 방법으로 조리했고 살만 발라 죽을 만들어 먹기도 했다. 하지만 가장 흔하게는 구워서 먹었다. 1936년 10월 『조선일보』에는 비웃을 맛있게 굽는 방법이 소개되어 있다. 먼저 작은 생선은 꼬챙이에 꿰서 구우면 살이 덜 부스러지고 민물생선은 불 멀리서 구워야 한다고 했다. 이에 반해 비웃은 기름이 많아서 석쇠에 올려 센 불에다가 기름이 뚝뚝 떨어지고 연기가 뭉게뭉게 나도록 구워야 맛도 있고 비린내도 덜 난다는 것이다.

근데 연기가 뭉게뭉게 나도록 구우면 맛은 좋을지 모르지만 냄새도 퍼질 테니까 주변 이웃에게는 민폐였을 것 같다. 그렇게 구워서 33번지에 비웃 굽는 냄새가 많이 났는지도 모르겠다. 그런데 대개는 뭉게뭉게 연기까지 피우지는 않고 설렁설렁 소금을 뿌려 대충 구웠다.

비웃은 자반으로 해서 먹기도 했다. 자반은 소금으로 짜게 절여 저장하는 기간을 늘리는 조리법이었다. 생선이 많이 잡힐 때 자반으로 만들어 제철 아닐 때 반찬으로 사용했다. 요즘 자반의 흔적은 자반고등어 정도에 남아 있는 듯하다. 비웃 자반을 만들 때 비

식민지시대 경상북도 영일만에서 비웃을 수확한 풍경이다.

웃 100마리에 소금 두 되를 썼다는 말이 전해지니, 자반으로 먹는 것도 예전부터 있었던 방법임을 알 수 있다.

독자들에게 익숙한 과메기 역시 원래는 비웃으로 만들었다. 겨울에 잡은 비웃을 배를 따지 않고 그늘에 내걸어 바닷바람에 얼기와 녹기를 거듭하게 했다. 그러면 바다 냄새를 품은 쫄깃쫄깃한 과메기가 만들어졌다. 자반으로 저장한 이유처럼 과메기를 만든 것 역시 그만큼 비웃이 많이 잡혔기 때문이었다.

이를 고려하면 33번지에서 비웃 굽는 냄새가 많이 났던 것은 맛이 있어서만은 아닌 것으로 보인다. 『자산어보玆山魚譜』,『신증동국여지승람新增東國輿地勝覽』에는 예전부터 비웃이 전국의 연안에서 잡혔다고 기록되어 있다. 비웃은 식민지시대에도 가장 많이 잡히는 생선 가운데 하나였다. 거친 밥상을 비유하는 말로 '묵은 청어와 짠 김치'라는 말이 있었던 것 역시 그 때문이다.

당시 신문 기사를 보면 비웃이 풍년이라는 소식을 어렵지 않게 발견할 수 있다. 심지어 조업을 나간 배가 비웃을 너무 많이 잡아 가라앉았다는 과장 섞인 기사까지 있다. 흔하다는 것은 가격이 그만큼 쌌다는 것이니 33번지에 사는 사람들이 저녁이 되면 비웃 굽는 냄새를 풍겼던 주된 이유 역시 그것이었을 것이다.

1930년 대구 한 마리에 12전에서 25전 받았을 때 비웃 한 마리는 4전 정도였다고 한다. 지금으로 따지면 대구 한 마리에 3,500~7,500원 정도라면 비웃 한 마리는 1,000원이 조금 넘었다는 것이다. 비웃이 많이 잡히면 가격은 더 내려가서 비웃 한 동, 곧 2,000마리에 25원까지 떨어졌다. 한 마리에 채 1전도 되지 않았다는 것이니, 대구 한 마리를 살 돈이면 비웃 스무 마리 정도를 구할 수 있었다.

전국의 연안에서 잡히던 비웃이 1910년대부터는 동해의 영일만 이북 한류 지대에서만 잡히기 시작했다. 아이러니하게 잡히는 지역이 계속 줄어드는데도 어획량은 오히려 늘어났다. 1911년에 약 3,000M/T이었던 것이 1935년에는 약 50,000M/T으로 25년 사이에 여섯 배 정도 늘었다. 여기서 M/T는 1,000kg을 1톤으로 하는 수량 단위인데, 당연하게 보이지만 나라에 따라 1,016kg이나 907kg를 1톤으로 하는 경우도 있다고 한다.

어장이 줄어들었는데도 어획량이 늘어난 것은 어업을 하는 사람이 증가하고 어구도 개선되었기 때문이었다. 하지만 아이러니의 주된 이유는 안강망이라는 새로운 어법에 의한 것이었다. 안강망은 어장에 이르면 닻을 내리고 어망을 해저에 설치해서 고기를 잡는 어법이다. 이전까지는 주로 원추형의 어망을 어선에 달고 다니며 고기를 좇는 중선망을 이용했다.

안강망이 사용되면서 크기에 상관없이 어망에 들어오는 모든 고기를 잡을 수 있어 더 많은 어획량을 올릴 수 있었다. 하지만 무분별한 남획으로 인해 비웃 어획량은 점점 줄어들다가 1940년대가 되면 격감하여 비웃 어업이 중단되다시피 했다. 앞서 비웃으로 과메기를 만들었다고 했는데 꽁치가 비웃을 대신하게 된 것 역시 비웃 어획량이 급감한 다음이었다.

1910년 조선이 일본에 의해 강점되기 이전부터 조선에 이주한 일본인들은 적지 않았다. 거기에는 일본 정부나 지방의 이민 장려정책이 영향을 미쳤다. 일본은 조선의 지배를 놓고 중국과 경쟁하는 데 우위를 점하기 위해서는 조선 전역에 일본인을 이주시키는 것이 필요하다고 생각했다.

일본인의 조선 이주를 담당했던 것은 1908년 설립된 국책 회사인 '동양척식주식회사'였다. 동양척식주식회사는 주로 조선에서 농업에 종사할 일본 농민을 모집했다. 하지만 일본에는 어업에 종사하고 있는 사람들이 많았기에 이주 어촌을 조성하기 위한 어민의 모집도 병행되었다.

동양척식주식회사의 모집을 통해 이민을 한 어민의 경우 직접 어업을 하기보다 선주가 되어 조선인을 부리는 경우가 대부분이었다. 그것은 농업에서 직접 농사를 짓기보다 지주가 되어 소작료는 받았던 것과 마찬가지였다. 조선에서 어업을 할 경우 그들의 관심은 수확을 많이 올려 큰돈을 버는 것이었다. 안강망이나 중선망 등 어업방식이나 남획에 따라 어종이 멸종되는 것은 그들 관심 밖의 문제였다.

(2) 두부 장수의 종소리

「날개」에서 33번지에 사는 사람들이 먹는 음식으로는 비웃 말고 두부도 등장한다. 33번지에 들르는 온갖 장사치들 중 하나인 두부 장수는 집 안까지 들어와 미닫이 앞에서 두부를 판다. 소설에는 '33번지에 사는 사람들은 문간에서 두부를 사는 것이 아니라 미닫이를 열고 방에서 두부를 산다'고 되어 있다. 두부 장수 역시 18가구 사람들 못지않게 변죽이 좋았나 보다.

많은 음식이 그렇듯 두부도 중국에서 전해졌는데 그 시기는 정확히 알 수 없다. 고려 말 이색이나 조선 초 권근의 글에 등장하는 것을 보면 늦어도 고려시대에는 유입되었음을 추정할 수 있다. 당시의 글에서 두부의 위상은 33번지에 사는 사람들이 먹던 음식, 또 지금 먹는 두부와는 조금 다르다. 두부는 값싼 푸성귀의 반대편에 자리하며 높은 관리들이 먹는 귀한 음식이라고 되어 있다. 또 무엇보다 두부의 맛이 좋다는 것이 반복해서 강조되어 있다.

고려 시대에는 주로 절을 중심으로 만들어져 소비되었다고 한다. 조선 때는 왕릉 근처에 '조포사造泡寺'를 설치해 제례에 올릴 두부를 만들었다고 되어 있다. 제례에 올리는 음식이 고인이 생전에 좋아했던 귀한 음식이라는 것을 떠올려 보면, 두부는 임금의 제례에 바칠 정도로 귀한 음식이었음을 알 수 있다.

이전 시기까지 두부는 임금의 제례에 올릴 만큼 귀한 음식이었지만 식민지시대에는 그렇지 않았다. 『조선무쌍신식요리제법』에는 두부를 영양가 높고 먹기도 좋고 소화도 잘 되는 음식이라고는 소개하고 있다. 그런데 만드는 과정과 파는 과정이 위생적이지 않다는 지적이 더 두드러진다. 두부가 잘 엉기기 위해서는 끓이는 물이 좋아야 하는데 담뱃재 같은 것이 떨어져 있다고 했다. 또 더러운 손으로 만드는 데다가 행상들도 두부판 위에 아무것도 덮지 않은 채 종일 돌아다녀 위생에 문제가 있다는 것이다.

집에서 만들던 두부를 두부상이 만든 회사나 조합에서 생산한 것은 19세기 말에서 20세기 초에 이르는 시기였다. 그것 역시 조선에 건너온 일본인들에 의해서였다. 1909년 6월 『대한매일신보』에는 일본인 두부상들이 10,000원을 자본으로 두부 회사를 만들었다는 기사가 실려 있다. 이후 조선인 두부상들도 조합을 설립하고 조합에서 두부를 생산해 판매하기 시작했다.

거기에는 두부를 만드는 방법의 변화가 크게 작용했다. 이전까지는 콩을 오랜 시간 물에 불려 맷돌에 갈아서 콩물을 얻었다. 그러던 것이 콩을 분해해 나온 분말을 사용함에 따라 두부 만드는 과정이 훨씬 단축되고 쉬워졌다. 콩물을 끓이다가 간수를 넣는 과정도 바뀌었다. 간수 대신 계란껍질, 조개껍질, 백묵 등 쉽게 구할 수 있는 재료를 이용하게 되어 조합이 운영하는 대형 제조소에서 생산하는 것이 가능해졌던 것이다.

새로운 방법은 짧은 시간에 대량 생산하게 해 훨씬 저렴한 가격에 두부를 만들 수 있게 되었다. 이러한 점 때문에 일본뿐 아니라 식민지 조선에서도 서둘러 새로운 제조방법을 도입했다. 새롭게 도입된 제조방법을 사용함에 따라 숙련되지 않은 사람들도 두부를 만들게 된다. 또 콩물을 넣고 끓이다가 간수를 넣고 응고시키는 데 실패하는 일이나 공들여 갈아놓은 비지가 쉬는 것도 피할 수 있었다.

「날개」의 시간적 배경 즈음에는 새로운 제조방법으로 조합이 운영하는 대형 제조소에서 두부를 만들 때였다. 제조소에서 두부를 받아 소비자들에게 파는 두부 장수들이 본격적으로 등장한 것도 그때였다. 여기서는 두부 장수들이 두부를 어떻게 팔았는지 조금 더 살펴보도록 하자.

두부 장수들은 제조소에서 만든 두부를 받아 지게 양쪽에 달린 용기에 두부를 넣고 팔러 다녔다. 한 손에 든 종을 울리거나 "두부 드렁 사우!"라고 외치며 이 골목, 저 골목을 누볐다. "두부 드렁 사

1930년대 일본어 신문인 『조선신문』에 실린 두부 기계 광고다.

우!"에서 드렁은 당시 장사치들이 물건을 사라고 외칠 때 붙이던 말이었다. 물건 이름 뒤에 붙이는데 복수의 뜻도 지니고 있다고 한다.

소설『백의인』,「외로운 사람들」에도 등장하는 것을 보면 두부 장수가 일반적으로 외치고 다녔던 말로 보인다. 두부뿐만 아니라 "배추 드렁 사우!", "미나리 드렁 사료!", "오이 드렁 사료!" 등 다른 장수들도 사용했던 말이었다. 앞서 살펴보았던 비웃 장수 역시 "비웃 드렁 사우!"라고 외치고 다녔다고 한다.

신문의 기사를 참고하면 두부 장수는 이른 아침이나 저녁 무렵에 다녔다고 한다. 그것은 두부를 아침이나 저녁 찬거리로 사용했음을 말해준다. 물론 33번지 18가구에는 기껏 새벽에야 잠이 드는 사람들이 대부분이었으니 괜히 잠을 깨우지 않으려 저녁에만 팔러 왔을 것이다.

앞서『조선무쌍신식요리제법』에서 두부가 영양이 많고 먹기도 좋은 음식이지만 위생적이지 않다고 지적한 것을 살펴보았다. 위생과 관련된

왼쪽 이미지는 에도 시대 일본의 두부 장수 모습이다. 오른쪽 이미지는 식민지시대 조선의 두부 장수이다. 선명하지는 않지만 왼쪽 두부통 위에 종이 놓여 있다. 이미지를 통해 일본과 조선의 두부 장수가 비슷한 모습을 하고 있었음을 알 수 있다. 일본의 두부 장수가 나팔을 불고 다녔던 데 반해 조선의 두부 장수가 종을 울렸다는 것은 다른 점이었다.

통제는 행정기관에서도 시행했는데, 특히 두부가 상하기 쉬운 음식이라서 그랬을 것이다. 먼저 제조 및 영업장소와 도구를 청결하게 해야 한다고 해 그 구체적인 기준을 제시했다. 뿐만 아니라 두부의 크기, 무게, 가격 등 시시콜콜한 것까지 행정기관에서 결정했다.

두부를 생산하는 것은 조선인과 일본인 모두 했는데, 각각 차이가 있었다. 조선인이 만드는 두부는 95문 이상으로 크기가 정해져 있었고, 일본인이 만드는 두부는 120, 140, 160문 이상으로 다양했다. 여기에서 문은 1관의 1/1000에 해당하는 무게로 약 3.75g 정도 된다. 두부의 종류도 조선인이 만드는 것은 한 종류였던 데 반해 일본인은 고야두부, 동두부, 건조두부, 유양 등 다양한 두부를 생산했다. 제조소에서 받은 두부를 지게에 지고 팔러 다니는 일은 조선인이 했다. 저렴한 가격에 쉽게 먹을 수 있는 음식이라서 고학생이나 청년회가 돈을 벌기 위해 두부를 팔기도 했다.

당시 두부의 가격은 얼마나 했을까?『동아일보』,『조선일보』등을 보면 1920년대 중반 두부 장수가 제조소에서 사는 두부 한 모의 값은 7전에서 10전 정도 했다. 그렇다면 소비자에게 팔 때는 10전 이상이었을 것임을 추정할 수 있다. 두부에 관한 신문 기사의 대부분은 두부 제조소에서 두부 가격을 올려서 두부 장수가 파업했다는 상황을 알리는 것이었다.

1930년대 후반의 기사 역시 8전에서 10전으로 올렸음을 밝히고 있으니, 식민지시대 두부의 가격은 크게 변함이 없었음을 알 수 있다. 두부는 맛이 있고 영양도 많았다. 게다가 가격도 7전에서 10전 정도였으며, 다른 음식의 가격이 인상될 때도 크게 변화가 없었다. 비웃과 마찬가지로 33번지에 사는 사람들이 미닫이 앞까지 온 두부 장수에게 자주 두부를 샀던 이유는 거기에 있을 것이다.

소설을 고려하면 아내가 끼니때마다 차려주는 엉성한 반찬은 비웃이나 두부 등을 포함한 음식이었을 것이다. 그런데 흥미로운 것은 아무리 반찬이 엉성해도 아내는 손님과 함께 먹던 음식은 '나'에게 주지 않았다는 부분이다. 소설에는 남편인 '나'를 존중하는 마음에서였다고 되어 있지만, 그건 잘 모르겠다. 오히려 이 책의 관심은 아내가 손님과 함께 먹던 음식은 어떤 것이었을까 하는 데 있다. 요릿집에서 놀이가 끝나고 2차로 아내

만화 『멍텅구리』에서 요릿집 음식을 배달하는 모습이다.

와 함께 집으로 오는 것이니 요릿집에 주문해서 온 음식일 것이다.

이 책의 3장에서 당시 배달을 했던 대표적인 음식이 설렁탕과 냉면이었음은 확인한 바 있다. 이들 음식은 식판에 올려 어깨에 메고 배달을 했다. 가까운 거리는 걸어서, 먼 거리는 자전거를 타는 방식을 이용했다. 그런데 요릿집 음식은 가격도 비싸고 격식도 있어서 냉면이나 설렁탕처럼 배달하지는 않았다. 위의 이미지는 『조선일보』에 연재된 만화 『멍텅구리』의 한 컷이다. 멍텅구리가 요릿집에 주문을 하고 찾으러 오지 않자 배달을 온 장면이다. 위의 삽화와 같이 요릿집 음식은, 다소 어색한 면도 있지만, 두 사람이 가마에 사람을 태우고 가는 것처럼 곱게 배달을 했던 것을 알 수 있다.

3. 이따금 들리는 기적 소리가
모차르트의 음악보다 좋소

(1) 경성역 티룸을 발견하다

'나'는 아내가 무슨 일을 하는지 잘 모르지만 아내에게 손님이 오면 불안을 느낀다. 하루는 외출을 시도했다가 금방 피로해져 방으로 돌아가다가 손님을 맞은 아내와 마주치고 만다. 아내는 화를 냈지만 그 일 이후 어쩐 일이지 외출을 하면 더 늦게 들어오라고 한다.

손님이 오면 자정 넘어 들어오라고 시간도 정해줘, '나'는 어쩔 수 없이 여기저기를 기웃거리며 시간을 보낼 수밖에 없었다. 대개는 거리를 거닐며 시간을 때웠는데, 비가 많이 내린 날 일찍 들어갔다가 또 혼이 나기도 했다. 그러던 어느 날 드디어 시간을 보내기 좋은 장소를 찾아냈다. 「날개」에는 다음과 같이 나타나 있다.

> 그러고는 경성역 일, 이등 대합실 한 켠 티룸에 들렀다. 그것은 내게는 큰 발견이었다. 거기는 우선 아무도 아는 사람이 안 온다. 설사 왔다가도 곧 돌아가니까 좋다. 나는 날마다 여기 와서 시간을 보내리라 속으로 생각하여 두었다. 나는 한 박스에 아무것도 없는 것과 마주 앉아서 잘 끓은 커피를 마셨다. ……중 략…… 나는 메뉴에 척힌 몇 가지 안 되는 음식 이름을 치읽고 내리읽고 여러 번 읽었다.

경성역 일, 이등 대합실 옆에 자리한 '티룸Tearoom'이 바로 그곳이었다. '나'가 방문한 경성역 티룸은 사실 독자들에게도 초행은 아니다. 박태원의 소설에서 '구보 씨'가 동창생과 함께 내키지 않는 발걸음을 했던 곳이 그곳이었기 때문이다. 이번에는 손님 때문에 아내에게 쫓겨나 거리를 헤매던 '나'가 거기를 간다.

'나'는 매일 경성역 티룸에서 시간을 보내리라 마음을 먹고 잘 끓인 커피를 마신다. 또 시간을 보내기 위해 몇 가지 안 되는 메뉴를 '치읽고 내리읽고' 여러 번 읽기도 한다. 하지만 인용된 부분 뒤에는 11시 정도 되자 거기도 정리를 해 '나'의 마음을 아프게 한다는 말도 덧붙여져 있다.

경성역은 1925년 9월 완공되었다. 이전까지는 남대문정거장이 경성역의 역할을 했다. 아래 이미지는 경성역이 새롭게 준공될 때까지 경성의 관문 역할을 했던 남대문정거장의 모습이다. 허름한 건물들이 마치 지방의 간이역처럼 보이기도 한다.

경성역이 준공될 때까지 경성역의 역할을 했던 남대문정거장이다.
새롭게 준공된 경성역에 견주어 볼 때 허름한 건물이 더욱 두드러진다.

경성역은 대지 총 270,000㎡, 역사 17,000㎡에 지하 1층, 지상 2층으로 세워졌다. 비잔틴풍의 돔을 올려 르네상스 건축 양식을 표방하는 한편 자재는 벽돌과 석재를 사용해 서구적인 모습을 뚜렷이 드러냈다. 사족이지만, 경성역은 지금은 서울역 옆에 보존되어 '문화역 서울284'로 활용되고 있다.

공사비는 모두 1,945,000원이 들었다고 했는데, 공사비는 경성역의 건축을 주관한 총독부 철도국에서 담당했다. 설계 책임자는 독일인 게오르크 데 랄란데Georg de Lalande였는데, 그는 이미 조선총독부 신청사와 조선호텔을 설계한 바 있었다. 게오르크 데 랄란데는 일본인 츠카모토 야스시塚本靖의 도움을 받아 경성역의 설계를 맡아 준공을 주도했다.

경성역의 구조는 1929년 9월 잡지 『별건곤』에 실린 글 「경성 해부: 2일 동안에 서울 구경 골고루 하는 법」에 잘 나타나 있다. 글은 먼저 기차에서 내려 밖으로 나가려면 한 층을 올라가야 한다는 것이 놀랍다고 얘기한다. 기차가 출발하고 도착하는 발착장이 당시로 보면 드물게 지하에 위치하고 있었음을 알 수 있다. 발착장이 있는 지하층에는 식당과 사무실, 화양요리점, 창고도 있다고 했다.

1층에는 대합실, 귀빈실과 함께 '무료' 변소가 있었다. 무료라고 강조를 한 것은 그곳 외의 변소에서는 용변을 보는데 돈을 지불했음을 말해준다. 지방, 특히 시골에서 온 사람들에게는 역에서부터 경성의 위력을 실감하게 만드는 공간이었을 것이다. 글에는 2층에 가면 비싼 서양요리점과 사무실이 있다는 언급 역시 덧붙여져 있다.

경성역의 중앙에는 직경 1미터가 넘는 대형 벽시계가 설치되어 사람들에게 시간을 알려주는 역할을 했다. 일본이 조선을 강점하면서 정착시키려고 애썼던 것 중 하나가 계량화된 시간에 맞춰 활동하는 것이었다. 「날개」에서 '나'도 경성역의 시계가 어느 시계보다 정확해서 좋다고 칭찬한다. 섣불리 서툰 시계를 믿고 집으로 돌아갔다가는 손님과 함께 있는 아내에게 곤욕을 치를 수 있어서였다.

경성역은 경성을 방문하는 사람들에게, 또 경성에 거주하는 사람들에게 '모던'을 상징하는 건물이었다. 먼저 비잔틴풍의 돔을 중심으로 벽돌과 석재로 지어진 경성역의 위용이 그랬다. 또 지하 1층의 발착장에서는 한 번 타 보기도 힘든 기차가 끊임없이 출발하고 도착하는 진풍경을 만들어냈다. 경성역의 내부에는 여러 개로 구분된 대합실은 물론 그릴, 티룸, 사무실 등이 세련된 외양을 갖추고 자리 잡고 있었다. 경성역은 공간 자체를 통해 식민지 조선인에게 '모던'이라는 생경한 문물을 경험하고 받아들이게 했던 것이다.

「날개」에서 '나'가 갔던 곳은 경성역의 티룸이었다. 티룸에 접근하기 위해서는 먼저 오해에서 벗어날 필요가 있다. 대개의 논의에서 '나'가 밤마다 찾았던 곳을 경성역 식당으로 파악하는 것이

경성역 2층에 위치했던 고급 식당 '그릴'의 내부 모습이다.

그것이다. 경성역 식당은 '그릴Grill'이었는데, 경성역 준공 당시 2층에 위치하고 있었다. 앞서 『별건곤』에 실린 글에서 '비싼 서양요리점'으로 언급된 곳이 그곳이다.

'나'가 머물렀던 티룸은 그릴과는 다른 곳이었다. 티룸은 1층의 일, 이등 대합실 옆에 있었다. 『별건곤』의 글에서는 소개되지 않는데, 글이

발표된 1929년에는 없었기 때문이었다. 티룸이 문을 연 것은 1932년 6월이었으며, 맥주, 음료와 함께 간단한 음식도 팔았다. 영업 시간은 오전 7시부터 오후 11시까지였는데, 「날개」에서 11시가 가까워 오자 문을 닫을 준비를 했던 것 역시 이와 관련된다.

안타깝게도 당시 미디어에서 그릴의 사진은 찾을 수 있지만 티룸은 그렇지 않다. 「날개」에서 '나'의 언급에 따르면 '개방형'이 아니라 '박스형'이었다는 정도를 알 수 있다. 식민지시대 다방이나 카페는 홀과 같은 공간에 여러 개의 식탁을 놓은 개방형과 식탁과 식탁 사이에 칸막이를 설치한 박스형이 있었다. 앞 페이지에 있는 이미지에서 알 수 있듯이 그릴은 개방형이었다. 개방형과 박스형에 대해서는 10장에서 '명치제과'를 구경하면서 다시 얘기하겠다.

티룸은 일, 이등 대합실 옆에 있었는데, 이전에는 부인대합실로 사용되던 곳이었다. 부인대합실을 이용하는 승객이 많지 않자 총독부 철도국에서 수익을 올릴 수 있는 티룸을 설치한 것으로 보인다. 「소설가 구보씨의 일일」에서 확인했듯이 1930년대는 카페의 전성시대였다. 이 장 끝에 있는 〈디저트〉에서 확인할 수 있듯이, 이름을 '끽다점喫茶店'이라 하고도 '미인 웨이트리스'를 네다섯 명이나 두고 맥주도 팔았다고 한다. 그런 점을 고려하면 경성역 티룸은 다방과 카페의 중간 정도의 성격을 지닌 공간이었던 것 같다.

(2) 경성역 티룸의 양가성

「날개」에서 '나'는 커피를 마시고 나면 빈둥거리며 메뉴판을 치읽고 내리읽고 여러 번 읽는다. 하지만 소설에는 커피 외에는 경성역 티룸의 메뉴가 소개되어 있지 않다. 「날개」에 등장하는 티룸의 메뉴에 어떤 것이 있었는지 파악하는 데 도움을 받을 수 있는 것은 오히려 앞서 살펴본 박태원의 소설 「소설가 구보 씨의 일일」이다.

경성역을 찾은 구보 씨는 우연히 중학교 동창생을 만나 역시 티룸으로 갔다. 동창생은 구보 씨에게 '가루삐스'를 권하지만 구보 씨는 홍차나 커피를 마시겠다고 한다. 동창생의 애인도 '가루삐스'를 사양하고 아이스크림을 먹는다. 이를 고려하면 소설에서 '나'가 여러 번 읽었던 메뉴에 적힌 몇 가지 안 되는 음식은 맥주와 함께 커피, 홍차, 칼피스, 아이스크

1925년 9월 준공된 경성역의 모습이다. 비잔틴풍의 돔을 올린 르네상스 건축 양식으로 건설되었다.

림 등이었을 것이다. 거기에 소다수인 사이다, 시트론 정도가 더해졌을 수 있다. 사이다, 시트론을 팔았다고 추정하는 것은 라무네의 경우 역의 매점이나 '우리코'를 통해 싼 값에 샀으니 굳이 티룸에서 마시지 않았을 것이라는 이유에서이다.

앞서 「소설가 구보 씨의 일일」을 통해 확인했듯이 당시 다방이나 찻집에서 커피, 홍차는 10전이었고, 칼피스, 사이다는 그것보다 비싼 13전에서 15전 정도 했다. 고급음식점이었던 그릴보다는 쌌겠지만 역시 경성역에 위치한 티룸이었으니, 일반적인 다방이나 찻집보다 조금 더 비싼 가격을 받았을 것으로 보인다. 하지만 아내가 준 돈을 변소에다 버리는 '나'였으니, 물론 그것도 의식적인 것이었지만, 싸고 비싸고는 상관이 없었을 것이다.

여기서 잠시 이상이 좋아했던 술집 얘기를 하려 한다. 경성역 티룸이나 낙랑파라를 즐겨 찾고 또 직접 '제비' 다방을 운영했던 이상은 유행의 첨단에 섰던 인물이었다. 그런데 그런 이미지와는 안 어울리게 이상은 선술집 마니아이기도 했다. 선술집의 풍미에 대해서는 이 책의 4장에서 다룬 바 있다. 이상은 한 수필에서 마음에 맞는 친구들과 어울려 목롯집 마당을 서성거리다가 "세 분 손님 약주 잡수세요!" 소리에 어깨를 으쓱거리며 마시는 술이 무엇보다 맛있다고 했다. 근래 들어 세상이 시들해져 재미가 없는데, 그 이유 역시 다름 아닌 '목로조합'에서 술 따로 안주 따로 판다고 해서였다.

술 따로 안주 따로 판다는 것은 선술집에서 술값과 안줏값을 따로 받으려는 정책과 관련된 것이다. 선술집에서는 술을 마시면 안주를 곁들여 먹는 것이 오랜 관행이었음은 이미 살펴본 바 있다. 1918년 선술집에서 술과 안줏값을 따로 받으려는 시도가 실패로 돌아간 적이 있었는데, 1930년대 중반 다시 그런 움직임이 일어나 1936년부터 시행되었다. 이상이 선술집에서 술 따로 안주 따로 판다는 얘기를 듣고 세상이 시들해진 것은 이때로 보인다. 이상에게 세상 살 맛을 안 나게 만들었던 시도는 어떻게 되었을까? 선술집 손님이 줄어서 심지어 준비했던 안주를 버리기까지 했다니, 다른 술꾼들의 마음도 이상과 다르지 않았나 보다.

다시 「날개」로 돌아가 보자.

> **충충한 가운데 여객들은 그래도 한 잔 커피가 즐거운가보다. 얼른얼른 마시고 무얼 좀 생각하는 것같이 담벼락도 좀 쳐다보고 하다가 곧 나가 버린다. 서글프다. 그러나 내게는 이 서글픈 분위기가 거리의 티룸들의 그 거추장스러운 분위기보다는 컬실하고 마음에 들었다. 이따금 들리는 날카로운 혹은 우렁찬 기적 소리가 모차르트보다도 더 가깝다.**

소설에서 '나'는 박스 한 자리를 차지하고 커피를 마신다. 바쁜 가운데 커피를 마시러 들어와서는 얼른얼른 마시고 나가 버리는 다른 손님들을 보고는 서글픔을 느끼기도 한다. '나'는 경성역 티룸이 다른 다방보다 컬실해서 마음에 들었다고 했다. 그리고 가끔 들리는 날카로운 혹은 우렁찬 기적 소리는 모차르트의 음악보다 더 좋았다는 것이다.

경성역 티룸을 찾는 손님들은 어떤 사람들이었을까? 그들은 기차를 타기 위해 경성역에 온 승객들이 대부분이었을 것이다. 하지만 경성역 티룸의 손님은 기차를 이용하는 승객 가운데서도 극히 일부에 한정되었다. 그들은 경제적인 여유가 있는 사람들로, 그렇지 못한 승객들에 대해서는 「소설가 구보 씨의 일일」에서 무표정한 얼굴로 대합실을 메우고 있는 모습을 통해 확인한 바 있다.

경성역을 건립했던 표면적인 취지는 폭발적으로 증가하는 경성의 교통 인구를 흡수한다는 것이었다. 거기에는 국제적인 철도 교통의 시대를 준비한다는 명분도 더해졌는데, 여기서 '국제적'이 뜻하는 의미는 자의만큼 번지르르하지 않다. 지금 서울역은 종착역의 성격을 지닌다. 더 운행될 수 없는 이유를 생각해 보면 안타깝지만 현재로서 종착역인 것은 분명하다.

하지만 식민지시대에 경성역은 경성정거장에 가까웠다. 1905년 1월 경성에서 부산을 잇는 경부선이 개통되었지만, 바로 다음 해인 1906년 경의선이 개통된다. 부산에서 승차했을 경우 경성을 거쳐 신의주까지 갈 수 있었다. 신의주에서 탔을 경우 역시 마찬가지였다.

노선이 거기서 멈춘 것도 아니었다. 1911년 10월 압록강철교가 개통되었으며, 다음 달인 11월에는 중국 '안동安東'에서 '봉천奉天'을 연결하는 철도가 개통이 되었다. 부산에서 기차를 타면 경성, 신의주를 거쳐 중국의 봉천까지 이르게 된 것이다. 출발역도 부산이 아니었다. 도쿄에서 탄 기차가 도카이도선, 산요선 등의 노선을 통해 시모노세키에 도착했음은 앞서 확인한 바 있다. 시모노세키와 부산을 연결했던 것은 이인화가 탔던 관부연락선이었다.

도쿄는 촘촘히 이어진 일본의 철도망 전체가 집중되는 곳이었다. 이를 고려하면 도쿄, 시모노세키, 부산으로 연결되는 철도는 일본이 조선을 거쳐 대륙으로 진출하기 위한 노선이었음을 알 수 있다. 경성역은 도쿄에서 출발해 부산을 거쳐 안동, 봉천 등 대륙으로 진출하는 교두보의 성격을 지니고 있었다. 경성역은 웅장함과 세련됨을 통해 '모던'을 상징했지만 앞선 역할 역시 충실히 수행하고 있었다. 앞서 '국제적인' 철도교통의 시대를 준비한다는 말의 온전한 의미는 이를 가리킨다.

경성역에 위치한 티룸이나 그릴 역시 앞선 음영에서 자유로울 수는 없었다. 1930년대를 기준으로 하면 도쿄를 출발해 경성에 도착하는 데 3박 4일 정도 걸렸다. 또 경성을 출발해 안동, 봉천까지 가는 데는 2박 3일 정도 소요되었다. 5, 6일씩 계속 되는 여행에서 필요한 것은 먼저 잠을 잘 수 있는 시설이었다. 당시 부산, 경주, 경성 등에 있었던 호텔이 '철도호텔'이라는 이름을 가지고 있었던 것 역시 이와 관련이 된다. 1914년에 건립된 경성의 '조선호텔' 역시 정확한 이름은 '조선철도호텔'이었다.

계속 이어지는 여행에서는 숙박뿐 아니라 식사를 하거나 차를 마시는 공간도 필요했다. 승객들이 기차의 식당칸이나 우리코가 판매하는 도시락이나 음료를 이용했던 것은 이미 확인을 했다. 하지만 특별급행이나 급행의 일, 이등실을 이용하는 승객일수록 시간에 쫓기며 먹고 마시는 여행을 하지는 않았다. 물론 숙소, 식당, 다방 등은 여행의 편리를 위한 것일 수도 있다. 하지만 그 노선이 도쿄에서 출발해 부산, 경성을 거쳐 대륙으로 진출하는 것이었음을 고려하면, 편리가 글자 그대로 편리만을 의미하지는 않았을 것이다.

4. 소외, 혹은 '나'의 부재

모든 일이 뜻대로 되는 것은 아니었나 보다. 서울역 티룸이라는 만만한 공간을 찾아내 메뉴판을 치읽고 내리읽고 하다가 늦게서야 돌아갔지만, '나'는 기어이 아내의 손님과 마주친다. 심지어 다음에는 아내가 좋아하지 않을 모습을 보고, 결국은 절대로 보아서는 안 될 모습까지 보고야 만다.

아내가 약을 주기 시작한 것은 그 일이 있고 나서였다. '나'는 그 약을 아내 말대로 '아스피린'으로 생각하고 근 한 달간 먹으며 자다 깨다를 반복한다. 그러다가 아내의 방에서 수면제 '아달린'을 발견하고 고민에 빠진다.

아래의 이미지는 「날개」가 『조광』에 발표되었을 때 시작 부분에 실린 것이다. 그림은 이상이 직접 그렸다. 영어로 된 부분은 약의 성분과 용법에 대한 것인데, 삽화를 통해서도 약이 '아스피린'이 아니라 '아달린'임을 알 수 있다.

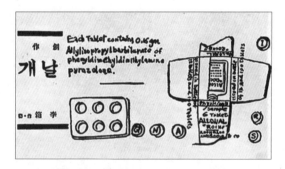

「날개」가 『조광』에 발표되었을 때 이상이 직접 그린 삽화이다.
영어로 된 부분은 약의 성분과 용법을 설명한 것이다.

외출을 해 공원 벤치에서 고민을 이어가던 '나'는 거기서 아스피린인지 아달린인지를 여섯 알 먹었다. 그랬더니 깊은 잠에 들어 피치 못하게 외박을 하고 집에 들어간다. 아내는 그런 '나'에게 '계집질을 하고 왔느냐?'는 꾸지람과 함께 물어뜯기까지 한다. 방귀 낀 놈이 성내는 격이다. 아내의 구박을 피해 다시 외출을 한 '나'는 미츠코시백화점의 옥상에 올라갔다. 정원으로 꾸며진 미츠코시백화점의 옥상에 관해서는 『찔레꽃』을 살펴보면서 얘기하겠다.

미츠코시백화점의 옥상에서 나는 정오의 사이렌 소리를 들으며 겨드랑이에 날개가 돋아오는 것을 느꼈다. 그러고는 다음과 같이 생각한다.

우리 부부는 숙명적으로 발이 맞지 않는 절름발이인 것이다. 나나 아내나 케거동에 로직을 붙일 필요는 없다. 변해辨解할 필요도 없다. 사실은 사실대로 오해는 오해대로 그저 끝없이 발을 절뚝거리면서 세상을 걸어가면 되는 것이다. 그렇지 않을까?

「날개」에서 '나'는 아내의 손님과 마주치지 않기 위해 외출을 해야 한다. 그러고는 거리에서 혹은 경성역 티룸에서 시간을 보낸다. 그러다가 '나'는 처음으로 아내와 같이 잠자리를 하는데, 그날은 외출에서 돌아와 아내에게 5원을 줬던 날이었다. 그 다음날도 다시 외출을 하고 2원을 주고 아내와 같이 잔다.

여기에서 한 가지 사실에 주목할 필요가 있다. 그것은 아내와 같이 자려면 '나' 역시 손님이 되어 돈을 내야 한다는 것이다. 물론 그 돈은 아내가 손님에게 받은 돈이다. 그러니 아내가 손님에게 돈을 받으려면 '나'는 외출을 해야 한다. 아내가 좀 덜 좋아할 것을 보거나 절대로 보면 안 될 것을 봤다는 데서 아내가 어떻게 돈을 버는지도 짐작할 수 있다.

조금 복잡하지만 정리를 하면 이렇다. '나'가 아내와 자려면 아내가 손님을 받고 돈을 벌 수 있도록 외출을 해야 한다는 것, 그러니까 '나'와 아내의 관계는 '나'의 부재를 통해서만 가능하다는 것이다. 그렇다면 한 달 동안 아달린을 먹고 잠들어 있었던 것 역시 부재의 방식 중 하나였을 것이다. 그리고 '나'와 아내는 앞선 인용처럼 절름발이 부부로 살아야 할 운명인지도 모르며, 그것의 다른 이름은 '소외疎外'일 것이다.

흔히 「날개」를 비롯한 이상 소설에 등장하는 인물은 비일상적이고 비정상적이라고 파악된다. 그런데 소설처럼 '나'가 아내에게 돈을 주고 자는 것이, 또 손님과 마주치는 것을 피해 외출을 하는 것이, 비일상적이고 비정상적인 일일까? 혹시 그것이 번지르르하게 포장되어 있는 결혼이라는 제도의 속내를 드러내고 있는 것은 아닐까? 만약 그렇지 않다면 학벌과 직업이 가장 중시되는 지금의 결혼시장, 그리고 그 반대편에서 급격히 증가하는 비혼율은 어떻게 설명할 수 있을까?

이미 『무정』에서 영채와 선형을 끊임없이 저울질하며 선형으로 기울어진 저울의 명분을 마련하려 했던 형식, 나아가 이광수를 통해 계몽이나 문명의 이면에 무엇이 자리하고 있는지 확인한 바 있다. 이상은 거기에서 한 걸음 더 나아가 그 관계는 자신이 존재하지 않아야, 곧 스스로를 소외시켜야 가능한 것임을 말하고 싶었는지도 모르겠다.

이상은, 이광수에 비하면, 친절하지는 않지만 솔직하다. 자기만의 방식으로 현대의 사랑, 나아가 현대라는 삶의 본질에 대해 이야기한다. 그건 이상만이 그 본질을 명확히 깨달았기 때문이기도 할 것이다. 그는 자신과 아내가 숙명적으로 발이 맞지 않는 절름발이며, 거기다 억지로 로직을 붙일 필요가 없다고 한다. 사실은 사실대로, 오해는 오해대로, 그냥 끝없이 절뚝이며 세상을 걸어가면 되는 것이라고.

이 책의 관심이 이상 소설에 등장한 음식에 있었으니 음식으로 마무리하는 것이 좋겠다. 「날개」에서 '나'는 손님이 되어야만 아내와 관계를 맺을 수 있었으며, 그것이 이상이 생각한 현대적 사랑의 본질이었다. 그런데 앞서 세상 사는 것을 시들하게 만든 선술집 얘기에서 이상은 3년을 같이 살던 아내가 떠난 이유를 밤낮 술만 마시러 다녔거나 아내가 아플 때 약물을 안 길어다 줘서 그런 것 같다고 눙치려 한다.

그런데 그건 이상이 잘못 안 것이다. 아내가 떠난 이유는 그것 때문이 아니다. '나'는, 소설에서처럼, 아내가 차려 주는 밥이 너무 맛이 없다, 반찬이 너무 엉성하다며 투정만 하고 있어서는 안 되었다. 투정 대신 '나'는 요릿집에다 아내가 좋아하는 맛있는 음식을 주문해야 했다. 물론 그러기 위해서는 다시 한 번 '나'는 부재해야 하겠지만, 그것 역시 절뚝임의 과정이니 피해서는 안 되는 일이었다.

DESSERT

경성역 티룸, 개업과 퇴장

경성역 티룸은 1932년 6월 개장해서 1940년 5월까지 운영했다. 티룸이 들어서기 전에는 부인대합실로 사용되던 공간이었고, 폐쇄 이후에는 다시 대합실과 출장실 등으로 쓰였다. 신문 기사를 통해 경성역 티룸의 개업과 퇴장에 대해 알아보자.

여급까지 두고서 경성역에 끽다점, 조선일보, 1932.5.4.

경성역 부인대합실은 별로 이용하지도 않고 이상한 풍문만 컨하게 되어 두통거리로 되어 있든 중 이번에 대합실을 철폐하기로 결정하였다. 그 자리에다 조선호텔 경영회사의 창립 최초의 실험으로 청쇄한 식당 겸 다첨(喫茶店)을 신설하게 되었다. 모두 30개 청도의 좌석을 철치해 4, 5인의 여급이 오컨 7시부터 밤 11시까지 서비스할 것이라서 일반 여행객에게 편리가 많으리라 한다.

역 끽다점 폐쇄, 조선일보, 1940.5.24.

1932년에 영업을 시작한 경성역 1층 식당은 열차 시간을 기다리는 동안에 잠깐 차 한 잔을 마시든지 입에 맛는 음식을 맛보기에 알맞은 식당으로 많은 사람들의 사랑을 받아왔다. 그런데 경성역이 너무 좁아서 혼잡하기 짝이 없으므로 앞서 얘기한 대로 5월 23일로 폐쇄하게 되었다. 그리하여 그 자리는 대합실과 출장실로 변하게 될 것이다.

8장

화양절충의 음식과 그 반대편

−심훈의 『상록수常綠樹』(1935~1936)

APPETIZER

심훈은 『상록수』의 작가로 알려져 있다. 그런데 그의 이력은 다양하다. 출발은 영화 쪽이었다. 『장한몽』이 영화화될 때 이수일 역을 맡았으며, 『먼동이 틀 때』의 감독도 맡았다. 오히려 문학 쪽에서의 활동은 영화에 자극 받은 바 컸다. 1930년 대 들어서 『동방의 애인』, 『불사조』 등을 신문에 연재하는 등 본격적으로 기지개를 켜기 시작했다.

『상록수』는 『동아일보』 창간 15주년 기념 장편소설 공모에 당선된 소설이다. 소설은 중심인물 채영신과 박동혁을 통해 『동아일보』가 기획했던 '브나로드Vnarod' 운동, 곧 농촌계몽운동을 그리고 있다.

『상록수』에는 다양한 음식도 등장한다. 백현경 선생의 초대를 통해 라이스카레, 오믈렛이 모습을 드러낸다. 또 영신과 동혁의 발걸음은 독자들을 경성의 유명한 약물터인 약박골로 인도한다. 한편 동혁은 어촌 한곡리의 투박한 음식에 대해서도 소개한다.

영신과 동혁은 마을사람들의 생활이나 아이들의 교육을 개선하기 위해 동분서주한다. 하지만 영신의 죽음이 상징하는 것처럼 그 일은 누군가의 희생을 대가로 하는 것이었다.

선생님의 죽음 앞에서 목놓아 울던 아이들은 나중에도 영신의 죽음을 기억할까? 그 질문은 동혁에게도 마찬가지다. 동혁과 영신이 여전히 아이들이나 마을 사람들과는 겉돌고 있다는 느낌은 필자만의 생각이었으면 좋겠다.

1. 라이스카레 혹은 카레라이스

『상록수』는 1935년 9월부터 1936년 2월까지『동아일보』에 연재되었다. 연재가 끝난 후에는 '한성도서주식회사'에서 단행본으로 발행되었다. 소설은 여자신학교 학생인 채영신과 고등농업학교 학생인 박동혁을 중심인물로 한다. 두 사람은 학생 농촌계몽운동에 참여했다가 신문사가 주최한 보고회에서 만나 서로 알게 된다.

영신과 동혁의 두 번째 만남은 백현경 선생의 집에서 이루어지는데, 백 선생은 당시 농촌계몽운동에 종사한다는 간판을 내건 여성이었다. 초대에 응해 백 선생의 집을 방문한 동혁의 눈에 먼저 띈 것은 온통 파란 페인트로 칠해진 벽과 장미꽃 무늬 휘장으로 장식된 유리창이었다. 또 유리 같은 양장판 아랫목에 새빨간 비단보료를 깐 자개탁자가 놓인 침실역시 그냥 지나치기 힘들었다.

백 선생은 문화주택인 그 집을 3,000원이나 들여 새로 지었다고 한다. 문화주택은 식민지시대에 서양식 주택의 외관과 구조를 모방해 지어진 집을 가리킨다. 문화주택의 도입에는 서양식 주택이 비위생적이고 비효율적인 전통 가옥의 문제를 해결할 수 있다는 생각이 작용하고 있었다. 그것이 지닌 맹점에 대해서는 이미 1장에서 익숙하지만 불편한 이항 대립을 통해 얘기한 바 있다.

동혁이 집 안으로 들어가자 먼저 온 학생들은 대청에 모여서 백 선생이 서양 여러 나라로 강연을 다닐 때 찍은 사진을 구경하고 있었다. 식사 때가 되자 모인 사람들은 희귀한 유성기판을 들으며 저녁을 먹는다. 식사를 하면서 얘기를 나누는데 정작 떠들어 대는 사람은 백 선생 혼자이며 거진 자기 자랑이다.

소설에는 '정말'의 시찰담에서 구미 각국 여성들의 활동 같은 것을 풍을 쳐가며 청산유수로 늘어놓았다고 되어 있다. 여기서 '정말'은 한자로 '丁抹'인데, 당시 덴마크를 가리키는 용어였다. 그러고 나서는 "우리의 살 길은 오직 농촌을 붙드는 데 있다"며, "여러분들과 같은 일꾼들의 어깨로 조선의 운명을 짊어져야 한다"고 열변을 토한다.

동혁은, 생각을 얘기해 보라는 백 선생의 채근에, 농촌운동일수록 실천이 가장 중요하다고 토로한다. 농민에게 명령을 하는 사람이 아니라 먼저 앞장서서 실천해야 농촌운동이 성공할 수 있다는 것이었다. 그러고는 농촌 운동자라는 간판을 내건 백 선생 같은 분이 주장과 생활이 이렇게 달라서야 되겠느냐고 따지듯 묻는다. 당연히 식사 자리는 어색해졌을 테니, 동혁이 『상록수』의 중심인물이긴 하지만 눈치는 없었나 보다.

여기에서 알 수 있듯이 백 선생은 동혁과 영신의 반대편에 있는 인물이다. 풍족하고 여유 있는 생활을 하면서 입으로만 농촌 계몽을 부르짖는 것이 그것이다. 동혁의 핀잔처럼 주장과 실천이 다른 인물인데, 그것의 상징으로 등장하는 것이 피아노, 유성기, 문화주택이다.

『상록수』에는 백 선생을 대표하는 음식 역시 등장하고 있어 흥미롭다. 유성기를 들으며 먹었던 그날 저녁 메뉴였는데, 어떤 음식이었는지 소설을 들여다보자.

"네에, 다 됐어요." 하는 귀에 익은 목소리가 부엌 속에서 나더니, 뒤미처 에이프런을 두른 영신이가 양식 접시를 포개 들고 이마에 땀을 흘리면서 나온다.
유성기를 틀어 오케스트라를 반주 삼으며, 여러 사람은 영신이가 만든 라이스카레와 오믈렛 같은 양식을 먹으면서 이야기판이 벌어졌다.

이야기판이 벌어졌대도 영신은 이 집의 식모와 함께 시중을 드느라고 부엌으로 들락날락하고, 농민수양소 여자부에서 초대를 받아 온 시골 학생들은 처음으로 먹는 양식을 잘 못 먹다가 흉이나 잡힐까 봐 포크를 들고 남의 눈치들만 보는데, 백 씨 혼자서 떠들어 댄다.

인용과 같이 그날 저녁 메뉴는 '라이스카레'와 '오믈렛'이었다. 백 선생의 요청으로 영신이 부엌에서 조리해 나오는데, 영신도 처음 만들었다는 것을 보면, 음식 역시 백 선생의 자랑이 한껏 담긴 것이었나 보다.

시골에서 초대 받은 학생들이 어떻게 먹는지 몰라 포크를 들고 다른 사람의 눈치를 보고 있는 모습도 흥미롭다. 여기에서는 오믈렛은 차치하고 지금도 즐겨 먹는 라이스카레, 곧 카레라이스가 식탁에 어떻게 정착되었는지 살펴보도록 하자.

『상록수』의 삽화로 채영신이 라이스카레를 만들어내 오는 장면이다.

1925년 4월『동아일보』의 기사「서양요리제법」에 만드는 방법이 실린 것을 보면, 라이스카레는 일찍부터 집에서도 해 먹었던 것으로 보인다. 물론 미디어에 조리방법이 실렸다고 해서 집에서 조리를 했다고 보기는 힘들지만, 그것은 다른 음식도 마찬가지일 것이다.

기사에는 라이스카레의 재료로는 소고기 반 근, 양파 두어 개, 카레가루 세 숟갈, 감자 약간, 당근 약간, 밀가루 두 숟갈 등이 소개되어 있다. 이어 조리방법을 다음과 같이 설명하고 있다. 먼저 소고기는 잘게 썰고 감자, 양파, 당근도 작고 반듯하게 썰어 놓으라고 했다.

조리는 냄비에 기름을 끓이고 소기름을 녹인 후 고기와 파를 넣고 익히는 것으로 시작된다. 거기에 카레가루와 뜨거운 물 세 홉 정도를 넣고 한 시간 정도를 끓인 후 물에 갠 밀가루를 넣고 조금 더 끓이면 완성된다는 것이다. 맛을 좋게 하는 팁도 부기되어 있는데, 계란을 잘게 썰어 넣거나 사과 반 개 정도를 잘게 썰어 넣으라는 것이 그것이다.

조리법은 지금과 비슷한데, 소기름에 고기와 파를 볶는 것, 끓이는 도중 밀가루를 넣는 것이 다른 점이다. 특히 밀가루를 넣는 것이 이채로운데, 점성 곧 끈적거림을 생기게 하려고 그랬던 것으로 보인다. 소기름은 기사에 따라 버터로 바뀌기도 한다. 1925년 이후 신문, 잡지 등에는 라이스카레의 조리방법이 꾸준히 실리는데, 작은 부분에서 차이가 있더라도 큰 틀은 바뀌지 않았다.

한편 1935년 5월『동아일보』에는 라이스카레가 조선에서도 궁벽한 시골을 빼고는 어디서나 먹을 수 있는 음식으로 보급되었다는 기사가 실린다. 이를 보면 이미 1930년대가 되면 라이스카레라는 음식이 조선에 정착되었음을 알 수 있다.

일본을 거쳐 유입된 서양요리 가운데 라이스카레가 일찍 또 널리 퍼질 수 있었던 것은 무엇보다 조리방법이 전통음식의 그것과 큰 차이가 없었기 때문일 것이다. 그것은 조리방법이 어렵지 않았다는 뜻이기도 한데, 지금 카레를 즐겨 해 먹는 이유와도 연결이 된다.

물론 라이스카레도 처음 조선에 유입되었을 때는 음식점에서 사서 먹었다. 라이스카레는 어디서 팔았을까? 라이스카레는 다른 서양음식과

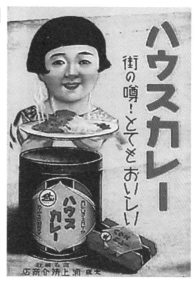

왼쪽 이미지는 1926년 일본에서 처음 시판한 카레 분말인 '홈카레'이다.
오른쪽 이미지는 1934년 일본에서 판매되었던 '하우스카레' 분말의 광고이다.

는 조금 달랐다. 돈가스, 고로케 등과 같이 '화양절충和洋折衷'의 음식이
었기 때문이다. 여기에서 화양절충의 음식은 서양음식이 일본에 유입되
어 변화를 거치면서 서양과 일본 중간 정도의 음식이 된 것이었다. 바꾸
어 말하면 서양음식도 아니고 일본음식도 아닌 음식이기도 했다.

　일본에 카레가 유입되는 과정 역시 흥미롭다. 카레를 밥 위에 얹어서
먹는다는 기발한 발상은 당시 '덮밥どんぶり'에서 힌트를 얻은 듯하다. 하
지만 일본에서 카레가 정착되는 데 가장 중요한 역할을 했던 것은 군용
식품으로 채택되었던 일이었다. 카레가 군용식품으로 도입된 것은 군인
들의 각기병을 예방하기 위해서였다. 각기병은 몸에 비타민 B1이 부족
해 생기는 병으로, 19세기 말까지는 제대로 된 치료법이 없어 사망에 이

군용식품으로 카레가 처음 등장했던 일본 '요코스카横須賀'에서 그것을 기념하기 위해 판매하는 '해군 카레海軍カレー'의 모습이다.

르는 위중한 병이었다.

당시 일본군이 주로 먹었던 것은 흰 쌀밥과 '미소시루味噌汁'였다. 미소시루는 아는 독자들이 더 많겠지만 일본 된장국 정도가 된다. 군대에 신선한 채소나 고기는 지급되지는 않았고 도정한 백미는 비타민 B1이 제거된 상태라서 각기병을 유발했다. 그러니 고기와 채소를 한꺼번에 섭취할 수 있는, 게다가 카레가루의 강한 향을 통해 나쁜 냄새는 사라지게 했던, 카레는 일본 군대에서 콜럼버스의 달걀과 같은 존재였을 것이다.

잘 알려지지는 않았지만, 1923년 도쿄대진재를 다룬 『진재전후』라는 소설이 있다. 『진재전후』에는 일본에서 일을 하던 조선인 노동자들이 음식에 대해 얘기하는 장면이 나온다. 이들은 비싼 음식을 먹어 보지 못해 대개 '규메시牛めし', '우동' 같은 음식을 떠올린다. 여기에서 '규메시'는 소고기덮밥 정도가 되겠다. 또 이들은 그것보다 조금 비싼 음식이라며 '오야코동'과 함께 라이스카레를 얘기한다. '오야코동'은 이 책의 2장에서 등장했던 것처럼 '닭고기달걀덮밥'이다.

이들의 대화는 라이스카레에 대한 몇 가지 정보를 제공해 준다. 하나는 라이스카레는 간단한 덮밥 종류를 팔던 우동집이나 소바집에서도 팔았다는 것이다. 노동자들의 대화는 라이스카레의 가격을 추정하는 데도 도움을 준다. 당시 라이스카레는 우동이나 소바, 규메시보다는 비쌌으며 오야코동과 비슷하다고 했기 때문이다.

1930년 11월 『조선일보』에 실린 '전동식당'의 광고에는 라이스카레의 가격이 나타나 있다. 전동식당은 양식과 한식을 같이 판매하는 식당이었는데, 양식으로는 런치가 30전, 치킨라이스가 25전, 생선프라이, 돼지고기프라이가 15전이었다. 라이스카레도 15전에 판매해, 런치나 치킨라이스보다는 쌌다. 한식인 대구탕, 비빔밥, 장국밥, 떡국 등도 15전이었는데, 이들의 가격에 대해서는 앞서 설렁탕을 살펴보는 데서 확인한 바 있다.

장혁주의 『무지개』나 김웅초의 『성녀씨』 등의 소설을 보면 카페에서 여급들이 손님들에게 라이스카레를 사 달라고 조르는 장면이 나온다. 이를 보면 카페에서도 라이스카레를 팔았다는 것을 알 수 있다. 또 강경애의 소설 『인간문제』에는 라이스카레가 '다마고동', '스시' 등의 샘플과 함께 미츠코시백화점 식당의 입구에 진열되어 있었다는 부분이 있다. 여기에서 '다마고동玉子丼'은 달걀덮밥 정도가 되겠다. 백화점 식당 입구에 샘플을 진열해 놓는 것에 대해서는 이 책의 9장에서 『찔레꽃』을 살펴보면서 얘기하겠다.

앞서 양식과 한식을 같이 판매했던 전동식당에서 라이스카레가 15전이었음을 확인했다. 카페에서는 여급들이 손님들에게 사 달라고 졸랐던 것이 매상을 올리기 위해서였으니 그렇게 싸지는 않았을 것이다. 또 미츠코시백화점, 화신백화점 등 당시 백화점 식당은 일반 식당보다는 비쌌으니, 20전 가까이 했을 것이다. 지금으로 환산하면 라이스카레는 4,500원에서 6,000원 정도 했던 것으로 파악된다.

백 선생의 집에서 영신이 처음 만든 라이스카레의 맛은 어땠을까? 카레에서 맛을 좌우하는 것은 카레가루니 맛이 어땠는지 정확하게 알기는 힘들다. 그런데 「서양요리제법」이라는 기사에서 점성이 생기게 하려고 밀가루를 넣는 부분은 유의할 필요가 있다. 지금은 카레 분말이나 고체 카레 자체에 점성을 생기게 하는 성분이 포함되어 있다.

밀가루를 넣어 점성을 생기게 했다면 지금 카레보다는 텁텁한 맛이 많이 났을 것이다. 소설 『약탈자』에는 등장인물인 익준과 하룡이 직접 라이스카레를 만들어 먹는 장면이 등장한다. 라이스카레 다 만들고 나니 둘 모두 밀가루 범벅이 되었는데 맛도 식당에서 사 먹는 것보다 형편없다고 했다. 이 역시 밀가루를 듬뿍 넣어 텁텁한 맛이 많이 났기 때문일지도 모르겠다.

2. 굴비까지 먹으면서 약물을 마셔야 하오?

입 바른 소리로 분위기를 망친 동혁은 차 시간이 늦었다며 백 선생의 집에서 나온다. 그래도 눈치가 아주 없지는 않았던 것 같다. 이전 만남에서 동혁을 눈여겨봤던 영신 역시 따라 나온다. 영신은 차 시간이 늦었다는 동혁에게 '약박골'로 약물을 마시러 가자고 한다. 동혁도 차 시간은 거짓말이었는지 선뜻 영신을 따라나섰다.

약박골 물터에 도착한 동혁과 영신은 물을 사서 마신다는 것을 의아해하면서도 약물을 마시기로 한다. 두 사람이 약물을 마시는 '달콤 쌉싸

름한' 모습을 들여다보자.

동혁은 다른 사람이 하는 대로 돈 10전을 주고, 약물 한 주전자와 억지로 떠맡기는 말라빠진 굴비 한 마리를 샀다.

"온, 샘물을 다 사먹는담." 하고 한 바가지를 컬컬 넘치도록 따라서 영신에게 권한다.

"주전자 꼴허구, 약이 되기는커녕 배탈이 나겠어요." 하면서도 한창 조갈이 심하던 판이라, 둘이 번차례로 한 사발씩이나 벌떡벌떡 마셨다.

물이야 청하나마나 폭양에 운동을 한데다가 한여름 동안 더위에 들볶이던 오장은 탄산수를 마신 것처럼 쏴아 하고 씻겨 내려가는 것 같은데, 골 안으로 스며드는 밤기운에 속척삼에 배었던 땀이 식어서 선뜩선뜩할 만치나 서퇴가 되었다.

동혁은 다른 사람들이 하는 대로 약물 한 주전자와 말라비틀어진 굴비 한 마리를 10전 주고 산다. 동혁은 뭔가 개운치 않지만 영신에게 한 바가지 철철 넘치게 약물을 권했다. 낮 동안 한여름 더위에 들볶이며 갈증을 느끼던 두 사람은 번갈아 가며 한 사발씩 마신다.

영신과 동혁이 악박골 약물터에 가서 약물을 마시는 모습이다.

소설에는 약물을 마시니 속이 탄산수 마신 것처럼 '쏴아' 하고 씻겨 내려 가고 속옷에 배였던 땀이 식을 정도로 더위가 가셨다고 했다. 여기서 탄산수는 이미 살펴봤던 라무네, 시트론, 사이다 등 소다수이니, 당시 소다수가 비유에 등장할 정도로 즐겨 마시는 음료였음을 말해준다.

『상록수』에 등장하는 약물은 익숙한 부분과 낯선 부분 둘 다 존재한다. 익숙한 부분은 독자들도 약수라는 것에 대해 알고 있고 아직도 약수터가 많다는 데 따른 것이다. 한편 낯선 부분은 굴비나 암치를 먹어가면서 약수를 마시는 모습이다. 굴비는 설명이 필요하지 않을 정도로 잘 알려진 생선이다. 암치는 다소 생소한데, 민어를 소금에 절여서 말린 것이었다. 이를 고려하면 굴비도 소금에 절인 것으로 팔았음을 짐작할 수 있다. 약물이 몸에 좋다고 하니, 조금이라도 더 마시기 위해 짠 굴비나 암치를 먹어가며 마신 것이다.

『동아일보』에도 악박골 약수터에 관한 기사와 사진이 실렸다.

『상록수』에 나오는 악박골은 '영천'이라고도 불렀는데, 경성에서 가장 유명한 약수터 가운데 하나였다. 사실 악박골 약수터는 앞서 다룬 이상이 쓴 글에도 등장한다. 이상은 1936년 7월 「약수藥水」라는 수필을 발표한 적이 있다. 큰아버지가 몸이 편찮으시자 영험하다는 악박골 약물을 떠다 드렸는데, 한 종발이나 떠다 드린 그의 정성에도 불구하고 돌아가셨다는 것이다.

이상은 화가 많이 났는지 친구

집 얘기까지 곁들인다. 친구 집도 약발골 약수터 근처에 있어 마시는 것은 물론 밥, 국, 김치, 숭늉 모두 약물로 만들지만 가족들 모두 건강하지 않다고 했다. 심지어 막내 동생은 폐렴으로 죽기까지 했다는 것이다.

이상은 약물이 몸에 좋다는 것을 내켜하지 않는데, 본심은 이어지는 부분에서 나온다. 굴비나 암치와 함께 약물을 먹고 잘못 해서 배탈이 나는 것보다는 술을 마시는 것이 더 낫다는 속내가 그것이다. 이상이 선술집에서 술값 따로 안줏값 따로 받기로 해서 내켜하지 않는다는 부분은 사실 여기에 이어지는 것이다.

10전이면 선술집이나 주막에서 술 두 잔의 값이다. 선술집에서 술 한 잔을 먹으면 원하는 안주 하나를 먹었고 주막에서도 싸구려나마 안주가 제공되었다. 그러니 이상 같은 술꾼 입장에서는 약물을 마시기 위해 지불하는 10전은 충분히 아까운 돈이었을 테고, 필자 역시 이상의 생각에 동의한다.

약박골 약수터에 관해서는 1927년 8월 『조선일보』, 1929년 7월 『동아일보』에도 실렸다. 라듐 광분이 섞여서 특히 소화불량에 효과가 있고 약을 쓸 형편이 안 되는 사람들의 무수한 고질병을 고쳤다고 되어 있다. 하지만 두 기사 모두 약박골 약수터에 대해 호의적인 것만은 아니다.

기사는 약수터가 이미 향락장소처럼 되어 돈이 없으면 약물을 마실 수 없다고 했다. 앞서 확인했던 목을 억지로 마르게 하려고 결어 빠진 굴비 꽁댕이와 먼지 묻은 엿가래를 파는 것도 비난했다. 약수터 상인들이 시장에서 1, 2전 하는 굴비를 10전이나 받는 등 하루에 80원이나 되는 수입을 올리는 일이 꼴 보기 싫었던 것이다. 비난이야 어찌되었건 기사에 나온 모습은 『상록수』에서 동혁과 영신이 바가지를 써 가며 약물을 마시던 그것과 다르지 않다.

사전을 뒤적여 보면 약물, 곧 약수는 몸에 유익한 성분이 포함되어 특별한 효과를 얻을 수 있는 물이라고 되어 있다. 보통 약수라고 하면 차가운 광천수를 가리키는 경우가 많다. 한국에서는 예전부터 물의 효능에 관심이 많았다.『황제내경黃帝內經』에는 면역력이 강하면 병이 생기지 않는데 면역에 가장 좋은 것이 물이라고 했다.『동의보감東醫寶鑑』에는 약물의 효과를 더욱 구체적으로 소개했는데, 몸에 살이 찌거나 마르는 것, 오래 살거나 그렇지 못한 것은 마시는 물에 그 원인이 있다는 것이다.

약이 되는 물이라는 약수는 그대로 마시기도 했지만 음식을 하는 데 사용하는 경우도 있었다. 또 어떤 약수터의 약물을 마셨더니 고질적인 병이 나았다거나 혹은 몇 번 마시지도 않았는데 증상이 씻은 듯이 없어졌다는 등 실제 효과보다 과장된 영험함과 연결되기도 했다. 식민지시대에는 경성에만도 이름난 약수터가 20곳이 넘었다.『상록수』에 등장한 악박골을 비롯해 장춘단, 남산, 황동, 취운정 등이 그 대표적인 곳이었다. 전국적으로는 개인, 남천, 삼봉, 오색, 초정, 달기, 영산 등이 유명한 약수터였다.

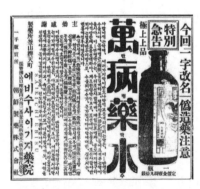

1927년 5월『동아일보』에 실린 '만병약수'의 광고이다. 몸에 병근을 없게 하고 정화작용을 일으켜 근육통, 관절통에서 급만성 매독까지 모든 병에 효과가 있다고 했다.

옆의 이미지는 1920년대 말 신문에 실린 '만병약수'라는 상품의 광고이다. 약수를 먹으면 병이 낫는다는 믿음 때문에 약수를 병에 넣어 판매를 했음을 알 수 있다. 1930년대 후반 기준으로는 한 병에 1원 90전이었으니, 싼 가격도 아니었다. 그런데도 광고가 1920년대 말부터 1945년까지 이어진 것으로 보면, 정말 병이 나았는지는 모르겠지만 찾는 사람은 많았던 것 같다.

광고를 조금 더 들여다보자. 먼저 이름에서 드러나듯 '만병약수'를 먹으면 만병을 낫는다고 강조했다. 이어진 문구를 살펴보면 만병약수는 몸에 정화작용을 일으켜 병의 근원을 없애기 때문에 모든 병에 효험이 있는 것은 다시 논할 바 없다고 했다. 구체적으로는 관절통, 천식증, 근육통, 신경통, 요통, 피부병, 급만성 매독, 음창, 매독성 각병 등에 효과가 있으니, 광고대로라면 정말 만병통치약으로 보인다.

판매처는 부산에 위치한 '조선제약주식회사'인데, 만든 곳은 '에비수사이기치약원'이라고 되어 있다. '에비스ㅗㅂㅈ'는 일본의 유명한 맥주회사인데, 약품을 제조하기도 했다. 그런데 만병약수를 제조한 회사가 그곳과 같은 곳인지는 정확하게 파악하기는 힘들다. 해방 이후 국내에서 제조해 새롭게 등장한 약수의 이름 역시 만병약수 못지않았다. '회춘약수'라는 이름이었으니, 그 역시 만만치 않은 효능이 있었다고 주장하고 싶었나 보다.

3. 지짐이와 밀주라는 음식

『상록수』에서 영신은 기독교청년회 농촌사업부의 특파원 자격으로 청석골로 내려간다. 그녀는 부녀회를 조직하는 한편 아이들에게 공부를 가르치는 강습소도 운영했다. 강습소가 좁아서 어려움을 느끼던 그녀는 기부금을 모아 좀 더 넓은 건물을 짓고자 한다.

영신의 활동에 불만을 지닌 주재소 소장은 학생들의 인원을 제한하고 기부금을 받지 말라는 등의 트집을 잡는다. 영신은 서둘러 새 강습소를 짓기 위해 기부금을 받으러 다닌다. 하지만 그 일 때문에 주재소에 구금되었던 영신은 출소한 후 결국 누적된 과로로 쓰러지고 만다.

동혁도 학업을 중도에 포기하고 고향인 한곡리로 내려간다. 한곡리는 지금의 충청남도 당진 근처에 위치한 어촌이었는데, 동혁은 그곳에서 농촌계몽운동에 헌신하기로 결심한다. 동혁이 한곡리에서 생활을 하면서 소설에는 자연스럽게 그곳의 거친 식탁 역시 등장을 한다. 한곡리 청년들이 농사일을 하다가 점심을 먹는 부분을 들여다보자.

회원들은 웅덩이로 가서 흙과 거름을 주무르던 손을 씻고, 논두렁에 가 둘러앉아서 점심을 먹는다. 그들의 점심은 쌀을 양념처럼 둔 보리밥이나, 조가 반 넘어 섞인 덩어리를 짠지 쪽과 고추장만으로 먹는다. 그 중에서는 돌나물김치에 마른 새우를 넣고 지짐이처럼 끓인 동혁이 형케의 반찬이 상찬이다.

"여보게들, 우리 합병을 허세."

새가 똥을 갈기고 간 것처럼 얼굴에 온통 흙이 튄 것도 모르는 건배가 함지박을 들고 동혁에게로 간다.

""참, 그러십시다요. 나 혼자 맛난 걸 먹으니까 넘어가질 않는걸요."

인용은 한곡리 청년들이 점심으로 쌀이 드문 보리밥이나 조가 반 이상인 조밥 덩어리를 먹는 장면이다. 반찬도 소개되어 있는데, 짠지 쪽, 고추장이 대부분이고 돌나물김치에 마른 새우를 넣은 지짐이는 훌륭한 반찬이라고 했다.

그런데 '상찬'에다 '만난 것'이라고 표현된 '지짐이'는 어떤 음식이었을까?

소설에는 훌륭한 반찬으로 언급되었지만 돌나물김치를 넣었다는 것을 보면 그렇지도 않은 것 같다. 돌나물은 대표적인 봄나물의 하나로 여기저기서 어렵지 않게 찾을 수 있었다. 그러니 돌나물김치도 다른 재료 대신 쉽게 구할 수 있는 돌나물로 담근 것이었다.

한곡리 청년회원들이 농사일을 하다가 거친 반찬이나마 일밥을 먹는 삽화이다.

요즘 지짐이는 잘 쓰이지 않지만 드물게 부침개를 가리키는 말로 사용된다. 여러 재료를 섞어 반죽한 것을 기름에 지져 먹는 음식이 지짐이라는 것이다. 평안도에서는 '지짐개', 황해도에서는 '막붙이'라고 부르기도 했다. 밀가루를 묻힌 후 달걀로 옷을 입혀서 기름을 두르고 부치는 '전'과는 사촌 정도 되겠다. 이렇게 보면 대표적인 지짐이는 녹두지짐, 곧 빈대떡이라고 할 수 있겠다.

그런데 『상록수』에 등장하는 지짐이는 이와는 다른 음식으로 보인다. 반죽한 것을 기름에 지져 먹는 음식이라면 돌나물김치에 마른 새우를 넣지는 않았을 것이다. 소설에 등장하는 지짐이는 국물이 적고 짜게 끓인 음식을 뜻한다. 국물이 적고 짜게 끓인 음식이라고 하니 언뜻 찌개가 떠오른다.

식민지시대에 발행된 조리서를 통해 지짐이와 찌개에 대해 구분해 보자. 먼저『조선요리제법』에는 지짐이로 우거지지짐이, 무지짐이, 오이지짐이, 왁적이, 호박지짐이, 암치지짐이 등이 소개되어 있다. 이들 가운데 우거지지짐이를 통해 지짐이와 찌개를 비교해 보겠다.

우거지지짐이는 우거지와 고기를 잘게 썰고 무는 얇게 썰어 물을 부은 후 된장과 고추장을 넣고 끓인다고 되어 있다. 이에 반해 우거지찌개는 우거지와 고기를 썰어 넣고 채친 파를 넣고 물을 붓고 오래 끓이다가 된장으로 간을 맞춘 후 만화에 닳도록 오래 끓여서 먹는다고 되어 있다. 여기서 '만화慢火'는 불을 작게 한 것 정도를 뜻한다.

두 음식을 조리하는 데서 가장 큰 차이는 지짐이에 비해 찌개는 국물이 거의 없어질 때까지 끓인다는 점이다. 지짐이가 물을 한 되 넣는 데 반해 찌개는 네 홉 넣는 것 역시 마찬가지의 이유에서였다. 결국 지짐이는 찌개보다 물을 많이 넣고 오래 끓이는 과정 없이 조리했던 음식임을 알 수 있다.

아지노모도의 광고인데, 명태지짐이가 등장한다. 이미지를 보면 화로 위에 올려놓고 떠서 먹었음을 알 수 있다.

그러면 다시 지짐이는 국과 비슷한 음식이 아니었을까 하는 생각이 든다. 민어지짐이와 민어국의 조리법을 통해 국과는 어떤 차이가 있었는지도 알아보자.『조선요리제법』에는 민어지짐이는 민어를 뼈째 잘게 썰어 넣고 무, 파, 고추 등과 물을 붓고 완화에 오래 끓여 뼈가 무르도록 하라고 되어 있다. 여기서 '완화'는 만화와 마찬가지로 작은 불을 가리킨다.

이에 반해 민어국은 내장을 뺀 민어를 한 치 길이씩 토막을 낸 후 물과 고추장을 넣어 끓인 물에 넣고 다시 더 끓여서 먹으라고 되어 있다. 둘의 차이는 국에 비해서는 지짐이가 민어 뼈가 무를 정도로 오래 끓인다는 것이다. 또 지짐이는 물은 한 되 넣는 데 반해 국은 세 사발 넣으라고 되어 있다.

『조선요리제법』에 수록된 세 음식의 조리법을 보면 지짐이는 찌개와 국의 중간 정도 되는 음식이었음을 알 수 있다. 찌개, 지짐이, 국의 순서대로 물의 양은 늘어났으며 반대로 끓이는 시간은 줄어들었다. 결국 지짐이는 찌개보다는 물을 많이 넣고 오래 끓이지 않았던, 또 국보다는 물을 적게 넣고 오래 끓였던 음식이라는 것이다.

식민지시대 소설을 살펴보면, 지짐이는 기름에 지져 먹는 음식보다는 국과 찌개의 중간 정도로 끓인 음식으로 등장하는 경우가 많다. 『상록수』뿐 아니라 이광수의 『흙』, 윤백남의 『해조곡』, 전영택의 『새 주인』, 김웅초의 『망부석』 등에서 된장지짐이, 생선지짐이, 김치지짐이가 등장한다. 이기영의 소설인 『봄』에서는 부침개와 지짐이가 다른 음식으로 각각 나오기도 한다.

하지만 기름에 지져 먹는 음식으로 등장한 경우도 있다. 박태원의 『우맹』, 노양근의 「하늘로 올라간 오누이」, 이주홍의 「알 낳는 할머니」 등에서 그렇게 나온다. 뒤의 두 작품은 소년소설이나 동화라고 부기되어 있는데, 지짐개질이나 달걀지짐이라고 해 기름에 지져 먹는 음식으로 등장한다. 하지만 국과 찌개의 중간 정도로 끓이는 음식으로 사용된 경우보다는 훨씬 적다.

지짐이라는 명칭의 문제에 도움을 줄 수 있는 자료로 1920년 3월 조선총독부가 편찬한 『조선어사전朝鮮語辭典』이 있다. 모두 58,639개의 항목을 포함한 983면의 분량으로 편찬에 거의 10년이라는 시간이 걸린 사전이었다. 『조선어사전』이 효율적인 식민 통치를 위해 조사, 정리, 편찬된 사전임을 부정할 수는 없지만, 당시 어휘의 쓰임에 접근할 수 있는 드문 자료이기도 하다.

『조선어사전』에 지짐이와 관련된 어휘는 아래와 같이 정리가 되어 있다.

지지다 활 煮詰む(바짝 졸이다), 烙く(불로 지지다, 낙인)
지짐이 명 稍鹹き汁(약간 짠 즙)
지짐질 명 油にて揚ぐろこと(기름에 튀기는 것)

『조선어사전』을 보면 '지지다'는, '바짝 졸이다煮詰む', '불로 지지다烙く'라고 되어 있다. 또 '지짐이'는 '약간 짠 즙稍鹹き汁'이라고 되어 있어, 국과 찌개의 중간 정도의 음식임을 알 수 있다. 그런데 '지짐질'은 '기름에 튀기는 것油にて揚ぐろこと'이라고 해, 기름에 지져 먹는 음식으로 정리되어 있다.

『조선어사전』을 보면 지짐이는 국물을 적게 해서 조리는 음식에서 기름에 지지는 음식으로 변화되었음을 추정할 수 있다. 지금 많이 사용하는 '부침개'라는 이름은 1950년대 이후에야 등장한다. 『조선어사전』에서 '부치다'라는 어휘를 찾아보면 (부채로) '부친다扇ぐ'라는 의미만 서술되어 있다.

식민지시대 신문 미디어를 통해 지짐이라는 말이 쓰인 비중을 비교해 보면 전자, 곧 국과 찌개의 중간 정도의 음식과 후자, 곧 기름에 지지는 음식은 각각 90%와 10% 정도 된다. 지짐이가 기름에 부친 음식을 가리키는 말로 사용되는 경우가 드물었던 데는 그것을 가리키는 어휘로 '전유어'가 있었기 때문이기도 하다. 전유어는 얇게 저민 고기나 생선에 밀가루를 묻힌 후 달걀 푼 것을 씌워 기름에 지진 음식으로, '저냐'라고도 불렸다.

그런데 점차 지짐이는 기름에 지지는 음식을 가리키는 말로 더 많이 사용된다. 가장 쉬운 예로 녹두지짐을 떠올려 보면 금방 알 수 있다. 이에 반해 국과 찌개의 중간 정도 되는 음식을 부르는 말로 지짐이는 조금씩 사라지게 된다. 지금은 국과 찌개의 중간이 되는 음식 자체를 찾기 힘들다. 독자들에게 기름에 부친 음식이라고 하면 가장 먼저 떠오르는 것은 '부침개'이다. 1950, 60년대에 이르러 기름에 지진 음식을 부르는 이름으로 부침개가 자리를 잡음에 따라 지짐이라는 말 역시 사라지게 되었을 것이다.

한곡리 사람들이 먹는 다른 반찬에 대해서도 살펴보고 넘어가자. '짠지 쪽'이라고 등장한 짠지는 무를 소금으로 짜게 절여 만든 김치 대용의 음식이었다. 소설의 앞부분에서는 반찬으로 '장물을 찔끔 친 갯줄나물'도 등장한다. 갯줄나물은 보통 갯솔나물로 불리는 것으로 바닷가에서 자라는 한해살이풀이다. 잘 먹지 않고 새순만을 식용으로 할 수 있다니 갯줄나물 역시 어쩔 수 없이 먹었던 반찬임을 알 수 있다.

돌나물김치, 짠지 쪽, 갯줄나물은 모두 주변에서 쉽게 구할 수 있는 재료로 만든 음식이라는 공통점을 지닌다. 물론 한곡리 사람들은 이들 반찬을 한꺼번에 해서 먹은 것은 아니고 변변치 않은 반찬이나마 한두 개씩 해서 먹었을 따름이다. 심지어 보릿고개에는 이마저 못 먹고 칡뿌리나 나무껍질을 먹는다고 했다.

하찮은 음식도 달게 먹는 동혁은 회관을 새로 지어 청년회를 이끌며 자신이 뜻한 바를 이루려 노력한다. 하지만 동생인 동화가 술김에 청년 회관에 불을 지르는 일이 생기자, 지주인 강기천은 그 일을 빌미로 동혁을 파출소에 구금시킨다. 강기천은 동혁이나 영신의 반대편에 위치하는 인물로, 실제 『상록수』에서 강기천은 동혁과 번번이 갈등을 일으킨다.

한 가지 흥미로운 사실은 소설에 그려진 강기천의 모습이다. 동혁이 들르면 강기천은 '낙지대가리 말린 것'과 '마늘장아찌'만 놓고 보기만 해도 고리타분한 막걸리를 마시기 일쑤이다. 또 그는 7, 8년이나 면서기를 다니면서도 싸구려 담배 한 갑 안 사 피우고 남이 태우다가 버린 궐련 꼬투리를 주워 피우는 쪼잔한 인물로 그려져 있다.

그래도 근래 교제가 늘어나서 면이나 주재소에서 양복쟁이가 나오면 으레 막걸리 웃국이나마 대접하게 되었다고 한다. 동혁이 두 번째 강기천을 찾았을 때는 나름 신경을 쓴 술상이 나오는데 구경해 보자.

컨일과 똑같은 대중의 술상이 나왔다. 그러나 오늘은 어란과 육포 조각까지 곁들여 내온 것을 보니, 특별대우를 하는 모양이다.

"여보게, 오늘은 한잔 들게. 사람이 너무 고집이 세두 못 쓰느니." 하고 권하는 대로,

"그럼, 나 먹는 대루 잡수실 테지요." 하고 동혁은 커다란 주발 뚜껑으로 밥풀이 동동 뜬 노오란 컨국을 주르르 따랐다.

"무슨 술이 이렇게 준헙니까? 벌써 창자 속까지 찌르르헌데요." 하고 진저리를 치는 흉내를 낸다.

"기고忌故두 계시구 해서, 가양家釀으루 조금 빚어 낸 모양인데, 품주品酒는 못 돼두 그저 먹을 만허이."

인용은 동혁이 왔다고 어란과 육포까지 곁들인 상을 차려 냈음을 말하고 있다. 여기서 어란은 숭어나 민어 같은 생선의 알을 소금에 절여 햇볕에 말린 것이었다. 가양주는 집에서 빚은 술이고, 품주는 품격이나 등급이 있는 술을 뜻하니 아주 좋은 술 정도가 되겠다.

이 책의 관심은 인용에 이어지는 강기천의 "내가 밀주해 먹는 소문이 나 내지 말게." 하는 언급이다. 강기천은 계절마다 집에서 막걸리를 담가 먹는데, 당시에는 집에서 빚은 술, 곧 가양주가 밀주였다는 것이다. 또 하나 주목해야 할 사실은, 반쯤은 핑계 같지만, 기고가 있어서 술을 빚었다는 강기천의 말이다. 제사가 있어서 어쩔 수 없이 집에서 술을 담갔다는 것이다.

『상록수』에는 강기천 말고 동리 사람들도 밀주를 빚어 먹는 경우가 많다고 되어 있다. 왜 한곡리 사람들은 위법을 저지르면서까지 밀주를 담가 먹었던 것일까? 사실 그들이 한 것은 위법을 저지른 것이라기보다 예전과 같이 술을 빚었을 뿐이었다. 법이 새롭게 생겨서 같은 행위가 위법으로 처벌받게 된 것이었다.

4장에서 선술집에서 술을 마시면 안주를 공짜로 줬던 관행을 이해하기 위해 고조리서의 도움을 받은 바 있다. 『산가요록』, 『수운잡방』, 『계미서』, 『음식디미방』, 『음식보』, 『규합총서』, 『규곤요람』 등이 그것이었다.

이들 고조리서는 다루는 음식 가운데 술의 비중이 단연 높다는 공통점을
지니고 있었다.

고조리서에 술과 관련된 부분의 비중이 높았던 것은 조리법의 중심
에 술을 빚는 방법이 위치했기 때문이고, 나아가 그것은 술이 가장 중요
하고 귀한 음식이었던 까닭이었다. 예전 술의 위상에 관해서는 지방 특
유의 술을 담가 사용하고 진행 역시 술을 올리는 과정을 중심으로 이루
어지는 제례를 통해서도 확인했다.

가양주가 위법이 된 것, 곧 집에서 술을 담가 먹지 못하게 된 것은 주
세법과 주세령이 시행되는 것과 맞물려 있었다. 주세법은 1909년 제정
이 되었고, 주세령은 1916년에 시행되었다. 주세법, 주세령에 의해 빚을
수 있는 술은 약주, 탁주, 소주 세 가지로 정해졌고, '양조釀造', '증류蒸溜',
'재제再製' 등 제조방식도 규정되었다. 또 집에서 담가 먹을 수 있는 용량
을 탁주와 약주는 2석 이하, 소주는 1석 이하로 제한해 그것을 넘기면 세
금의 5배에 달하는 벌금이 부가되었다.

집에서 담그는 술은 용량을 제한했으며 양조장에서 만드는 술보다
세금을 많이 징수했다. 또 양조장에서 술을 만드는 데는 최저한도를 정
해 영세한 조선인은 양조장을 운영할 수 없게 했다. 이를 고려하면 주세
법과 주세령은 이런 저런 내용을 담고 있지만 결국 집에서 술을 빚지 못
하게 만든 것이었다. 앞서 밀주를 담그는 것이 법이 새롭게 생겨서 처벌
을 받게 되었다는 언급은 이를 뜻한다.

그래도 명절, 기일 등 제례를 지내야 할 때나 농사일을 해야 하는 농
번기에는 어쩔 수 없이 술을 빚었을 것이다. 『상록수』에서도 동혁의 동
생인 동화는 영신에게 다음과 같이 얘기를 한다.

술두 엄금이에요. 내 의견 같어선 막걸리 같은 곡기 있는 술은 요기두 되구 취허지 않을 만치 먹으면 흥분두 돼서 일두 훨씬 붙건만, 젊은 기운이라 입에만 대면 어디 척당허게들 먹어야지요. 신작로에 술집이 둘이나 되구 계집들이 들어와서 젊은 사람의 풍기두 나뻐지길래 회원들은 당최 입에두 대지 않기루 했어요. 허지만, 혼인이나 환갑 같은 때는 더러 밀주들을 해먹는 모양입디다.

막걸리는 농사일을 하는 데 도움이 되지만 한 번 마시면 절제가 안 되고 또 여자를 둔 술집도 생겨서 풍기를 해친다고 했다. 그래서 한곡리 청년회에서는 아예 술을 안 마시기로 했지만, 그래도 혼인이나 환갑 같은 때는 밀주를 해서 마신다는 것이다.

주세법과 주세령이 시행된 후 관청에서는 밀주 단속을 심하게 했다. 신문 기사를 보면 관청 직원들이 밀주조사를 한다면서 신을 신고 집에 들어가 말리는 사람들을 폭행까지 했다고 되어 있다. 또 밀주를 담그지 않았다는 말을 듣고도 벽장, 부엌 등 온 집 안을 뒤집어엎고 심지어 사당까지 뒤지는 경우도 있었다는 것이다.

명절, 기일 등에 어쩔 수 없이 술을 빚은 것이 드러나면 벌금이 부과되었다. 하지만 『상록수』에도 나와 있듯이 하찮은 음식도 못 먹어서 칡뿌리나 나무껍질을 먹는 한곡리 사람들에게 벌금 낼 돈이 있을 리 없었다. 벌금을 낼 수 없었던 대부분의 식민지인들은 감옥살이로 벌금을 대신했다.

그런데 일본은 왜 주세법을 제정하고 주세령을 시행하려 했을까? 주세법과 주세령이 시행되기 전 주막과 같은 작은 규모의 술집에서 술을 직접 담갔던 업자들은 15만 명을 넘었다고 한다. 법령이 시행되자 이들은 술을 파는 양만큼 세금을 냈는데, 손님은 그대로인 반면 세금을 내니 그나마 간당간당했던 수입이 더 줄어들었다. 점차 주막은 영업을 그만두든지 대량으로 술을 빚는 곳, 곧 양조장의 술을 받아서 팔게 되었다.

1920년대에 들어서 논산의 양촌양조장, 부산의 연수주조장, 인천의 대화주조장과 같은 양조장이 급격히 증가한다. 또 인천의 조일양조장, 부산의 대선양조장 등 소주양조장이 들어서기 시작한 것 역시 같은 이유 때문이었다. 지금 소주의 대세를 이루고 있는 희석식 소주도 그때 등장한 것이다. 그래도 비중으로 따지면 막걸리가 가장 높아 1932년 부산에서 소비된 술은 막걸리가 3만 1500석, 소주가 2000석, 일본 청주가 800석 정도 되었다고 한다.

이들 양조장, 바꾸어 말해 술 공장을 운영한 사람들은 대부분 일본인이었다. 앞서 얘기했듯이 양조장에서 술을 만드는 데 최저한도를 정해 영세한 조선인이 운영할 수 없게 만들었기 때문이다. 주조업 자체를 일본인이 담당하게 한 것인데, 일본에서 식민지 조선에 주세법을 제정하고 주세령을 시행한 주된 이유는 여기에 있었다. 다른 하나는 세금을 수탈하기 위한 의도에서였다. 법령에 따라 술을 빚는 양만큼 세금을 내게 했는데, 용량을 신고가 아닌 사정으로 결정해 세원을 치밀하게 파악했다. 1918년에 주세로 걷어 들인 돈이 1909년에 비해 12배나 많아졌음은 주세법과 주세령의 목적이 어디에 있었는지 분명히 말해준다.

4. 스쳐가는 희생의 가치

동혁이 수감되었다는 소식을 들은 영신은 동혁을 면회하며 다시 한 번 계몽운동에 헌신할 결심을 가다듬는다. 그러나 일본으로 요양 겸 유학을 간 영신은 건강이 악화되어 병든 몸을 이끌고 조선으로 귀국한다. 청석골로 돌아온 후에도 새로 짓는 강습소 건물에 애착을 보이다 병세는 점점 더 악화되어 갔다. 결국 영신은 몸을 일으키지 못하게 되는데, 세상을 떠나는 순간까지도 강습소에 대한 염려로 가득하다.

청년들은 영신의 머리맡에 둘러앉았다. 여러 사람은 숨소리를 죽여 방 안은 무덤 속같이 고요한데, 영신은 할딱할딱 숨을 몰아쉬다가 원재의 손을 잡고 나머지 힘을 다 주며,

"원재, 내가 가드래두…… 우리 학원은 계속해요! 응, 청년들끼리……."

하고 여러 청년의 수심이 가득 찬 얼굴을 둘러보며 마지막 부탁을 한다.

……중 략……

울음 반죽인 원재 어머니의 말에, 영신은 고맙다는 듯이 머리를 끄덕이다가 다시금 깜박 하고 정신을 잃었다. 호흡은 컴컴 가빠 가는데, 맥을 짚어 보니 뚝 뚝 하고 절맥이 된다.

그렇건만 영신은, "끄응!" 하고 안간힘을 쓰며 턱밑까지 닥쳐온 죽음을 한 걸음 물리쳤다.

"나, 날……." 하고 혀끝을 굴리지 못하다가, "학원집이 뵈는 데다…… 무 묻어……." 하는데, 인케는 말이 입 밖을 새지 못한다. 입에다 귀를 대고 듣던 원재 어머니는 커다랗게 고개를 끄덕여 보였다.

수감되어 있던 동혁은 발걸음을 재촉해 청석골을 찾았지만 영신의
임종을 지키지는 못한다. 동혁이 도착했을 때 영신은 이미 입관을 한 상
태였으며, 그것을 본 동혁은 온몸에 경련을 일으키며 소리 내어 운다.

『상록수』는 『동아일보』에 연재가 마무리된 후
단행본으로 발행된다. 이미지는 1936년 '한성
도서주식회사'에서 발행한 단행본의 표지이다.

영신을 발인하던 날 동혁은
슬픔과 고뇌가 뒤범벅이 된 자신
을 발견한다. 믿었던 동지는 배신
을 하고 동생은 이국에서 살았는
지 죽었는지도 모르는 상태였다.
그런 상황에서 세상과 싸워나가
는 데 유일한 의지였던 영신의 죽
음은 동혁의 마음을 혼란스럽게
한 것이다.

하지만 동혁은 마음을 다잡고
청석골 사람들에게 자신의 희생
을 통해서라도 영신의 사명을 이
어받으려 한다는 결심을 밝힌다.

청석골에 도움만 된다면 변변치 못하지만 자신의 모든 것을 버리고 그
길을 좇으려 한다는 것이다.

『상록수』는 영신과 동혁의 사랑을 한 축으로 삼고, 계몽운동이라는
과제를 다른 축으로 해, 식민지 지식인의 열정과 고뇌를 그리고 있다. 그
런 점에서 『상록수』는 1930년대 발표된 농촌을 배경으로 하는 작품들,
곧 이광수의 『흙』, 이기영의 『고향』과 함께 농민문학을 대표하는 작품이
라고 할 수 있을 것이다.

하지만 앞서 얘기했듯이 그 일은 영신과 동혁의 희생을 대가로 하는 것이었다. 선생님의 죽음을 받아들이지 못하는 아이들, 또 동혁이 하려는 일이 무엇인지 이해하지 못하는 한곡리 사람들은 시간이 지나면 그들의 가치를 깨닫게 될까? 영신과 동혁이 여전히 아이들이나 한곡리 사람들과는 겉돌고 있다는 느낌은 이 질문에서 비롯된 것이다.

그때 아이들은 어떤 음식을 좋아했을까?

『상록수』에는 백현경 선생의 집에서 열린 저녁 만찬에서 라이스카레, 오믈렛 등이 등장한다. 라이스카레는 식민지시대 아이들도 좋아하는 음식이었다고 한다. 여기에서는 1936년 5월 『조선일보』에 실린 기사를 통해 그때 아이들이 좋아했던 음식과 싫어했던 음식에 대해 알아보자.

어린이 음식 어떤 것을 즐기나?

어떤 학교에서 120명 정도 되는 학생들에게 실제로 음식으로 먹게 하고 그 즐기는 것과 싫어하는 것을 알아보았다.

좋아하는 것은 누른 밥, 라이스카레, 멘치볼, 고로케, 치킨라이스, 푸요하이, 포크스튜 등이었다.

싫어하는 것은 생선 구운 것, 나물 무친 것, 간장, 숙주나물, 장찌개, 물고기, 채소 샐러드 같은 것이었다.

이것으로 보면 어린이들은 맛이나 냄새보다는 오히려 눈으로 보기에 좋은 것을 취하는 것 같다.

120명 정도 되는 아이들이 실제로 음식을 먹어 본 후 밝힌 것이라고 한다. 지금과 썩 다르지 않는 것 같기도 하다. 좋아하는 음식 중 멘치볼은 지금의 미트볼 정도라고 생각하면 되겠다. 그런데 '푸요하이'는 아무리 찾아봐도 무슨 음식인지 모르겠다. 싫어하는 것에는 생선 구운 것이 있는데 또 물고기라고 되어 있어, 물고기가 어떤 음식인지도 궁금하다.

9장

―

여기엔 내가 좋아하는 찔레꽃이 없어요

－김말봉의『찔레꽃』(1939)

작가로서 김말봉은 양가적인 존재다. 그녀는 문학 연구자들에게는 그다지 조명 받지 못했다. 하지만 1930년대 독자들에게는 가장 인기 있는 작가 가운데 한 명이었다.『밀림』을 통해 독자들을 사로잡았던 그녀는,『조선일보』에 연재한『찔레꽃』을 통해 베스트셀러 작가로 자리를 잡는다. 그것은, 김말봉에게는 섭섭할지 모르지만, 앞선 연구자들에 의해 '통속소설가'라는 꼬리표를 달게 되는 과정과 맞물려 있다.

『찔레꽃』의 중심인물은 안정순이다. 정순은 이민수와 연인이지만, 이들의 관계는 곧 어긋난다. 조경애가 민수를, 또 조경구가 정순에게 호감을 가졌기 때문이다. 물론 이러한 어긋남은 소설의 재미를 위해 작가의 의도한 바였다. 남매의 아버지인 조 두취마저 흑심을 품었으니, 정순을 바라보는 독자들의 마음은 얼마나 애가 탔겠는가?

조 두취는 지금으로 말하면 은행장 정도 되는 지위의 인물이다. 그 덕분에 독자들은 경성의 고급음식점을 구경할 수 있는 기회를 얻게 된다. 이 장에서는 먼저

런치, 라이스카레 같은 식사와 소다수, 아이스크림 등의 디저트를 팔았던 '미츠코시백화점' 식당을 방문하게 될 것이다. 또 식민지시대 최고 호텔이었던 '조선호텔' 식당의 정식을 구경하고, 기생 옥란의 변덕스러운 입맛 덕분에 거기서 스시를 시켜 먹는 드문 광경도 엿볼 계획이다.

1. 오복부가 백화점이야?

『찔레꽃』은 김말봉의 소설로, 1937년 3월부터 10월까지『조선일보』에 연재되었다.『찔레꽃』의 중심인물은 정순으로, 그녀는 민수와 사랑하는 사이이다. 정순은 아버지의 병이 위중하게 되자 가족들의 생계를 위해 조만호 두취의 집에 가정교사로 들어간다. 두취는 지금으로 말하면 은행장 정도 되는 직책이다.

조 두취에게는 아들 경구와 딸 경애가 있는데, 그나마 다행인 일은 경애가 정순을 좋아해 친하게 지낸다는 것이다. 또 '미츠코시백화점三越百貨店'이나 '조선호텔朝鮮ホテル' 등 고급식당을 구경할 수 있는 것 역시 조두취의 집에서 가정교사를 해서였다. 그러니 가정교사 자리가, 정순에게는 파란만장한 사건의 전조였을지도, 독자들에게는 고마운 일일지도 모르겠다.

1929년 지금 신세계백화점 위치에 새롭게 세워진 미츠코시백화점의 모습이다.

정순이 미츠코시백화점에 간 것 역시 함께 찻집에 가자는 경애를 따라나서면서였다. 집을 나서던 둘은 조 두취를 만나는데, 경애는 아버지에게 'XX오복부'에 간다고 둘러댄다. 정순에게 흑심은 품은 조 두취는 자신도 그 근처에 간다며 차에 타라고 해, 정순은 예정에도 없던 'XX백화점'에 가게 된다.

그런데 소설에서는 XX오복부에 간다고 하고 XX백화점으로 간다. 둘은 같은 곳인데, 미츠코시백화점이 그곳이었다. 근래 영화 『암살』의 공간적 배경으로 등장해 독자들에게도 낯설지 않은 곳이다. 미츠코시백화점의 전신이 '미츠코시오복점三越吳服店'이었다. '오복점'은 일본에서 옷감을 파는 고급 상점을 가리키는 말이었는데, 이후 직접 옷을 만들어 판매하기도 했다.

경성의 미츠코시오복점은 1906년 개업을 했으며, 일본 본점의 출장소 성격을 지니고 있었다. 본점의 물건에 대한 수출입을 주로 하면서 소규모 잡화상을 운영하는 정도였다. 위치는 본정 1정목이었는데, 이후 본정 입구로 옮겨 미츠코시백화점으로 개장하게 된다. 이전 후 오복점이 있었던 자리에 들어선 것은 '가네보 서비스스테이션鐘紡サービスステーション'이었다.

미츠코시백화점이 지금의 신세계백화점 자리로 옮겨 새롭게 문을 연 것은 1929년이었다. 『찔레꽃』이 연재되던 시기는 이미 미츠코시백화점이 개장을 한 때였다. 그런데도 XX오복부에 간다고 할 것을 보면 그때도 여전히 오복부, 오복점 등의 이름으로 불렸음을 말해준다. 또 백화점으로 부를 때도 미츠코시백화점이 아니라 '삼월백화점'으로 불렸음도 흥미롭다.

2. 미츠코시백화점의 식당

(1) 멜론, 아이스크림, 그리고 소다수

『찔레꽃』에서 미츠코시백화점에 간 경애는 아버지를 졸라 자신의 옷, 구두, 화장품을 사고, 딸의 성화에 조 두취도 넥타이를 구매한다. 정순은 경애가 쇼핑하는 것을 구경하지만 심심할 뿐이다. 그러다가 뭐라도 사라고 조르는 경애의 말에 내키지 않지만 손수건 두 개를 구매했다. 아마 하나는 자기 것으로, 다른 하나는 민수의 것으로 샀나 보다.

여기에서 잠시 미츠코시백화점의 매장 구성을 살펴보자. 먼저 1층에는 화장품, 일본 신발, 고급 식료품 매장과 함께 약국이 있었다. 2층에는 맞춤복, 기성복을 망라한 의류 매장이 있었는데, 주로 일본 의류를 취급했다. 3층에는 양복, 양장, 양품 매장이 있었으며, 한편에는 옷을 만들거나 수선하는 공간도 있었다.

4층에는 식당과 커피숍을 겸한 대형식당이 자리하고 있었는데, 『찔

미츠코시백화점의 식당으로, 백화점의 최상층인 4층에 있었다.

레꽃』에서 조 두취 일행도 거기에 간다. 쇼핑을 마친 세 사람은 식당에
가기 위해 엘리베이터를 타는데, 엘리베이터 걸이 친절하게 손님을 맞는
모습도 흥미롭다. 엘리베이터에서 내린 조 두취, 정순, 경애는 미츠코시
백화점 식당에 들어가 자리를 잡는다.

　앞 페이지의 이미지에서 볼 수 있듯이 미츠코시백화점 식당은 넓은
공간에 많은 식탁을 배치해 식사를 하거나 차를 마실 수 있게 했다. 식당
에 간 세 사람이 주문을 하자 식탁 옆에서 주문을 기다리던 여자 종업원
이 전표에다 도장을 찍은 후 주방에 주문하러 간다. 그런데 백화점 식당
만의 독특한 주문 방식은 『찔레꽃』에 나타난 것과는 달랐다.

　백화점 식당에는 들어가기 전 입구에 유리로 된 진열대가 있었고, 그
안에는 식당에서 판매하는 음식 샘플이 먹음직스럽게 진열되어 있었다.
진열대에 음식 샘플을 전시해 놓는 것은 백화점 식당에서 처음 도입한

박태원의 소설 『우맹』에 등장하는 백화점 식당의 입구이다.
진열대와 음식 샘플을 보고 있는 여성이 그려져 있다.

제도였다. 손님들은 샘플을 보고 먹을 음식을 선택한 후, 그 옆에 있는 계산대에서 주문을 하고 전표를 받았다.

앞 페이지의 이미지는 박태원이 『조선일보』에 『우맹』을 연재할 때 실린 삽화이다. 삽화에는 백화점 식당의 입구에 있는 진열대와 음식 샘플을 보고 있는 여성이 나타나 있다. 그런데 간혹 식당에 자리를 잡은 후 종업원에게 주문을 하는 손님들도 있었는데, 조 두취 일행도 그런 경우였다. 소설에서 종업원이 도장을 찍은 후 가져갔던 전표는 계산대에서 주문을 하고 받거나 혹은 종업원에게 직접 주문을 할 때 사용하는 것이었다.

식당에서 경애가 멜론을 시키자 정순과 조 두취도 같은 것을 주문한다. 정순은 낯선 포크를 들고 역시 익숙하지 않은 멜론을 먹는다. 여기서 미츠코시백화점 식당에서는 음식, 음료뿐 아니라 당시 '실과'라고 불렀던 과일도 팔았음을 알 수 있다. 멜론을 먹고 나자 조 두취는 정순과 경애에게 다른 것도 더 시켜 먹으라고 한다.

조 두취는 아픈 아내를 두고 기생 옥란과 깊은 관계를 맺고 있다. 그런데 그는 가정교사로 들어온 정순을 처음 볼 때부터 흑심을 품게 된다. 두 사람에게 더 시켜 먹으라고 큰소리를 친 것 역시 정순에게 점수를 따려는 마음에서였을 것이다. 이번에도 경애가 나서 세 사람 몫의 아이스크림과 소다수를 시킨다. 그런데 경애가 둘을 먹는 방법은 예사롭지 않은데 구경해 보자.

경애는 '소다-수'에 아이스크림을 넣어 휘휘 저어서 먹는다.

조 씨도 '소다-수'에다 아이스크림을 텀벙 넣자 '소다-물'은 부그르르 흘러나와 테이블클로스를 적셨다. ……중 략……

그(청순이; 인용자)는 연방 벙싯벙싯하려는 자기 입술에다 '소다-잔'에 담긴 보릿대를 댔다. 그러나 청순이 한 모금 빨아들인 '소다-물'은 목으로 바로 넘어가지 않고 콧구멍으로 조금 올라왔다. 그 때문에 청순의 눈에서는 금방 눈물이 핑그르르 돌면서 재채기가 나오려 한다.

경애는 소다수에 아이스크림을 넣고 휘휘 저어서 섞은 후 먹는다. 조두취도 젊어 보이고 싶었는지 딸이 하는 대로 따라한다. 그런데 아이스크림을 넣자 소다수가 부그르르 넘쳐 서둘러 입을 갖다 대지만 넘쳐흐르고 만다. 정순은 그 모습을 보고 웃지 않으려고 소다수를 마시다 코로 올라와 눈물을 흘리게 된다. 인용문에서 '보릿대'는 지금의 빨대라고 생각하면 된다.

세 사람이 마신 소다수는 '탄산음료Soda Water'를 가리킨다. 이미 「소설가 구보 씨의 일일」, 「날개」, 『상록수』등의 소설에서 등장한 바 있으니, 식민지시대에 꽤나 인기가 있었나 보다. 여기에서는 소다수의 인기 비결에 대해 조금 더 알아보도록 하자.

소다수의 가장 큰 특징은 톡 쏘는 탄산의 느낌인데, 인공적으로 이산화탄소를 주입해 소다수를 처음 생산한 것은 1772년 영국에서였다. 1808년에는 미국에서도 과일주스를 첨가한 탄산음료를 판매하기 시작해, 소다수는 곧 인기음료로 자리 잡게 된다.

식민지 조선에는 소다수 역시 일본을 통해 유입되었는데, 판매되었던 탄산음료로는 '라무네ラムネ', '사이다サイダー', '시트론シトロン' 등이 있었다. 앞서 확인한 것처럼 일본에서 소다수 가운데 가장 인기가 있었던 것이 라무네였다. 라무네라는 이름은 영국의 음료 '레모네이드

lemonade'에서 유래한 것이었는데, 일본에서 생산을 시작한 것은 1872년이었다.

필자가 구입해 마셔 본 라무네다. 코드넥 보틀 방식을 사용한 것이 이채로웠다.

옆의 이미지는 필자가 구매해 마셔 본 라무네의 사진이다. 다행히 지금도 판매를 하고 있어서 100년도 더 된 라무네의 맛을 볼 수 있었다. 라무네는 병 안에 있는 구슬이 탄산을 막아주는 '코드넥 보틀Codd-neck bottle' 방식을 사용했는데, 독특한 병의 디자인도 이것과 관련된다. 맛은, 솔직히 말하자면, 소다맛 '뿅따'나 '탱크보이'와 비슷했다.

당시 소설을 뒤적여 보면 조선에서는 오히려 사이다가 소다수로는 더 인기가 있었다. 일본에서 사이다가 처음 생산된 것은 1884년으로, '미츠야사이다三ツ矢サイダー'가 그것이었다. 소다수에 사과향을 섞어서 만든 무색 투명한 음료였다. 조선에 미츠야사이다가 들어온 것은 1905년으로, 이후 '금강사이다', '마쓰이사이다松井サイダー' 등도 판매되었다.

라무네가 레몬향을, 사이다가 사과향을 섞은 데 반해 시트론은 시트론citron이라는 과일향을 첨가했다. 시트론은 운향과의 과일로, 히말라야 주변과 북인도에서 남중국에 이르는 지역에서 생산된다고 한다. 일본에서는 1909년부터 '삿포로맥주サッポロビール'의 전신인 '다이니폰맥주大日本ビール'에서 만들었다. 시트론은 조선에서 팔기는 했지만 사이

다나 라무네만큼 많이 판매되지는 않았다.

　세 사람이 시킨 소다수는 사이다로 보인다. 그것은 소다수를 마신 곳이 미츠코시백화점 식당이기 때문이다. 1930년대 말 352ml 사이다 한 병의 가격은 18전에서 20전 정도 했는데, 비슷한 용량의 라무네 한 병은 5전이었다. 음식점에서는 사이다가 35전이었고, 라무네가 15전에서 20전 정도였다. 라무네가 쌌던 것은 저렴한 원료를 사용했기 때문이라고 되어 있다. 라무네가 주로 기차역, 극장, 노점 같은 데서 판매되었고, 시트론이 그다지 인기가 없었음을 고려하면, 세 사람이 마신 소다수는 사이다일 가능성이 크다.

(2) 미쓰꼬시에 가서 난찌를 먹어요

　조 두취 일행은 식당에서 멜론, 아이스크림, 소다수 등을 먹었다. 미츠코시백화점의 식당에서 파는 다른 메뉴는 어떤 것이 있었을까? 미츠코시백화점의 식당에 대해서는 당시 일본어 잡지 『조선과 만주朝鮮及滿洲』의 기사를 참고할 수 있다. 기사는 미츠코시를 비롯해 '조지아ジョージア', '미나카이三中井' 등 세 백화점을 비교하기 위해 식당의 구석구석을 꼼꼼히 살피고 있다.

　『조선과 만주』의 기사는 먼저 미츠코시백화점의 식당이 4층의 동편에 위치하고 있으며 테이블은 모두 28개, 의자는 130개라고 했다. 식당에서 파는 음식은 서양음식, 일본음식, 중국음식, 음료 등이 있었다. 메뉴는 모두 40종이었는데, 한 달에 한 번씩 부분적으로 교체를 했다. 조선 음식은 메뉴에 없었는데, 그것은 조지아나 미나카이백화점 식당에서도 그랬다.

일류를 표방했던 미츠코시백화점의 식당에서는 서양음식과 음료만 직접 조리하고 나머지 음식들은 근처 고급음식점의 것을 납품 받았다. 면류는 남산정의 '기쿠야喜久屋'에서, 장어요리와 덴푸라는 욱정의 '가와나가川長'에서, 스시는 명치정의 '스시히사寿司久'의 음식을 제공받았다.

미츠코시백화점 식당에서 파는 서양음식 가운데 가장 인기가 있었던 것은 '런치Lunch'였다. 채만식의 『태평천하』에서 기생인 춘심이 윤 직원에게 '미쓰꼬시'에 가서 사 달라고 한 '난찌'가 그 음식이다. 점심에 한정해서 파는 메뉴였는데, 돈가스, 라이스카레 등 인기가 있는 몇 가지 음식을 하나의 접시에 담아서 제공했다. 음식이 순서대로 제공되는 코스요리의 상대적인 방식으로, 코스요리보다 저렴해 인기가 있었다. 조선호텔 식당을 다루면서 얘기하겠지만, 코스요리가 '정식'이라는 이름으로 정착되는 과정을 살펴보는 일도 흥미롭다.

런치의 가격은 1930년대에 40전에서 50전 정도했다. 치킨라이스보다 조금 더 비쌌고, 라이스카레보다는 두 배 정도 했다. 당시 조선 식당에서 장국밥, 비빔밥, 대구탕, 떡국 등은 15전 정도에 팔았으니, 그것보다는 세 배 정도 비쌌다. 런치에는 '베이비런치御子様洋食'라고 해서 아이들을 위한 것도 있었다. 백화점이 가족 단위의 손님을 유치하기 위해 인기가 있는 런치의 어린이 버전을 판매했던 것이었다.

이태준의 『딸 삼형제』에는 팔조와 정매가 미츠코시백화점 식당을 방문하는 장면이 있다. 팔조는 런치를 시켜서 먹는데, 정매는 자기는 베이비런치가 꼭 먹고 싶다며 그것을 시킨다. 『딸 삼형제』를 보면 베이비런치라고 해서 꼭 아이들만 먹었던 것은 아니었나 보다.

미츠코시백화점 식당의 홀에서 일하는 종업원은 일본인 15명, 조선인 5명으로 모두 20명이었다. 그들은 모두 15세에서 18세 사이의 여성으로, 하얀 에이프런을 유니폼처럼 입고 날렵하게 서빙을 했다. 급여는 하루에 60전에서 80전 정도를 받았는데, 급여를 일당으로 받았다는 것도 시사하는 바가 크다. 주방에서는 모두 35명이나 되는 사람들이 일을 했다고 되어 있으니, 식당의 규모를 짐작할 수 있다.

최금동의 「애련송」이라는 글에는 백화점 식당에서 일하는 종업원의 모습이 잘 나타나 있다. 글에는 먼저 식당에 들어가니 축음기에서 재즈 음악이 들려와 세련된 분위기를 느끼게 한다고 했다. 자리를 잡고 식탁에 있는 벨을 누르면 '폰! 폰! 폰!' 소리가 울리고, 하얀 에이프런을 걸친 소녀가 가벼운 발걸음으로 주문받으러 온다는 것이다. 커피를 시키면 소녀는 전표를 들고 다시 하얀 테이블 사이로 날렵하게 사라진다고 했다.

식민지시대의 백화점 식당은 선을 보는 장소로 이용되는 등 고급스러운 편에 속했지만 그래도 뒤에서 다룰 호텔 식당과는 차이가 있었다. 이효석의 「성화」에는 '나'와 유례가 백화점 식당을 방문하는 모습이 등장한다. 거기에서 둘은 백화점 식당이 호텔 식당처럼 거북하게 예절을 따지지 않아 마음 편하게 농담도 할 수 있다며, 백화점 식당을 대중적인 식당이라고 언급하기도 했다.

하지만 백화점을 방문해 쇼핑을 하고 식사를 하는 가격이 그렇게 만만치는 않았다. 채만식의 『인형의 집을 나와서』에서는 카페에서 일하기로 결심한 '노라'가 백화점에서 치마와 저고리감을 끊고, 화장품, 구두를 산 후 백화점 식당에서 저녁을 먹는다. 그렇게 하는 데 들어간 돈이 30원이라고 했으니, 지금으로 따지면 90만 원 정도 되는 돈이다.

미츠코시백화점의 식당은 조지아나 미나카이 등 다른 백화점의 식당과 경쟁을 했다. 1933년에는 미나카이백화점이 신축을 해 대형식당이 들어서면서 경쟁은 더욱 치열해졌다. 하지만 미츠코시백화점의 식당은 세 백화점 중에서 가장 인기가 있어서 손님이 크게 줄어드는 일은 없었다고 한다. 고객층은 관청과 기업에서 근무하는 일본인이 주류를 이루었고, 근처의 요리옥과 카페에서 일하는 예기藝妓와 여급들도 있었다.

진노 유키神野由紀는 『취미의 탄생趣味の誕生』에서 일본에 백화점이 정착하는 과정과 서구적 영향에 대해 논의한 바 있다. 그는 앞서 확인했듯이 일본에서 백화점은 에도 시대의 오복점에서 출발했다고 한다. 1904년 처음 백화점 매장으로 개점을 한 것은 역시 미츠코시백화점이었다. 오복점이 백화점으로 간판을 바꾸어 다는 데는 '구화열歐化熱'로 상징되는 서양의 영향이 크게 작용했다.

흥미로운 것은 같은 서양이라도 프랑스에서는 백화점이 양품점에서 비롯되었던 데 반해 영국에서는 식료품점에서 시작되었다. 이를 고려하면 일본에 백화점이 들어서는 데는 영국보다는 프랑스의 영향이 컸던 것으로 보인다. 1914년 미츠코시백화점은 경영에서 개혁을 내세우며 에스컬레이터가 도입된 르네상스 스타일의 신관을 건립한다.

하지만 백화점에 식당이 처음 등장한 것은 미츠코시백화점이 아니었다. 1904년 도쿄 니혼바시日本橋 근처에 있었던 '시라기야백화점白木屋百貨店'에 식당이 처음 들어섰다. 작은 규모의 식당에서 소바, 스시, '시로코汁粉' 등 일본음식을 주로 판매했기 때문에, 이후 자리 잡은 본격적인 백화점 식당과는 차이가 있었다. 소바, 스시는 이미 소개했고, '시로코'

는 단팥죽 정도가 되겠다. 미츠코시백화점에서는 1907년 처음 식당을 개점했는데, 당시에는 스시, 양과자와 화과자, 커피, 홍차 등 여섯 개의 메뉴만 있었다. 하지만 1922년 본점 동관을 증축하는 것을 계기로 모두 19명의 요리사가 일하는 200명 규모의 대형 서양식 식당을 개점했다.

미츠코시백화점을 시작으로 일본의 백화점에는 서양식 식당이 본격적으로 들어섰다. 외식의 역사라는 점에서 백화점 식당은 크게 두 가지 특징이 두드러졌다. 하나는 가족 중심의 외식이라는 새로운 식사 스타일을 탄생시켰다는 점인데, 그것은 백화점 식당이 쇼핑하러 오는 손님을 위한 식당이었기 때문이다. 이러한 백화점 식당의 주요 타깃을 상징하는 것은 앞서 확인했던 '베이비런치'라는 메뉴였다. 다른 하나는 백화점 식당이, 지금은 모두 그래서 의식하기 힘들지만, 건물의 최상층에 식당이 들어서는 선구적인 역할 역시 했다는 점이다. 상업시설과 같은 고층건물에서 일반화된 최상층 식당가의 기원 역시 백화점 식당이었다는 것이다.

3. 몽상 혹은 동화, 조선호텔 식당

(1) 경성 최고의 숙소, 조선호텔

『찔레꽃』에서 정순은 가정교사 생활을 이어가는데, 소설이 전개되면서 조 두취와 그의 아들 경구 모두 정순을 연모하게 된다. 통속소설답게 한편에서는 경애 역시 민수에게 호감을 느낀다. 정순과 민수 두 사람 모두 자신들의 관계를 밝히지 못한다는 것을 알면서도 어쩔 수 없이 서로의 감정에 대한 의구심은 커져갔다.

그날 민수는 취업 문제가 해결되지 않아 낙담한 채 종로 2정목에서 화신백화점 쪽으로 걸어가던 길이었다. 차를 타고 오던 경구, 경애, 정순 일행이 민수를 발견하고는 안 그래도 만나러 가는 길이라며 차에 타라고 한다. 민수가 머뭇거리며 타자 차는 조선호텔 정문으로 미끄러져 들어갔다.

조선호텔이 개관한 것은 1914년 10월 10일이었다. 조선호텔은 지금도 그 자리에서 '웨스틴 조선 서울Westin Chosun Hotel'이라는 이름으로 영업을 하고 있다. 당시에는 장곡천정이었으며, 지금은 소공동 근처이다. 조선호텔의 위치는 일본인들의 회사와 주거지가 있었던 남촌과 멀지 않았다. 주위에는 앞서 살펴보았던 미츠코시백화점, 조지아백화점, 미나카이백화점을 비롯해 조선은행, 경성우편국, 동양척식회사, 조선식산은행 등이 있었다.

조선호텔 전경을 찍은 사진이다. 서양식으로 지어진 외관이 눈길을 끈다.

조선호텔은 부지 6,700평, 건평 583평에 지하 1층, 지상 3층의 서양식 석조 건물로 준공되었다. 조선에서 최초로 엘리베이터가 설치된 호화로운 호텔이기도 했다. 3층 건물이었음에도, 지금과는 달리 고층 건물이 없었던 당시에는, 조선은행, 경성일보사 건물과 함께 경성에서 가장 높은 건물이기도 했다. 건립비용 120만 원 가운데 80만 원은 조선총독부에서 부담했는데, 조선호텔이 철도호텔로 지어졌기 때문이었다.

총독부 신청사를 지은 게오르크 데 랄란데가 설계했는데, 그는 이미 7장에서 경성역 설계를 담당한 사람으로 등장한 바 있다. 준공 시기로 따지면 조선호텔, 경성역, 총독부 신청사의 순서였다. 조선호텔은 자재와 설비를 독일 등의 외국에서 수입해 공사를 시작한 지 1년 반 만에 완공되었다.

조선호텔의 외관은 당시 북유럽에서 유행하던 '유겐트 슈틸Jugend stil' 양식을 따랐다고 한다. '유겐트 슈틸'은 새롭게 떠오르던 새로운 예술이나 건축 양식을 뜻했는데, '아르누보Art Nouveau'라고 표현되기도 했다. 객실과 함께 식당과 사교실도 갖췄는데, 『찔레꽃』에서 경구, 경애, 민수, 정순이 찾은 곳이 조선호텔 식당이었다.

이들 일행은 조선호텔에 들어가서는 후원 종려나무 아래 둥근 탁자에 앉았다. 조선호텔 식당을 방문했을 경우 식사가 준비될 때까지 후원을 거닐며 기다리는 것이 일반적이었다. 소설에는 조선의 역사와 전설을 안고 서 있는 환구단의 지붕 위로 저녁놀이 지는데 아름답게 가꾼 정원에서는 벌레 소리가 들린다고 되어 있다.

소설에는 '환구단圜丘壇'으로 나오지만 정확하게는 '황궁우皇穹宇'였다. 환구단은 천자가 하늘에 제사를 드리는 곳으로 줄여서 '환단圜壇'이라고도 했다. 황궁우는 환구단의 부속 건물로 신위를 모시는 곳이었다. 조선을 강점한 일본은 환구단을 허물고 그 자리에 조선호텔을 지었으며 황궁우는 그대로 두었다.

정순은 민수와 둘만 있고 싶어 일행과 떨어져 황궁우 근처로 간다. 그런데 정작 따라온 사람은 민수가 아니라 경구였다. 경구가 빌려준 휘트먼Walt Whitman 시집을 읽었는지 물어보자 정순은 어려웠지만 시가 좋다고 대답한다. 경구는 정순과 얘기를 나누다가 경애와 민수의 결혼 문제에 대해 상의한다. 정순은 결혼 얘기를 듣고 당황하지만 자신이 민수의 행복을 방해할 자격이 있는지 고민에 빠진다.

한편 경애는 후원에 마련된 둥근 탁자에서 민수와 마주 앉아 이야기를 나눈다. 경애가 오빠인 경구가 정순과 결혼해 농촌에 가 사회사업을 하고 싶어 한다고 하자 민수 역시 놀란다.

아래 이미지는 조선호텔과 황궁우가 함께 찍힌 사진이다. 조선호텔

조선호텔과 황궁우가 함께 찍힌 이미지다.
소설에는 환구단이라고 되어 있지만 황궁우가 맞다.

은 환구단을 허물고 그 자리에 들어섰는데, 그 후 이미지에 나타나는 것처럼 황궁우는 조선호텔의 들러리 같은 모습이 되고 말았다. 소설에서 경구, 경애, 민수, 정순 일행이 황궁우를 구경하거나 후원을 거닐던 곳 역시 사진 속에 보이는 공간이었다.

정순과 경구가 돌아와 둥근 탁자에 앉자 보이가 식사 준비가 되었다고 했다. 정원이 조선호텔의 후문 쪽으로 나가야 있었으니 아마 이들도 후문을 통해 다시 들어갔을 것이다. 네 사람은 보이의 안내를 받으며 조선호텔 식당으로 간다. 어렵게 방문한 곳이니 식당에 들어가기 전에 조선호텔의 외관과 내부를 조금 더 구경해 보자.

먼저 조선호텔의 입구는 회전문으로 되어 있었는데, 주위를 와인색으로 장식했다. 회전문으로 들어가면 역시 와인색 카펫이 깔려 있는데, 카펫을 따라 계단을 올라가면 로비가 나온다. 아래의 이미지가 입구에서 로비로 이어지는 조선호텔 계단이다.

로비의 천장에는 크고 화려한 샹들리에가 달려 있고 벽에는 장중한 그림이 걸려 있었으며, 그 아래로 테이블과 소파가 놓여 있었다. 유진오는 소설『화상보』에서 조선호텔의 로비를 사람이 얼마나 사치를 누릴 수 있는지 보여주는 공간이라고까지 했으니, 로비의 화려함에 대해 짐작할 수 있다.

조선호텔 입구의 회전문으로 들어가면 등장하는 계단이다. 와인색 카펫이 깔린 계단은 입구와 로비를 연결했다.

로비에서 엘리베이터를 타고 위층으로 가면 식당이 나온다. 식당의 중앙에는 홀이 있고, 한실, 양실과 같은 방도 마련되어 있었다. 방은 역시 카펫과 벽을 와인색으로 장식해 하얀 식탁보와 대조가 되게 했다. 식탁의 중앙은 핑크빛 시클라멘cyclamen 등 여러 가지 꽃으로 번갈아 가며 장식이 되었다. 이광수는 소설 『유정』에서 밝은 전등에 부드럽게 빛나는 나이프와 포크, 반짝거리며 빛나는 유리그릇 등이 어우러져 조선호텔의 식당이 '몽상이나 동화의 세계'처럼 느껴진다고 했다. 처음 방문하거나 익숙하지 않은 손님은 긴장해서 제대로 식사를 하기 어려울 정도였다는 것이다.

(2) 조선호텔 식당의 정식

다시 『찔레꽃』으로 돌아가 네 사람의 식사 장면을 들여다보자.

보이가 와서 저녁 준비 다 되었다는 것을 알려주고 그리고 네 사람은 식당으로 들어갔다.

'나를 보자마자 입을 다물어 버렸다. 민수 씨가…….'

이런 생각을 하면서 냅킨을 무릎 위에 올려놓는 청순의 손가락은 테이블 아래에서 질서 없이 떨리고 경구가 웃으면서 무어라고 자기를 보고 말을 했건만 물론 알아듣지 못한 채 억지로 웃어보이려는 청순의 입술에는 가느다란 경련이 지나갔다.

민수는 빵을 뚝 떼어 버터를 바르면서 속으로 고개를 끄덕였다.

정순은 냅킨을 무릎 위에 올리면서도 민수와 경애의 결혼 생각에 정신이 없었다. 민수도 정순에 대해 고민하면서 빵을 떼어 버터를 바르지만 혓바닥에서 마른 가죽처럼 뻣뻣이 구르는 것 같았다. 고민 때문에 남들은 한 번 하기도 힘든 조선호텔에서의 식사가 엉망이 된 것 같다. 사정을 모르는 경애만 언제나 그랬듯이 명랑하게 떠들며 식사하느라 정신없다.

『찔레꽃』에는 빵에 버터를 발라 먹는 장면이나 삽화를 통해 디저트로 아이스크림을 먹는 모습 정도만 나타난다. 조선호텔 식당에서는 어떤 음식을 팔았을까? 조선호텔 식당을 대표하는 메뉴는 정통 프랑스식 요리였다. 보이의 안내로 테이블에 앉아서 먼저 클로스 냅킨을 무릎 위에 올리면 식사가 시작되었다.

준비된 음식이 순서대로 하나씩 나왔는데 먼저 애피타이저인 수프와 샐러드가 나왔다. 이어 첫 번째 메인메뉴인 생선 요리가 제공되었고, 또 두 번째 메인메뉴로 스테이크 등 고기를 재료로 한 음식이 나왔다. 배가 부르거나 원하지 않는 음식이 나오면 보이에게 눈짓으로 치우게도 했다. 마지막으로는 디저트로 아이스크림이나 커피가 제공되었다. 조선호텔 식당에서는 일품이나 단품요리도 팔았다. 단 조선식이나 일본식 요리를 취급하지 않았다.

음식이 하나씩 순서대로 나오는 방식이었는데, 요즘으로 말하면 '코스요리'를 가리킨다. 실제 1936년 조선호텔 식당의 코스요리 구성 메뉴는 다음과 같았다고 한다. 먼저 에피타이저로 콘소메와 레터스 샐러드가 제공되어 식욕을 돋우었다. 이어 메인요리로 오리간 구이와 로스트비프가 나왔다. 로스트비프는 일본에서는 제국호텔, 한국에서는 조선호텔 식당에서 처음으로 제공되었던 메뉴였다. 디저트로는 자몽 소르베와 바닐라 아이스크림을 제공했다. '소르베Sorbet'는 보통 셔벗이라 불리는데, 과

즙과 다양한 재료를 넣어서 얼린 디저트이다. 지금으로 봐도 호화로운한 끼여서 입맛을 돋운다.

흥미로운 것은 코스요리가 일본에 유입되면서 '정식定食'이라는 이름으로 정착되었다는 사실이다. 왜 일본에서는 코스요리를 정식이라는 이름으로 번역했을까? 요즘 한국어사전을 찾아보면 정식은 식당에서 일정한 반찬을 배정해 놓고 기본으로 파는 음식이라고 되어 있다. 일본어사전에는 식당이나 요릿집에서 일정한 메뉴에 따라서 나오는 요리로 소개되어 있다. 정식의 한자어 표기가 '定食'이니까, 정해진 반찬이나 일정한 메뉴라는 설명이 적절한 것인지도 모르겠다.

그런데 처음 코스요리가 정식이라는 말로 번역되었을 때 정해져 있다고 한 것은 음식과 순서였다. 곧 어떤 음식이 어떤 순서에 따라 제공되는지가 정해져 있었다는 것이다. 유럽의 고급 레스토랑에서는 손님이 메뉴를 보고 어떤 음식을 먹을지 선택하지 않는다. 레스토랑에서 준비된 요리를 순서대로 제공했는데, 매일 음식은 달라지더라도 그날 순서대로 제공하는 음식은 한 종류였다.

지금도 '○○정식'이라고 해 그 흔적이 남아 있다. 돈가스와 생선가스, 돈가스와 우동 등을 함께 제공하는 메뉴다. 지금은 순서가 아니라 여러 가지를 한꺼번에 주는 방식으로 바뀌어 처음 정식이라는 이름이 지녔던 의미와 달라졌다. 같은 가격에 여러 가지 음식을 먹을 수 있는 메뉴로 사용되고 있으니 정식이 지녔던 아우라도 느끼기 힘들다. 코스요리의 호화로움은 10장에서 '제국호텔'을 구경하면서 다시 얘기하도록 하겠다.

조 두취가 딸보다 젊은 여자와 같이 식당에 들어온 것은 경구, 경애, 민수, 정순, 네 사람이 다른 생각을 하며 식사하고 있을 때였다. 데리고 온 여자는 조선쪽을 찐 기생 옥란이었다. 두 사람은 식당의 동편 창 아래 테이블에 자리를 잡는데, 경구는 기생과 함께 온 아버지를 부끄러워하며 조선호텔 식당에 온 것을 후회한다.

식사를 하던 조 두취는 갑자기 보이를 불러 요릿집 '화월'에 스시를 주문해달라고 한다. 화월은 본정에 위치했던 일본요리옥이었다. 당시 주소는 본정 2정목 82번지였는데, 본정 입구로 들어가 '히라타백화점平田百貨店', 미나카이백화점, 또 명치제과를 지나 오른쪽으로 꺾어지면 모습을 드러냈다. 『대경성도시대관大京城都市大觀』은 화월을 경성에 있는 일본요리옥의 선구로 화류계를 대표한다고 소개하고 있다.

『찔레꽃』을 통해 조선호텔 식당과 관련된 흥미로운 사실 하나를 알 수 있다. 조 두취가 화월에 스시를 시켜달라고 한 것은 옥란이 정식이 입에 맞지 않는다고 해서였다. 이는, 앞서 확인했듯이, 조선호텔 식당에서 일본요리를 팔지 않았지만 그 근처의 식당에서 시켜 먹을 수는 있었음을 말해준다. 물론 그것은 조 두취가 단골이어서 특혜를 준 것일 가능성도 있다. 하지만 최고의 식당임을 자부했던 조선호텔 식당에서 다른 요리옥의 음식을 시켜 먹었다는 것은 뭔가 조금은 뒤죽박죽인 느낌이다.

조선호텔 식당의 음식 가격은 어느 정도나 되었을까? 1931년 『조선일보』에 연재된 심훈의 『불사조』는 조선호텔의 숙박비와 음식 값에 대해 접근할 수 있는 드문 소설이다. 소설에는 코스요리는 아침, 점심, 저녁의 가격이 달랐는데, 각각 1원 50전, 2원, 3원 50전이라고 했다. 지금으로 환산하면 45,000원에서 105,000원 정도에 해당하는 가격이다. 저녁을 기준으로 하면 당시 설렁탕 서른 그릇을 먹을 수 있을 돈이었으니, 대충 얼마나 비쌌는지 짐작할 수 있다. 1930년대 후반에는 코스요리가 각각 50

전 정도 올랐으며, 단품요리는 80전에서 1원 정도 했다고 되어 있다.

참고로『불사조』에는 조선호텔 숙박비도 언급되어 있다. 1931년 2층 남향의 방이 하루에 12원 정도 했다는 것이다. 다른 글에는 1930년대 후반 싼 방은 3원에서 비싼 방은 25원까지였다고 숙박비를 조금 더 구체적으로 밝히고 있다.『불사조』에서는 두 사람이 묵으니 숙박비 12원에 식사비 14원, 팁, 택시비까지 포함해 하루에 30여 원이 들어 한 달에 900원이 필요하다고 했다. 900원을 지금으로 환산하면 2천 7백만 원 정도 된다. 여기에서 조선호텔에 장기투숙을 했던 외국인이나 주재원의 한 달 생활비가 얼마나 들었는지를 어렴풋하게나마 알 수 있다.

조선호텔에서 숙박을 하거나 식당을 이용한 사람들은 경성에 거주하던 외국인이거나 일부 부유한 조선인이었다. '반도호텔'을 건립한 노구치 시다가후野口遵가 소박한 차림으로 조선호텔을 방문했다가 문전박대당했다는 것은 잘 알려진 일화이다. 물론 조선호텔을 찾는 손님의 모두가 그런 것은 아니었다. 조선호텔 식당의 정식이 유명해지자 그것을 먹어야 행세를 한다고 생각했던 사람, 또 특별한 용무도 없이 아침부터 저녁까지 머무는 사람도 생겼다고 한다.

1926년 5월『조선일보』기사를 보면 상대적으로 조선호텔 측에서는 호텔의 수익을 개선하기 위해 일반인 손님을 끌어들이기 위한 노력을 했다는 것이 나타난다. 500명 정도를 수용할 수 있었던 식당의 홀 하나를 60개의 침실로 개조했다고 한다. 그리고 새롭게 늘어난 침실의 숙박료를 인하해 일반인 손님의 이용을 권장했다는 것이다.

또 1924년에는 조선호텔 후원을 '로즈가든' 혹은 '장미화원'이라는 이름으로 개방해 손님들을 끌어들였다. 로즈가든에 대해서는 이태준의 소설 『사상의 월야』에 구체적으로 그려져 있다. 기말시험이 끝난 날 송빈은 은주와 함께 활동사진 구경을 간다. 송빈은 '우미관'이나 '단성사'로 가려는 은주를 데리고 조선호텔로 향한다.

한 사람에 50전을 내면 로즈가든을 구경하고, 이왕직 악대의 음악연주를 듣고, 활동사진으로 금강산 구경을 할 수 있었기 때문이다. 거기다가 활동사진을 볼 때는 아이스크림도 공짜로 제공되었다. 둘은 같이 금강산의 절경을 보면서 아이스크림도 먹고, 음악도 들으며, 처음으로 손을 잡기까지 했다.

조선호텔 로즈가든에서 상영하는 '활동사진프로그램'을 알리는 신문 광고이다.

한편 조선호텔 식당은 부유층 자녀의 결혼식 피로연장으로도 사용되었다. 피로연장으로는, 조선요릿집으로는 명월관을 최고로 쳤고, 양식당으로는 조선호텔 식당을 으뜸으로 꼽았다. 김말봉의 다른 소설인 『밀림』에도 상만이 정동 제일예배당에서 결혼을 하고 조선호텔 식당에서 피로연을 하는 모습이 그려져 있다.

이광수는 『사랑의 다각형』에서 식민지시대 부유층이 경성에서 보내는 하루에 대해 언급한 바 있다. 그들은 조선호텔 식당에서 정식으로 점심을 먹고, 미츠코시백화점의 끽다점에서 커피를 마시고, 유릉에서 골프를 친다는 것이다. 여기에서 유릉은 순명황후의 능터를 말하는데, 이후 남양주 순종의 능 옆으로 이장했다. 그 자리에는 식민지 조선에서 유일했던 18홀 코스의 '군자리골프장'이 들어섰다. 지금의 능동 '어린이대공원'이 위치한 자리다.

4. 조선호텔의 빛과 어둠

조선호텔의 정확한 이름은 '조선철도호텔'이었다. 조선을 강점한 일본은 주요 역에 철도호텔을 건립했다. 건립은 일차적인 목적은 철도 승객들이 이용할 수 있도록 편리를 제공한 것이었다. 도쿄에서 경성을 거쳐 봉천, 대련까지 가는 데 4박 5일 정도 걸렸으니, 오랜 시간 기차를 타야 했던 승객들을 위한 것이었다.

하지만 철도호텔을 이용할 수 있는 승객들은 고위층 관리나 회사의 임원과 같이 극히 일부의 사람들이었다. 염상섭의 「만세전」에 그려진 것처럼, 이인화를 비롯해 완행 삼등칸을 이용하는 식민지인들은 기차에서 내려 다른 곳에서 숙박을 한다는 것 자체가 언감생심이었다. 그것은 시모노세키와 부산을 연결하는 관부연락선에서도 마찬가지였다.

조선호텔은 경성을 방문하는 귀빈들의 숙소로 사용되기도 했다. 손탁호텔이 있었지만 객실, 식당, 사교실, 엘리베이터 등을 제대로 갖춘 호텔은 조선호텔이 처음이었다. 조선호텔의 위치 역시 경성을 방문하는 귀빈들의 이용을 고려한 것이었다. 천자가 하늘에 제사를 지내는 곳인 환구단은 원칙대로라면 도성 밖에 위치해야 했다. 위태롭기 그지없었던 대한제국의 상황 때문에 여러 공사관과 대사관의 도움을 받을 수 있는 곳에 세웠던 것이다. 조선호텔 건립 부지에 대한 논란이 뜨거웠을 때 일본이 굳이 환구단을 헐고 그 자리에 건립하려던 이유 역시 마찬가지였다.

둘은 같은 제도적인 기반을 지니고 있다. 철도호텔로 건설되었다는 사실은 당시 일본이 식민지 조선에 철도를 건설했던 주된 목적을 환기해야 함을 의미한다. 일본이 사활을 걸고 조선에 철도를 건설했던 것은 조선을 식민지화하는 한편 그것을 매개로 대륙으로 진출하기 위해서였다. 그렇다면 조선호텔이 철도호텔로 건립되었다는 사실은 그 목적에서 자유로울 수 없음을 의미한다.

조선호텔이 식민 지배를 위해 경성을 방문하는 제국의 관리나 정상政商의 숙소로 제공되었다는 사실 역시 간과해서는 안 된다. 여기에서 다시 한 번 조선호텔이 환구단을 헐고 그 자리에 들어섰다는 것을 환기할 필요가 있다. 환구단은 천자가 하늘에 제사를 지내는 장소였고, 황궁우는 신위를 모신 곳이었다. 환구단의 자리에 조선호텔이 들어서자 황궁우는 조선호텔의 장식물로 전락하고 만다. 식민 지배를 위한 철도호텔이 중심에 있고 그 장식물로 황궁우가 배경이 되는 것, 그것은 일본 제국과 식민지 조선의 위상을 정확히 상징하는 것이었다.

『찔레꽃』에서 조 두취는 아내가 세상을 떠나자 기다렸다는 듯 정순을 재취로 맞아들이려 한다. 조 두취의 집에서 일하는 침모는 재취 자리가 탐나 정순 대신 자신의 딸을 조 두취와 합방시킨다. 기생 옥란은 이 사실을 알고 조 두취에 대한 증오에 휩싸여 침모의 딸을 교살하는데, 침모의 딸을 죽였다는 혐의는 정순에게 돌아온다. 소설은 누명을 벗은 정순이 찔레꽃과 같은 순결을 간직한 채 조 두취의 집을 떠나는 것으로 겨우겨우 마무리된다.

다시 소설의 앞부분으로 돌아가 보자. 미츠코시백화점 식당에서 식사를 한 정순과 경애는 화초가 진열되어 있는 맨 위층 옥상으로 올라간다. 「날개」에서 '나'가 외박을 했다고 아내에게 얻어터지고 찾았던 그곳이다. 정순과 경애는 벤치에 앉아서 쉬다가 눈 아래 불과 불, 빛과 빛이 어울려 찬란한 색채의 바다를 이룬 경성의 밤을 구경한다. 그러고 나서 경애는 정순에게 화초 파는 곳에 가서 꽃을 사자고 한다. 경애의 말에 정순은 자신이 좋아하는 꽃은 여기에 없다고 하는데, 그 꽃이 '찔레꽃'이었다.

DESSERT

조선호텔 팸플릿을 구경해 보자

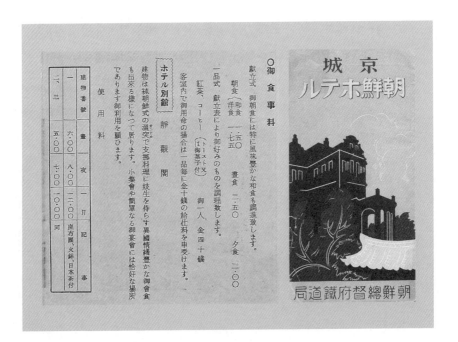

1932년 조선호텔을 소개하는 팸플릿의 표지와 식당 가격표다. 아침 식사는 일본식이 1원 50전, 서양식이 1원 75전이었다. 점심은 2원 50전, 저녁은 3원이었다. 이들은 모두 정식, 코스요리의 가격이었다. 단품요리도 제공되었다.

커피와 홍차는 40전이었는데, 토스트나 과자가 같이 제공되었다. 객실로 음식을 가져다주는 서비스도 있었는데, 그 경우 음식마다 10전씩이 더 해진다고 되어 있다.

앞에서 조선호텔 식당에서는 조선식이나 일본식 식사는 없다고 했다. 아침을 서양식으로 먹기 힘든 손님들을 위해 일본식으로도 제공한다는 팸플릿의 언급을 고려하면, 이후 아침은 일본식으로도 제공이 되었던 것으로 보인다. 왼쪽의 안내는 호텔 별관인 정관각靜觀閣의 특징과 이용 요금에 대한 것이다.

10장
—
무성하고도 혼란스러운
-이태준의 『청춘무성靑春茂盛』(1940)

이태준의 이력은 다채롭다. 그래도 대표적인 이력은 역시 '구인회'의 좌장 역할을 했던 일일 것이다. 특히 이상, 박태원, 김기림 등과 막역했다. 이상의 「오감도」나 박태원의 「소설가 구보 씨의 일일」 등이 빛을 보게 된 것도 그 덕분이었다.

이태준은 『조선중앙일보』의 학예부장으로 일했는데, 사직서를 넣고 다니면서까지 그 작품들을 연재했다고 한다. 그러니 이상이나 박태원은 차치하고 독자들이 이태준에게 빚진 바 역시 작지 않을 것이다.

1930년대 후반에는 신문에 소설을 연재하는 일이 많았는데, 『청춘무성』 역시그 하나이다. 『청춘무성』은 여자 고등보통학교의 교목 원치원과 학생 고은심, 최득주 등 세 사람을 중심으로 전개된다. 젊은 교목을 사이에 둔 두 여학생이라는인물 구도만으로도 독자들의 관심을 끌었다.

『청춘무성』에 등장하는 음식을 살펴보는 일도 흥미롭다. 어려운 가정 형편 때문에 여급으로 일하는 득주는 독자들에게 '빠bar'의 내부를 엿볼 기회를 준다. 은심은 명치제과, 가네보 프루츠팔러, 마루젠, 명치좌 등 당시 젊은이들의 '핫플레이스'를 소개한다. 그리고 은심의 정혼자로 등장한 한국계 미국인 조지 함은 독자들을 도쿄 제국호텔의 식당으로 안내하는데, 제국호텔의 내부를 구경할 수 있는 드문 기회일 것이다.

1. 은심, 득주, 그리고 치원

『청춘무성』은 이태준의 소설로, 1940년 3월부터 8월까지『조선일보』
에 연재되었다. 소설이 미완인 상태로 연재가 중단되었는데,『조선일보』
가 1940년 8월 11일을 마지막으로 폐간되었기 때문이다. 소설은 1940년
11월 '박문서관'에서 단행본으로 간행하면서 완결될 수 있었다. 그 사정
에 대해서는『문장』에 실린 광고를 통해 어느 정도 짐작할 수 있다.

『조선일보』에 연재되어 독자를 열광시키다가 아깝게도 중단된『청춘무성』이
10월 중순에 완성된 형태로 박문서관 제2기 장편소설컬렉 제1회 배본配本으
로 세상에 나오게 되었습니다. 파란중첩한 사건과 주인공들은 과연 어떻게 해
결되고 어떠한 방향을 찾았나 발표되는 날을 손꼽아 기다리십시오.

『청춘무성』은 원치원, 고은심, 최득주 등 세 사람의 애정과 갈등을 그
렸다. 치원은 일본 동경에서 신학을 공부하고 돌아와 여자 고등보통학교
의 교목으로 일하고 있다. 그 학교 학생인 은심은 유복한 가정에서 자라
나 밝고 쾌활한 성격인데, 성격처럼 치원에게 이성으로서의 감정을 숨기
지 않는다. 치원 역시 은심의 마음을 알고, 이성으로 끌리는 마음과 교사
로서 밀어내는 마음 사이에서 갈등을 한다.

원 선생은 굳이 은심의 눈을 피해 마룻바닥으로 눈을 떨구었다. 은심의 치렁
치렁한 치마가 보이고, 그 치맛자락이 닿은 곳에는 컨에처럼 검은 운동화가
아니라 푹신해 보이는 흰 버선에 흰 고무신…… 원 선생은 한 학생이 아니라

한 여자가 자기 앞에 섰음을 마음 그윽히 느낀다. 그 갸름하고 도도록한 흰 버선, 흰 고무신의 발은, 하나는 가벼이 뒤축을 들어 주인과 함께 무엇을 생각하고 무엇을 망설이는 듯도 하다.

치원은 감정을 숨기지 않는 은심의 눈을 바라보지 못하는데, 한편으로 흰 버선 신은 발을 보면서 이성으로서의 매력을 느끼기도 한다. 소설에서 은심의 반대편에 위치한 인물이 득주다. 득주는 아버지가 제대로 된 직업을 가지지 못한 데다가 집에는 몸이 불편한 할머니도 있다.

어려운 형편에 실망한 오빠가 가출하자 설상가상 어머니의 눈까지 멀게 된다. 언니는 가족의 생계를 위해 어쩔 수 없이 기생의 길을 택한다. 그후 언니는 늦은 밤 손님을 집으로 데려오는 일이 많았는데, 그때 다른 데 가서 자라는 말을 듣는 득주의 마음에는 연민과 경멸이 교차했다.

그러던 어느 날 언니는 득주에게 충청도 부호의 아들을 소개한다. 이러니저러니 둘러대지만 결국은 정조를 대가로 학비를 지원 받으라는 것이었다. 그 후 득주는 학교를 다니면서 '마이 디어'라는 가게에서 일한다.

치원은 득주의 어려운 형편을 알고 마음이 쓰였다. 치원이 걱정을 전하자 득주는 당돌하게 자신이 일하는 '마이 디어'로 오라고 얘기한다. 치원이 명치정에 있는 '마이 디어'라는 '빠bar'를 방문한 것은 그 때문이다. 그곳을 방문해서야 득주가 빠에서 여급으로 일하고 있다는 것을 안 치원은 당황했지만 사정을 듣기 위해 '삐루' 두 병과 오징어를 시킨다.

빠에서 일하는 학생과 마주 앉아 바늘방석에 앉은 듯 땀을 뻘뻘 흘리는 치원의 모습을 구경해 보자.

삐루가 왔다. 뽀이는 고뿌를 원 선생의 앞에부터 놓았다. 삐루 거품이 병을 넘으려는 것을 보자, 득주는 머리를 흔들어 기분을 고친다. 태연히 병을 들어 원 선생의 고뿌에 따르고, 자기에게도 따른다. 따르는 솜씨가 어느새 어색하지 않다. 원 선생은 자꾸 침착하려 하나 바늘방석에 앉은 것 같다.

인용문은 빠에서 일반적으로 마시는 술이 '삐루', 곧 맥주였음을 말해준다. 치원은 안주로 오징어를 시켰는데, 바늘방석에 앉은 듯한 상황을 고려하면, 가장 부담없는 안주로 대충 시켰을 것이다. 소설의 뒷부분에서는 다른 안주로 소시지도 등장한다.

득주는 맥주를 마시며 자신이 그곳에 100원 정도의 빚을 지고 있다고 얘기한다. 여급으로 일하게 되자 가장 먼저 가불을 해 가족들이 먹을 쌀과 뗄 나무를 샀다고 했다. 또 빠에서 일을 해야 하니 여급에 어울리는 옷, 신발, 화장품도 필요했다는 것이다.

득주는 치원이 묻지 않은 자신의 벌이까지 얘기를 한다. 보통 밤늦게까지 자신이 상대하는 남자 손님이 20~30명 정도 된다고 했다. 그들의 눈길을 받아주면 5원이나 10원 등 적지 않은 팁도 받을 수 있다는 것이다. 가끔씩 아무에게도 얘기할 수 없는 처지에 울적해지면 축음기에 '왈츠' 음반을 걸고 춤도 춘다고 했다.

옆의 이미지는 '마이 디어'에서 치원과 득주가 맥주를 사이에 두고 얘기하는 장면이다. 「소설

이미지는 치원이 득주가 여급으로 일하는 '마이 디어'에 찾아가 사정을 듣는 모습이다.

가 구보 씨의 일일」에서 카페에 대해 살펴본 바 있는데, 카페에서는 일본인 여급은 기모노를 입고, 조선인 여급은 양장을 했다. 이미지 속의 득주역시 양장을 한 것을 보면 여급의 복장은 카페와 빠가 비슷했던 것 같다. 이미지 속 득주의 모습은 누구도 고등보통학교의 학생이라고 생각하기는 힘들 것 같다. 머리를 부여잡고 득주의 사정을 듣고 있는 치원의 모습역시 안타깝기는 마찬가지다.

2. 바깥양반 잘 다니시는 곳, '빠'

득주의 사정을 들은 치원은 다른 식탁으로 불려가는 득주를 뒤로 한채 '마이 디어'를 빠져나온다. 당시 빠에서는 술과 안주가 얼마 정도 했을까? 치원은 자신이 시킨 맥주 두 병에 오징어 한 접시를 계산하는 데 1원 80전을 낸다. 1930년대 후반 빠에서 맥주 한 병은 50전에서 60전 정도를 받았다. 60전으로 계산하면 오징어 안주가 40전이었음을 알 수 있다. 빠의 안주는 대개 40전에서 60전 정도 했으니, 앞서 언급했던 것처럼 오징어는 저렴한 안주가 맞았다.

『청춘무성』에는 '마이 디어'를 방문하는 손님으로 윤천달이라는 인물이 등장한다. 그는 광산과 어장을 함께 운영하는 부자다. 조선은행, 안전은행에 현금으로 50만 원씩 예금을 해 놓고 소절수 책을 들고 다니며돈을 물 쓰듯 한다. 소절수는 표시한 금액을 은행이 지급하라는 문서로, 많은 돈을 은행에 유치한 사람들이 발행하는 것이었다.

윤천달은 '마이 디어'에 들르면 항상 양주를 시켜서 마신다. 그러면 여급들이 홀쭉한 양주병과 양주잔, 그리고 소시지 접시를 들고나와 그의 비위를 맞춘다고 되어 있다. 그는 계산할 때 2, 30원이 나와도 100원씩 척척 낸다. 보통 빠에서 양주는 잔으로도 팔고 병으로도 팔았다. 2, 30원 은 소시지, 치즈 등의 안주와 함께 잔으로 양주를 마신 가격으로 보인다.

그렇다고 윤천달이 병으로 마실 돈이 없어서 잔으로 양주를 마신 것 은 아니었다. 빠에 정전이 되자 어둡다며 돈에 불을 붙여 밝게 하는 정도 였으니 술값에 연연할 인물이 아니었다. 실제 소설에는 윤천달이 양주를 병째 주문하는 장면도 등장한다. 득주가 윤천달에게 오늘 '화잇호-쓰' 가 한 병 들어왔다고 하자, 그는 '화이또호-쓰'를 병째 가져오라고 한다.

그런데 소설에서 '화잇호-쓰', '화이또호-쓰'라고 불린 술은 어떤 술 이었을까? 오늘 한 병 들어왔다니 서둘러 병째 가져오라는 분위기로 봐 서는 고급 술인 것 같다. 물론 거기에는 당시가 전시체제라서 서양 제품 에 대한 규제가 시행된 시기라는 상황 역시 영향을 미쳤을 것이다.

'화잇호-쓰', '화이또호-쓰'는 '백마위스키'로 식민지 조선에서 가 장 고급스러운 위스키 가운데 하나였다. 백마위스키는 현진건의 소설 『적도』에서도 등장을 한다. 『적도』에서 영애의 남편 병일은 조선요릿집 '명월관'에서 열린 연회에서 위스키와 함께 맥주, 정종 등을 마신다. 그 러고는 늦게서야 돌아와 보니 집에는 그날 출소한 여해가 있었다. 여해 는 예전 영애와 사귀던 사이였는데, 병일은 자신의 감정을 감추고 여해 를 반가운 듯 맞는다.

술상을 차리라고 시키려다 모두 잠든 것을 알고 병일은 직접 장식장 을 열어 술병을 꺼낸다. 병일은 여해와 함께 안주도 없이 그 술을 두 병이나 마시게 된다. 소설에서 상을 차리지 않고 술만 마시는 것을 '강술'이라고 부르는 것도 흥미롭다. 『적도』에서 병일이 명월관 연회에서 마셨던, 또 여해와 함께 두 병이나 강술로 마셨던 술도 백마위스키였다. 『적도』에는 백마위스키에 대한 보다 구체적인 정보도 제공되어 있는데, 병마개 위에 강철 잔이 함께 있어 그것으로 마실 수 있게 되어 있다는 부분이다.

삽화를 통해 어렴풋하게나마 백마위스키의 모습을 확인할 수 있는 것은 1932년 6월 『동아일보』에 실린 이광수의 소설 『흙』에서다. 갑진 일행이 낙원정 카페로 들어가 백마위스키를 주문하는 이야기를 다루는데, 삽화에는 백마위스키 병이 등장한다. 네 사람이 앉은 사각 테이블 위에 위스키 병 하나가 놓여 있는데, 그것이 백마위스키였다.

백마위스키는 1861년부터 스코틀랜드 에든버러Edinburgh에서 생산된 것으로 원래의 이름은 '화이트 호스 위스키White Horse Whisky'였다. '화이트 호스'라는 다소 특이한 이름은 생산 당시 스코틀랜드 에든버러의 군대와 관련되어 있었다. 당시 에든버러에 위치한 스코틀랜드의 군용 건물의 이름이 화이트 호스였던 것이다.

백마위스키는 1908년 영국 왕실에 진상되어 호평을 받은 후 영국 술꾼들의 관심을 끌었다. 이어 1차 세계대전 당시에는 영국군에게 납품되면서 매출이 급격히 늘어나게 된다. 1차 세계대전 이후에는 영국뿐만 아니라 다른 많은 나라에서 판매되었는데, 그중 하나가 일본이었다. 『청춘무성』이나 『적도』를 볼 때, 1930년대 경성에서도 백마위스키가 가장 인기가 있었던 양주였음을 알 수 있다.

독자들에게 빠의 분위기를 느끼게 해 줄 다른 글로는 김웅초가 쓴 『망부석』이 있다. 김웅초는 본명이 김규택으로, 주로 신문 연재소설의 삽화를 그렸던 인물이다. 가끔씩 글도 썼는데 『망부석』역시 그 하나다. 『망부석』에는 빠에서 파는 술과 안주, 또 가격이 제시되어 있어 흥미롭다.

『망부석』에서 재호와 뻐드렁니가 빠 '무-랑'을 찾은 모습이다. 당시 빠의 모습을 보여주는데, 정작 재호와 뻐드렁니의 표정은 애라가 없어서 그런지 시무룩하다.

다옥정의 골목에 위치한 '무-랑'은 '애라'라는 여성이 운영하는 작은 빠이다. 예전 영화배우였던 애라는 남자 급사 하나만을 두고 '무-랑'을 운영하는데, 그래서인지 단골 손님들이 많다. '무-랑'의 외관은 반양식의 건물이며, 내부는 엷은 주황색 벽에 화려한 장식을 하지는 않았다고 되어 있다. 넓지는 않지만 은은한 조명에 비치는 테이블과 좌석 모두 산뜻한 느낌을 준다는 것이다.

축음기에서 트로트 한 곡이 끝나고 왈츠가 시작될 때 재호와 뻐드렁니가 '무-랑'에 들어선다. 둘은 술값 걱정 때문에 값싼 술집에 들른 후 '무-랑'을 찾은 길이었다. 여기에서 당시 빠의 술값 역시 그리 만만치 않았음을 알 수 있다. 그런데 '무-랑'을 방문하니 정작 두 사람이 온 목적인 애라가 없다. 실망했지만 어쩔 수 없이 맥주 다섯 병을 마시고 뻐드렁니가 10원을 계산한다.

그런데 나오는 길에 밖에서 애라를 만나 부끄러움을 무릅쓰고 다시 빠로 들어간다. 이번 술값은 재호 차례인데, 술값이 넉넉하지 않던 그는 미리 술값을 계산해 본다. 재호가 급히 편성한 예산 덕분에 독자들은 당시 빠의 술과 안주, 또 그 가격을 알 수 있는 행운을 얻는다.

다음은 재호가 짠 예산이다. 맥주는 한 병에 50전이니 다섯 병 마시면 2원 50전이고, 스키다시는 2인분에 40전이다. 10전으로는 담배 한 갑을 사고, 예산이 넉넉지 않으니 보이에게 팁은 안 주기로 했다. 그렇게 해서 모두 3원 정도 들 거라고 꼼꼼히 예산을 짠 것이다.

그런데 모든 일이 계획대로 진행되지는 않았다. 애라가 맥주를 내켜 하지 않자 뻐드렁니는 눈치도 없이 위스키를 시킨다. 재호의 머릿속은 다시 바빠져, 위스키 한 잔에 50전이니 세 잔이면 1원 50전 들겠다고 예산을 수정했다. 그런데 스키다시로 온 콩 안주도 뻐드렁니와 애라가 냉큼 먹어 버려서 스키다시 값으로 다시 40전이 들어간다. 요즘은 스키다시라고 하면 요리를 시키면 같이 주는 간단한 음식이나 반찬을 뜻하는데, 당시에는 돈을 받았다는 것을 알 수 있다.

'무-랑'에는 어떤 안주가 있었는지 조금 더 살펴보자. 애라는 자기 가게 안주에 '야사이 사라다', 곧 채소샐러드도 있다고 먹어보라고 한다. 그때나 지금이나 남성들은 샐러드에는 별 관심이 없었는지 다른 안주를 시킨다. 그런데 재호의 생각과는 달리 뻐드렁니는 오징어가 아니라 '치쓰', 곧 치즈를 시키려 한다. 깜짝 놀란 재호는 치즈는 간신히 1인분으로 막았다.

애라는 맥주를 더 시킬 때 급사에게 "오카와리!"라고 외친다. 오카와리는 일본어로 'お代(わ)り'인데, 같은 음식을 더 달라고 하는 말이다. 곧 맥주를 더 가져오라는 것이다. 뒤에서 살펴볼 '명치제과'에서도 '오카와리!'라는 말이 등장한다. 『밀림』에서 상만과 자경이 코코아와 케이크를 주문하는데, 코코아를 다 마신 자경 역시 종업원에게 "오카와리!"라고 한다. 이때는 같은 음료를 채워달라는 뜻으로, 지금의 리필 서비스 정도 되겠다.

다시 『청춘무성』으로 돌아가 보면, '마이 디어'에는 득주, 오마쓰, 도시꼬, 나마짱 등 모두 네 명의 여급이 일한다고 되어 있다. 오마쓰는 기생을 하다가 여급이 된 인물로, 도시꼬는 깐깐한 성격의 인물로, 나마짱은 여급으로 아

이근영의 『제삼노예』에 등장하는 빠의 모습이다. 중간에 서 있는 여성은 빠의 주인이나 여급으로 보인다.

등바등 살아가지만 가난에서 벗어나지 못하는 인물로 그려져 있다. 이들 네 명은 모두 조선인이지만, 일본 이름으로 불리며 일본어를 사용한다.

이미 독자들은 비슷한 모습을 박태원의 「소설가 구보 씨의 일일」에서도 구경한 적 있다. 빠에서 일하는 조선인 여급 역시 카페와 마찬가지로 일본 이름과 일본어를 사용했음을 알 수 있다. 빠에 일본인 손님이 많아서 그랬을 텐데, '마이 디어'가 명치정에 위치한 곳이라서 더욱 그랬을지도 모르겠다. 한 가지 흥미로운 사실은 '마이 디어'에는 조선인 손님들도 드물게 찾았는데, 그들도 일본어로 대화를 했다는 것이다.

앞서 득주가 하루에 상대하는 손님이 20명에서 30명 정도 되고 그들에게 눈길을 받아주면 적지 않은 팁을 받았음을 확인한 바 있다. 이 역시 빠에 대한 새로운 정보를 제시하는데, 빠에서 여급의 서비스는 술시중을 드는 것 외에 눈길을 받아주는 정도였다는 것이다. 카페의 여급은 어깨를 감싼다든지 손을 잡는다든지 혹은 가벼운 입맞춤까지 했다는 것을 고려하면, 카페 쪽의 스킨십이 적극적이었음이 드러난다.

이왕 얘기가 났으니 빠와 카페의 차이에 대해 조금 더 살펴보자. 일반

적으로 빠는 카페와 비슷하게 취급된다. 실제 소설에서도 같은 가게를 빠라고도, 카페라고도 부르는 경우도 있다. 기껏 구분을 하면 빠는 규모가 작고 여급도 4, 5명 정도밖에 안 되는 데 반해 카페는 규모도 크고 여급도 많았다는 정도이다.

하지만 가장 큰 차이는 그것이 아니었다. 가장 중요한 차이는 카페의 여급이 월급 없이 팁만을 수입으로 했던 데 반해 빠의 여급은 월급이 있었다는 것이다. 빠는 카페와 달리 술값에 이미 팁이 포함되어 있었던 것이다. 『청춘무성』에서 득주가 남자 손님의 눈길을 받고 팁을 받았다는 것을 보면 빠에서도 술값에 포함된 것 외의 팁도 있었음을 말해준다. 하지만 제도적으로는 여급이 술값에 포함되어 있는 팁을 월급으로 받는 것이 카페와 다른 빠만의 특징이었다.

어쩌면 카페에서 손님에게 직접 팁을 받는 것과 빠에서 술값에 포함된 팁을 나중에 월급으로 받는 것은 '조삼모사'일 수도 있다. 그런데 월급을 받고 못 받는 문제는 단순한 것이 아니었다. 팁을 주된 수입으로 했던 카페의 여급은 어떻게든 팁을 많이 받기 위해 애를 썼다. 카페의 여급이 손님들에게 스킨십을 비롯한 적극적인 서비스를 했던 것도 이와 관련이 되는 것이었다. 손님이 오면 한 식탁에 여러 명의 여급들이 시중을 들었던 것, 또 이 식탁, 저 식탁을 옮겨 다니며 서비스를 했던 것 역시 같은 이유에서였다.

『조선일보』에 실린 사진인데, 기사는 빠를 바깥양반 잘 다니시는 곳이라고 소개하고 있다.

팁이 술값에 포함되어 있었던 빠의 여급은 수입 면에서는 카페의 여급과 큰 차이가 없었을지 모르지만 노골적인 서비스 등에서 비교적 자유로웠다. 빠가 카페에 비해 고급스러운 곳으로 받아들여졌던 것, 또 여급의 단골을 주된 손님으로 영업을 했다는 것도 이와 무관하지 않을 것이다.

1937년 1월과 2월 『조선일보』에는 빠에 대한 기사가 실린다. 규모가 컸던 카페와는 달리 넓지 않은 가게에 테이블과 의자가 몇 개 정도 있다는 것, 여급은 네다섯 명 정도 되며, 여급의 단골 손님이 많이 찾는다는 것 등은 이미 확인을 한 것이다. 이어지는 부분에서는 카페에는 여급에게 팁을 1원 이상 줘야 해, 보통 두세 명이 가면 10여 원이 든다고 했다. 반면 빠에서는 맥주 한 병이 40전에서 60전, 또 안주 한 접시에 4, 50전 정도 한다는 것이다. 빠는 카페와 달리 술값에 2할 정도의 팁이 가산되어 있어 여급에게 월급을 준다는 언급 역시 덧붙여져 있다. 빠에도 예쁜 여급이 술시중을 들지만 빠가 카페보다 조용하며 고급이라는 것이다.

3. 기왕이면 명치제과로 가자

득주는 여급이 된 자신의 처지를 이해해 주는 치원을 이성으로 연모하게 된다. 치원의 격려로 다시 학교에 나간 득주는 치원과 은심이 좋아하는 사이라는 것을 알자 연모는 실망으로 바뀌었다. 그녀는 끓어오르는 질투를 억누르지 못하고 치원과 은심의 관계를 왜곡해서 학교에다 폭로한다. 그 일로 치원은 학교를 사직하게 되고 은심은 치원을 오해해 둘 사이도 멀어지고 만다.

크리스마스가 다가오자 은심은 기분을 전환할 겸 시내로 산책을 나갔다. 그녀의 산책은 종로에서 출발해 남대문통을 거쳐 조선은행 앞으로 이어진다. 또 거기에서 『찔레꽃』에서 살펴본 조선호텔을 거쳐 부청 쪽으로 걷기도 했다. 이곳저곳을 거닐던 은심의 발걸음이 향한 종착지는 역시 본정이었다.

그녀는 진고개의 꽃집에 가서 꽃을 산 후 다방에 들어가 커피를 마시며 '서양이란 어떤 곳일까' 하고 생각한다. 역시 본정에 위치한 '마루젠丸善' 2층에서 책을 구경하다가 『레이디스 홈 저널Ladies Home Journal』이라는 책을 사기도 했다. 사실 득주의 폭로 때문에 학교에 나가지 않던 은심에게 한국계 미국인 '조지 함'으로부터 중매가 들어온다. 실의에 빠진 그녀는 자의 반 타의 반으로 중매를 받아들인 상태였다. 은심이 '서양이란 어떤 곳일까' 생각하고 『레이디스 홈 저널』을 구매한 것은 이와 관련이 된다.

마루젠을 나와서 본정 구경을 이어가던 은심은 '가네보' 앞에서 우연히 친구들을 만났다. 여기서 '가네보'는 '가네보 서비스스테이션鐘紡サービスステーション'을 가리키는 것으로, '가네보鐘紡'에서 생산한 의류나 잡화를 전시하고 판매하는 곳이었는데 흔히 '종방'이라고 불렸다. 1935년 12월에 개점했는데, 위치는 본정 1정목 32번지였다. 히라타백화점과 미나카이백화점을 지나면 바로 왼쪽 편에 위치한 3층 건물이었다. 거기가 본래 '미츠코시오복점'이 있던 자리였음은 9장에서 확인했다.

우연히 만난 은심과 친구들은 반가운 마음에 함께 '명치제과'로 간다. 명치제과는 보통 명치제과, 명치제과 매점이라고 불렸는데, 정확한 이름은 '명치제과 경성판매점'이었다.
『대경성사진첩』에는 과자, 사탕,
유제품 등으로 조선 전체에서 유
명한 곳이라고 되어 있다. 본정 2
정목에 '끽다부喫茶部'가 있다고
도 서술되어 있는데, 은심과 친구
들이 방문한 곳이 거기였다.

　당시 명치제과의 주소는 본정
2정목 80번지였다. 앞서 얘기한
본정 1정목의 가네보 서비스스테
이션을 지나 본정 2정목으로 조
금 더 가면 오른쪽에 명치제과의

『대경성사진첩』에 소개된 명치제과의 모습이다.

3층 건물이 나타났다. 가네보에도 1층에 '프루츠팔러フルーツパーラー'라
는 식사와 음료를 할 수 있는 공간이 있었는데, 굳이 본정 길로 더 들어가
명치제과를 찾은 것도 흥미롭다. 소설에는 명치제과에 들른 장면이 다음
과 같이 나타나 있다.

　이들은 한패를 지어 '명치케과'로 갔다. 아직 오컨 중이어서 '박스'는 여기커

　기 비어 있었다. 케일 구석 '박스'를 차지하고,

　"난 커피!"

　"난 초콜릿!"

　"난 레몬티!"

　하고, 무엇보다도 웃음에 주렸던 것처럼 시시덕댄다.

일본 도쿄 명치제과 판매점의 모습이다. 왼쪽 이미지는
제품을 판매하는 곳이고, 오른쪽은 커피숍의 모습이다.

『청춘무성』에서 명치제과에 자리를 잡은 은심과 친구들은 커피, 초
콜릿, 레몬티를 주문한다. 명치제과에서는 자사에서 생산하는 초콜릿,
캐러멜, 비스킷 등 과자와 우유, 코코아 등 음료를 판매했다. 일본에서 명
치제과가 설립된 것은 1916년이었다. 설립 초기에는 캐러멜, 비스킷 등
을 생산하다가, 1921년 대표적인 상품인 '명치 메리밀크明治 メリーミル
ク'를 판매하기 시작했다. 1920년대 중반부터는 아이스크림, 밀크초콜
릿, 명치우유 등을 제조, 판매하기 시작해 일본의 대표적인 제과 회사로
자리 잡는다.

초콜릿은 과자도 그렇게 불렀지만 은심의 일행이 주문한 것은 흔히
핫초코 혹은 코코아라고 불리는 음료로 보인다. 제과점이라는 이름을 달
고 자사의 제품을 판매했지만 명치제과를 찾는 손님들이 가장 많이 찾는
메뉴는 아이러니하게 '커피'였다. 당시 소설들에는 명치제과에서 축음
기로 '재즈'를 들으며 커피를 마셨다는 얘기가 심심치 않게 등장한다.

최독견의 소설『명일』에는 신철과 순경이 명치제과를 찾는 장면이

나온다. 두 사람은 미츠코시백화점에서 화분을 사서 배달시키고 차를 마시러 간다. 신철에게 마음이 있었던 순경은 호젓한 곳으로 가고 싶었지만 신철은 커피 맛이 가장 좋다며 명치제과를 고집한다. 한 가지 흥미로운 사실은 명치제과에 간 둘 가운데 신철은 2층으로, 순경은 1층으로 가자고 하는 부분이다. 결국 둘은 1층으로 가서 좁다란 식탁이 있는 박스 자리에 앉게 된다. 소설에는 명치제과 1층이 식탁 밑으로는 무릎이, 식탁 위로는 머리가 닿을 정도라고 되어 있다. 1, 2층 등 명치제과의 특징에 대해서는 뒤에서 다시 얘기하겠다.

5장에서 박태원의 「소설가 구보 씨의 일일」을 다루면서 '낙랑파라'를 구경한 적이 있다. 그러면서 이태준이 낙랑파라에 가면 박태원이나 이상 같은 친구가 있을지도 모른다고 기대하는 모습 역시 엿보았다. 그런데 사실 이태준 소설 「장마」에는 낙랑파라와 함께 명치제과도 등장한다.

아직 열한 점, 그러나 낙랑이나 명치케과쯤 가면, 사무척 소속을 갖지 않은 이상이나 구보 같은 이는 혹 나보다 더 무성한 수염으로 커피 잔을 앞에 놓고 무료히 앉았을지도 모른다. 그러다가 내가 들어서면 마치 나를 기다리기나 하고 있었던 것처럼 반가이 맞아 줄는지도 모른다.

인용문은 이태준을 비롯해 이상, 박태원 등 당시 문인들끼리는 따로 약속을 하지 않더라도 낙랑파라나 명치제과에서 소일하는 것이 일상이었음을 말해준다. '구인회'를 중심으로 한 문인들이 낙랑파라에서 시간을 보냈음은 많이 알려져 있지만 명치제과도 그들의 아지트였다는 사실은 흥미롭다.

그 흔적은 김말봉의 『밀림』에도 나타난다. 소설에서 상만과 자경이 명치제과에 가는데, 여기 저기 테이블에는 문사인 듯한 청년이 덥수룩한 머리를 손으로 넘기며 잡지를 보고 있다고 했다. 한편 본정의 명치제과가 장곡천정의 낙랑파라와 함께 커피로 첫째를 다투는 곳이었음은 안석영이 쓴 「아스팔트의 딸」에서 나타난다. 「아스팔트의 딸」에는 '차당茶黨의 여왕'이라는 조소 섞인 별명을 지닌 여성이 등장한다. 그녀는 아는 남자를 만나면 꼭 낙랑파라나 명치제과로 끌고 다니면서 축음기 소리에 손가락으로 장단을 맞추며 커피를 마시곤 한다는 것이다.

명치제과는 김남천의 『사랑의 수족관』에도 등장한다. 소설에서 경희는 경성에서 탁아소를 운영할 꿈을 가지고 현순과 같이 일할 계획을 세운다. 경희와 현순이 탁아소 운영에 대한 논의를 하기 위해 만나는 곳이 명치제과다. 두 사람 모두 따뜻한 커피를 시키는데, 스푼으로 설탕을 넣고 저어서 마셨다는 서술을 보면 커피에 설탕을 가미해 먹는 것이 일반적이었던 것으로 보인다.

김남천의 『사랑의 수족관』에 실린 삽화이다. 경희와 현순이 명치제과 2층에서 만나는 장면이다.

이후에도 경희와 현순이 본정에서 다시 만나는 장면이 나오는데, 역시 명치제과에서였다. 옆의 이미지는 명치제과 2층에서 경희가 현순에게 탁아소 도면을 보여주며 설명하는 모습인데, 삽화는 명치제과 2층이 탁자가 여럿 있고 개방적이었다는 것을 보여준다. 경희가 먼저 와서 2층에서 커피를 마시고 있자, 잠시 후 도착한 현순은 '뽀오도랍프'를 주문한다. '뽀오도

랍프'는 'ポート‐ラップ', 곧 '포틀랩portlap'이라는 음료이다. 뜨거운 물에 붉은 와인과 설탕을 넣은 것인데, 이상이 운영했던 '제비'에서도 눈치 없는 손님이 시켰던 적이 있다.

명치제과의 가장 큰 특징은 1층과 2층의 구조가 달랐다는 데 있었다. 앞서 소설 『명일』에 대해 얘기하면서 순경은 명치제과 1층으로, 신철은 2층으로 가자는 다툼을 확인한 바 있다. 둘은 결국 순경의 고집대로 1층에 가서 자리를 잡는다. 1층 혹은 2층을 원했던 것은 전망 때문인가 싶지만, 1층과 2층의 구조가 달랐기 때문이었다.

명치제과의 1층은 박스형으로 된 폐쇄적인 구조였다. 그래서 명치제과를 찾는 연인들에게 인기가 있었다. 『명일』에서 순경이 신철과 함께 1층에 가자 식탁 밑으로는 무릎이, 위로는 머리가 닿을 정도였다는 것 역시 이와 연결이 된다. 옆의 이미지는 순경과 신철이 명치제과 1층에 자리를 잡은 모습이다. 식탁과 식탁 사이에 칸막이가 설치된 박스형 구조였다는 것을 알 수 있다.

『명일』에서 순경이 신철과 함께 명치제과 1층에 자리 잡은 모습이다.

이상의 「날개」를 살펴보면서 언뜻 경성역의 티룸도 박스형으로 되어 있다고 얘기한 바 있다. 티룸에서 기껏 메뉴판을 치읽고 내리읽고 여러 번 읽으면서 시간을 보내면서도 박스형의 구조가 마음에 들었다는 것을 보면 역시 이상답다.

이에 반해 2층은 여러 개의 탁자가 놓인 개방형의 구조였다. 『사랑의 수족관』에서 경희와 현순이 만나는 삽화를 통해 이미 명치제과 2층 내부는 확인한 바 있다. 『밀림』에서 상만과 자경이 2층에 자리를 잡은 것 역시 나중에는 우여곡절 끝에 부부가 될망정 그때까지는 상만이 자경의 친구인 인애의 연인이었기 때문이다.

명치제과가 1층과 2층의 구조를 다르게 해, 1층은 연인을 타깃으로 2층은 다른 손님들을 대상으로 한 것은, 효과적인 영업 전략이었다. 앞서 언급했던 '가네보 프루츠팔러' 역시 명치제과를 벤치마킹해 실내를 박스형으로 하고 실외는 모래를 깔고 파라솔을 설치해 해변 분위기를 냈다. '가네보 프루츠팔러'가 본정의 또 다른 '랜드마크'로 자리 잡았던 것 역시 그런 전략에 힘입은 것이었다. 명치제과 1층과 2층 가운데 더 인기가 있었던 쪽은 역시 1층이었다. 『청춘무성』에서 은심이 친구들과 함께 명치제과를 찾았을 때 그래도 오전이라서 1층 박스에 빈 데가 있었다는 언급 역시 이와 관련된다.

그런데 명치제과는 자사에서 생산하는 과자나 음료를 파는 판매소였는데 왜 커피가 가장 인기가 있었을까? 제과점에서 커피가 가장 많이 팔렸던 아이러니를 이해하기 위해서는 잠시 일본에 커피가 유입되는 과정을 살펴볼 필요가 있다.

일본에 커피가 본격적으로 전해진 것은 1860년대 전후였다. 처음에는 요코하마나 고베에 체류하는 외국인을 위해서였지만, 1870년대 이후에는 일본인들도 조금씩 커피를 찾기 시작했다. 그 과정에서 고베나 도쿄의 니혼바시 등에 위치한 극장 앞에는 커피를 판매하는 가게와 수입 식료품상이 들어섰다.

요즘과 같은 커피숍 형태로 커피를 판매했던 것은 1888년 도쿄 우에

노上野 구로몬黑門에 개업한 '가히사칸可否茶館'이 처음이었다. 외무성 관리였던 '데에이케이鄭永慶'가 창업자였는데, 가히사칸은 당시로는 드물게 당구장, 카드게임장, 크리켓장, 문방구 등 최첨단시설을 갖춘 것으로 유명했다. 하지만 최첨단시설을 갖추기

1888년 일본에서 처음 문을 연 '끽다점'인 '가히사칸可否茶館'의 이미지다. 당구대와 함께 무슨 용도인지는 모르겠지만 고급스러운 책상도 눈에 띈다.

위해 비용이 너무 많이 들어서였는지 혹은 영업이 신통치 않아서였는지, 애석하게도 문을 연 지 4년 만에 폐업하고 만다.

비슷한 시기 도쿄의 혼고本鄕에 '아오키도靑木堂 커피숍'이 문을 열었고, 긴자 근처에 '우롱티ウーロンティ' 등 타이완 찻집이 들어섰다. '아오키도 커피숍'은 일본의 대표적인 작가인 '나츠메 소세키夏目漱石'의 『산시로三四郎』에도 등장한 바 있다. 이들과 함께 이 책의 관심이 놓인 제과점에서 커피를 판매하는 관행 역시 자리를 잡는다.

제과점에서는 과자, 빵, 우유 등과 함께 커피를 팔았는데, 역시 가장 인기가 있었던 것은 커피였다고 한다. 1920, 30년대 전문적인 커피숍과 백화점 식당 등에서 커피를 제공하기 전까지는 계속되었다고 하니 제과점에서 커피를 팔았던 역사가 짧다고는 할 수 없다. 그러니 명치제과의 주력 상품이, 또 가장 인기가 있었던 음료가, 커피였다는 사실 역시 이상하지 않을 것이다.

4. 일본 제국호텔의 코스요리

『청춘무성』에서 득주의 질투 때문에 학교를 그만둔 치원은 뚜렷한 목적 없이 도쿄로 갔다. 은심을 잃고 실의에 빠진 치원은 그곳에서 번역 일을 하며 생계를 이어갔다. 한국계 미국인 '조지 함'의 중매를 받아들인 은심 역시 미국으로 가다가 도쿄에 들른다. 도쿄에서 며칠 있는 동안 친구인 정선의 집에 머무는데, 마침 그곳은 치원이 기식을 하던 집이었다. 소설은 그 우연을 치원이 정선 오빠와 친구였다며 얼버무리고 있다.

이국땅에서 다시 만난 치원과 은심은 잠시 서먹함을 느끼지만 곧 서로의 애정이 변하지 않았음을 알게 된다. 조지 함이 도쿄를 방문하자 세 사람은 어색한 일행이 되어 여기저기를 구경하러 다닌다. 『청춘무성』에 제국호텔이 등장한 것은 그곳에 묵고 있던 조지 함이 은심과 함께 치원을 초대한 덕분이었다.

제국호텔은 일본의 대표적인 근대식 호텔이었다. '제국'이라는 이름은 다른 아시아 국가를 식민지화해 스스로 제국이 되려 했던 일본의 갈망이 집약된 것이었다. 1890년 11월에 준공이 되어 다음 해인 1891년 7월에 개장을 했다. 도쿄의 치요다千代田에 위치해 '히비야공원日比谷公園'과 연결되어 있었으며, 당시 일본의 서구열을 상징했던 '로쿠메이칸鹿鳴館'과도 인접해 있었다.

'제국호텔 유한회사'라는 기업을 설립해 호텔의 건설을 추진했던 인물은 오쿠라 기하치로와 시부사와 에이치渋沢栄一였다. '오쿠라 기하치로'는 일본의 유명한 정상政商으로 1900년대 초 두 차례에 걸쳐 진행된 부산항 매축공사를 주도했던 인물이었다. 「만세전」에서 부산에 도착한 이인화는 조선인의 집을 찾기 위해 애를 쓰는데, '대창정'이라는 그곳 지명 역시 '오쿠라'의 이름을 딴 것이었다.

와타나베 유즈루渡辺譲가 설계한 제국호텔은 목조를 뼈대로 한 벽돌 건물이었다. 객실은 모두 57개였는데, 1919년에 일어난 화재로 인해 호텔 전체가 타 버리게 된다. 『청춘무성』에 등장하는 제국호텔은 1923년 다시 준공된 것이었다.

새롭게 준공된 호텔은 대개 '제국호텔 라이트관'이라고 불렀다. 그것은 설계자인 프랭크 로이드 라이트Frank Lloyd Wright의 이름을 따른 것이었다. 라이트는 본관을 독수리와 피라미드의 모습을 본뜬 마야 스타일로 설계했는데, 아래의 이미지에서 그 흔적을 찾을 수 있다. 지상 3층, 지하 1층의 건물에 객실은 모두 270개였으니, 이전 크기의 다섯 배에 달했다. 호텔 전체를 부분과 부분을 연결시키는 방식을 사용해 지진과 방화에 대비했는데, 그것은 이전 제국호텔이 화재로 전소한 데 따른 것이었다.

1958년에 촬영한 제국호텔의 전경이다.
독수리와 피라미드의 모습을 본뜬 마야 스타일로 설계되었다고 한다.

제국호텔은 호텔의 명성만큼 식당도 유명했다. 천황 탄생일 축하연을 비롯해 외국 귀빈의 접대는 대부분 제국호텔 식당에서 이루어졌다. 제국호텔 식당은 무도실, 조찬실, 회식실 같은 시설을 갖추고 있었다고 되어 있다. 무도실은 춤을 추는 공간으로 음료와 간단한 식사도 제공되었는데, 그 규모가 500명을 수용할 수 있을 정도로 컸다. 조찬실은 하얀 식탁보가 씌워진 사각 테이블이 여러 개 있었는데, 한꺼번에 60명 정도의 손님을 수용할 수 있었다. 회식실은 기념회나 만찬회가 열릴 경우 예약을 한 손님들만 따로 사용할 수 있게 마련된 공간이었다.

『청춘무성』에서 조지 함의 초대로 은심, 치원 등이 방문한 곳은 제국호텔의 무도실로 보인다. 치원의 눈에 비친 제국호텔 무도실은 다음과 같았다.

치원은 못 본 체 홀 안의 풍경으로 눈을 돌렸다. 거의 반수가 서양 사람들이다. 맞은 편 2층 발코니에서는 언제부터인지 유량한 관현악이 울려오고 있었다. 이내 음식이 날라져 왔다. '함'은 보이를 불러 세우고, 은심과 치원에게 무슨 술을 좋아하느냐고 물었다. …… 중 략 ……

식사가 반이나 진행되었을까 할 때다. 음악이 갑자기 소리가 커지면서 곡조가 왈츠로 변했다. 이 테이블, 커 테이블에서 우르르 일어들 난다. 함도 냅킨을 얼른 컵더니 일어선다. 일어서더니 반잔 남겼던 칵테일을 쭈욱 들이키고, 은심에게 "메이 아이 해브 디스 런?" 하고 춤추기를 컹하는 것이다. 빈 스케이트 링 같던 홀 안은 어느덧 넘칠 듯한 춤의 바다를 이루는 것이다.

세 사람이 제국호텔 무도실에서 음식을 먹던 도중, 음악이 왈츠로 바뀌자 테이블에 앉아 있던 손님들은 일어나 춤을 추기 시작한다. 손님의 반 정도가 서양 사람이라는 것과 2층 발코니에 자리 잡은 악단이 직접 음악을 연주했다는 점도 흥미롭다.

옆의 이미지는 '제국호텔 홈페이지'에 있는 것으로, 호텔의 역사를 다룬 사진 가운데 하나이다. 발코니의 악단이나 춤을 추는 사람들의 모습을 보면 소설에서 조지 함, 은심, 치원 등이 방문한 무도실로 보인다. 은심과 치원이 제국호텔을 찾았을 때 조지 함이

'제국호텔 홈페이지'에 소개되어 있는 제국호텔 라이트관의 무도실이다.

'제비같이 날씬한 야회복'을 입고 있었다는 것을 고려하면 무도실에 입장하는 데도 일정한 격식을 갖추어야 했음을 알 수 있다.

제국호텔의 식당은 특히 일본에 처음으로 소개된 정통 프랑스식 코스요리로 명성이 높았다. 제국호텔 식당에서 요리사로 일했던 무라카미 노부오村上信夫는 『제국호텔 주방 이야기帝國ホテル廚房物語』에서 프랑스식 코스요리에 대해서는 다음과 같이 언급한다.

새하얀 식탁보에 곱게 깔린 길고 커다란 테이블에 청장을 한 신사 숙녀가 양쪽으로 쭉 앉아 있다. 화려한 컵시에 청갈한 음식이 담겨 나오고 반짝반짝 빛나는 나이프와 포크로 천천히 우아하게 식사를 즐긴다. 아마 외국인도 많이 있겠지. 윤기가 잘잘 흐르는 고기와 생선 요리, 보기에도 아까울 정도로 호화롭게 만든 색색의 샐러드, 김이 모락모락 나는 고소한 스프 등이 순서에 맞춰

서 하나씩 식탁에 올라오고…….

무라카미 노부오는 식당 개장 당시 코스요리의 가격은 조식 50전, 점심 75전, 석식 1원 정도였다고 했다. 당시 도쿄의 하숙비가 한 달에 4~5엔 정도였음을 고려하면, 제국호텔 코스요리 가격을 대략 짐작할 수 있다.

이미지는 제국호텔 식당 메뉴이다. 왼쪽 이미지는 1910년대 당시 메뉴의 표지와 속지이다. 오른쪽은 1914년 7월 24일 금요일 저녁 메뉴의 구성이다.

위의 이미지는 1910년대 제국호텔 식당 메뉴의 모습과 실제 코스요리의 내용이다. 오른쪽은 1914년 7월 24일 저녁 코스요리의 메뉴인데, 도대체 제국호텔 식당에서 어떤 음식이 제공되었는지 구경이라도 해 보자.

먼저 '콩소메 프루아드 앙 타스consommé froide en tasse', 즉 맑고 차가운 수프가 준비되었다. 이어 '수플레 아 라 낭튀아soufflé à la nantua'와 '그릴드 살몬, 버터 소스grilled salmon, butter-sauce'가 나왔는데, 낭투아 소스를 곁들인 수플레와 버터 소스에 구운 연어 정도가 된다. 그런데 메뉴의 구성을 유심히 보면 뭔가 특이한 점이 하나 있다. 메뉴에 영어와 프랑스어가 뒤섞여 있다는 것이 그것이다.

댄 주래프스키Dan Jurafsky는 자신의 저서『음식의 언어Language of Food』에서 메뉴에 영어와 프랑스어가 혼용되어 있는 관행에 대해 언급한 바 있다. 실제 그것은 근대에 정통 요리로 자리 잡은 프랑스 요리라는 것을 나타내려는 가짜 프랑스어로, 메뉴의 지위를 고급스럽게 보이려 하는 표시라는 것이다.

다시 메뉴로 돌아가면 다음 순서는 '샤토브리앙 아 라 리슐리외chateau briand à la richelieu', '스터프드 피존 인 포트 와인stuffed pigeon in port wine', '요크 햄york ham'이다. 비프스테이크와 리슐리외, 붉은 와인에 잰 비둘기, 요크햄 등인데, 첫 번째 메인요리로 보인다. 여기서 리슐리외는 살구 잼을 넣은 과자의 일종이며, 요크햄은 분홍색을 띤 부드러운 햄이다. 이어지는 코스는 '아스파라거스, 비네그레트 소스asparagus, vinaigrette sauce'와 '에그 스피니치egg spinach', '보일드 포테이토Boiled Potatoes'인데, 샐러드용 비네그레트 소스를 뿌린 아스파라거스와 시금치를 곁들인 달걀, 삶은 감자 등이다.

이 정도만 해도 충분히 포만감을 느낄 만한데, 코스요리는 계속 이어진다. '로스트 치킨Roast Chicken', '설리언 오브 로스트 비프Sirlion of Roast beef', '쾨르 드 래튀Coeur de laitue' 등이 다음 메뉴이다. 이들은 구운 닭, 구운 소 등심, 상추를 곁들인 염통 정도가 되는데, 두 번째 메인요리로 보인다.

댄 주래프스키는 역시『음식의 언어』에서 '앙트레Entrée'라는 어휘를 통해 코스요리의 관습에 대해서도 언급한 바 있다. 16세기 중반까지 프랑스식 요리에서 앙트레는 원래 첫 번째 코스를 뜻했다고 한다. 그러던 것이 식사를 몇 개의 코스로 나누어 진행하게 되면서 수프와 생선 요리가 나오고 로스트 요리가 제공되기 전에 먹는 요리가 되었다는 것이다.

이 책의 관심은 코스로 식사를 하는 과정에서 메인요리가 몇 차례에 걸쳐서 나왔다는 것, 또 위의 제국호텔 식당의 메뉴는 그것을 엿볼 수 있는 흔적이라는 데 놓인다.

두 번째 메인메뉴가 제공되고 나서야 디저트로 보이는 음식이 제공된다. '아몬드 푸딩almond pudding'과 함께 아이스 워터멜론, 바나나, 자두, 복숭아 등의 과일이 있었으며 이어 마지막에는 커피도 제공되었다. 메뉴에는 '카망베르 홋카이도Camembert Hokkaido', '로크포르 스위스Roquefort Swiss' 등이 적혀 있는데 카망베르 치즈는 홋카이도산이고, 로크포르 치즈는 스위스산라고 원산지를 밝혀 코스요리의 고급스러움을 더 했다.

5. 무엇을 생각하고, 무엇을 망설이는

『청춘무성』에서 도쿄에 머물던 은심, 치원, 조지 함은 함께 조선을 여행하기로 하고 금강산을 찾는다. 여행을 하던 중 조지 함은 은심과 치원의 사이를 눈치채게 된다. 조지 함은 마음을 접고 곧바로 미국으로 돌아가는 배에 오르는데, 무척이나 쿨한 사람이었나 보다. 치원은 조지 함의 배려와 행동을 보고 뒤늦게 자신의 비겁함을 깨닫고는 은심에게 그에게 돌아가라며 이별을 결심한다.

한편 질투심에 치원과 은심의 관계를 갈라놓았던 득주는 여전히 어려운 가정 형편 때문에 '선채先債' 주는 일자리를 찾다가 다시 '마이 디어'를 찾아가 일한다. 득주는 같이 일하는 '나마짱'의 아이가 제대로 먹

지 못해 죽고는 묘비도 없는 무덤
에 묻히는 것을 보고 충격을 받는
다. 그때 득주의 눈에 들어온 손님
이 앞서 얘기했던 윤천달이다.

　『청춘무성』이 소설적인 균열
을 보이는 부분은 여기에서이다.
이전까지 소설의 전개는 치원을
사이에 둔 은심, 득주의 연모와 갈
등을 통해 전개되었다. 물론 그 갈
등은 은심을 사이에 둔 치원과 조
지 함의 그것으로 바뀔 때도 있었
다. 그런데 이후 소설은 치원, 은
심, 득주 등 세 사람 각자가 세상
풍파에 시달리거나 사회에 자리

1940년 11월 '박문서관'에서 단행본으로 발행한
『청춘무성』의 표지이다.

잡는 과정에 할애된다.

　먼저 득주 이야기부터 해보자. 윤천달은 득주에게 현금 300원과 700
원짜리 다이아몬드 등을 보내고 같이 살자는 제안을 한다. 하지만 득주는
아무리 일해도 가난에 시달리는 자신과 하루 술값으로 100원씩이나 쓰는
윤천달 사이의 모순을 깨닫고 흥청망청 쓰는 그의 돈을 가로챌 계획을 세
운다. 그녀는 욱정의 요리옥에서 윤천달이 잠에 들자 소절수 꾸러미를 훔
치는데, 세상은 그리 만만하지 않아 곧 순사들에게 체포당하고 만다.

　은심에게 결별을 선언하고 조선으로 돌아온 치원은 수리사업을 통해
얼마간의 돈을 번다. 그것을 자본으로 당시 조선을 휩쓸었던 금광 사업

에 뛰어드는데, 소설의 전반부에 나타난 치원의 모습과 어울리지 않아 독자들을 당황스럽게 만들기도 한다. 독자들이 당황하든 말든 치원이 운영하는 광산에서는 금이 쏟아져 나와 회사는 점점 덩치를 키워 나간다. 소설에는 하루에 금을 2,000g 정도씩 캐내 하루 수익이 6,000원 이르렀다고 되어 있다. 그러면 한 달에 180,000원, 지금으로 따지면 50억 원이 넘는 돈이니, 소설적인 과장도 섞여 있는 것 같다.

호사다마라고 그러던 가운데 치원은 광산에서 사고를 당해 병원에 입원을 하는 신세가 된다. 윤천달의 소절수를 훔친 죄로 수감 생활을 한 득주는 풀려나자 곧바로 치원을 찾아가 용서를 구한다. 그리고 자신처럼 어쩔 수 없이 빠나 카페에서 일하는 여급의 복리를 개선하는 활동을 하겠다는 결심을 밝힌다.

한편 은심은 치원과 헤어진 후 경성으로 돌아와 자신이 다니던 여자고등보통학교의 교사가 된다. 은심의 소식을 듣게 된 득주는 은심을 찾아가 예전의 일에 대해 사과하고 치원의 근황을 알려준다. 치원의 소식을 듣고도 만나기를 꺼려 하던 은심은 학생들과 함께 크리스마스 캐럴을 들려주러 병원을 찾았다가 입원해 있던 치원과 재회하게 된다.

『청춘무성』은 치원, 은심, 득주 등이 화해를 하고, 득주가 세운 보육원 창립기념회를 조선호텔에서 여는 장면으로 마무리된다. 하지만 보육원 창립기념회 부분은 소설을 마무리하기 위한 형식적 장치에 불과하다. 소설과 같은 제목을 가진 남인수의 노래가 있다. 그 노래의 후렴 부분을 보면 '보아라! 젊은 가슴, 꽃피는 젊은 가슴. 사랑도 한때, 이별도 한때란다. 젊은 날의 꿈이란다.'라는 가사가 있다. 이태준이 소설 『청춘무성』을 통해 말하려 했던 바도 앞선 노래 가사와 크게 다르지 않았던 것 같다.

레스토랑, 빠, 카페, 티룸, 밀크홀, 파라는
어떻게 구분하면 되오?

〈질문〉

레스토랑, 빠, 카페, 티룸, 밀크홀, 파라를 어떻게 구분할 수 있소?

〈답변〉

레스토랑은 서양식 식사를 하는 요리컵이다. 식사 중 손님의 요청에 따라 필요한 주류, 음료를 제공한다.

빠는 술집이며 안주 이외의 식사는 제공하지 않는다.

카페는 본래는 커피컵인데 맥주나 음료도 판매한다. 또 빵, 샌드위치 같은 간단한 식사도 제공한다. 그런데 요즘 카페라는 것은 빠와 같이 되었다.

티룸은 홍차나 과자 같은 것을 파는 곳이다.

밀크홀은 우유컵문컵이다.

파라는 '푸르츠팔러'를 가리키는 것이다. 다양한 과일 음료와 기타 무알코올 음료를 판매한다.

1952년 11월 『경향신문』에 실린 기사인데 독자의 질문에 기자가 답하는 형식으로 되어 있다. 독자가 레스토랑, 빠, 카페, 티룸, 밀크홀, 파라를 어떻게 구분할수 있는지 물어보니 기자가 대답을 했는데, 티룸이나 밀크홀같이 대충 답한 것도

있다. 신문에 위와 같은 질의와 응답이 실린 것을 보면 그때까지도 레스토랑, 빠,
카페, 티룸, 밀크홀, 파라가 어떤 곳인지 분명하지 않았음을 말해준다.

도움 받은 글

1장. 영채 씨, 그만 울고 이것 좀 먹어 보시오

이광수, 『무정』, 『매일신보』, 1917.1.1~6.14.

방신영, 『조선요리제법』 증보 8판, 한성도서주식회사, 1937
주영하, 『식탁 위의 한국사』, 휴머니스트, 2013
천종식, 『고마운 미생물, 얄미운 미생물』, 솔, 2005
Carlo Ginzburg, 김정하·유제분 역, 『치즈와 구더기』, 문학과지성사, 2001
Claude Lévi-Strauss, 임봉길 역, 『신화학 3 – 식사예절의 기원』, 한길사, 2021
Marion Godfroy·Xavier Dectot, 강현정 역, 『역사는 식탁에서 이루어진다』, 시트롱마카롱, 2018
岡田哲, 이윤정 역, 『コムギの食文化を知る事典』, 뿌리와이파리, 2006
_____, 『たべもの起源事典 – 日本編』, 筑摩書房, 2013

2장. 관부연락선의 식탁, 부산의 우동집

염상섭, 「만세전」, 고려공사, 1924

김동식, 「1920~30년대 대중잡지에 나타나는 음식 표상 – 『별건곤』과 『삼천리』를 중심으로」, 『한국학연구』 44집, 인하대학교 한국학연구소, 2017
박현수, 「스쳐간 만세 '전'의 풍경 2 – 연락선을 중심으로」, 『상허학보』 63호, 상허학회, 2021
주영하, 『식탁 위의 한국사』, 휴머니스트, 2013
老川慶喜, 『日本鐵道史 幕府・明治篇』, 中央公論新社, 2014
日本国有鉄道広島鉄道管理局編, 『関釜連絡船史』, 大村印刷株式會社印刷, 1979
朝鮮總督府, 『大正九年 朝鮮總督府統計年報 第四編』, 大海堂, 1922.2
浦川和也 編, 『繪葉書で見る近代朝鮮』 3, 민속원, 2017.

3장. 먹지 못한 설렁탕

현진건, 「운수 좋은 날」, 『개벽』 48호, 1924.6

「경성명물집」, 『별건곤』 23호, 1929.9.
「내 봄은 명월관 식교자」, 『동아일보』, 1935.2.23., 3면.
박현수, 「경성의 명물과 거친 음식의 사이, 설렁탕」, 『대동문화연구』 118, 성균관대학교 대동문
　　화연구원, 2022
우이생, 「괄시 못할 경성 설렁탕, 진품·명품·천하명식 팔도명식물예찬」, 『별건곤』 24호, 1929.12
이용기, 『조선무쌍신식요리제법』(1924), 궁중음식연구원, 2001
주영하, 『식탁 위의 한국사』, 휴머니스트, 2013
최독견, 『낭만시대』, 『조선일보』, 1965.1.17., 4면.
Dan Jurafsky, 김병화 역, 『음식의 언어 - 세상에서 가장 맛있는 인문학』, 어크로스, 2015
鳥越靜岐·薄田斬雲, 한일비교문학세미나 역저, 『조선만화』(1909), 어문학사, 2012

4장. 선술집의 풍경

채만식, 「산적」, 『별건곤』 24호, 1929.12

「경성명물집」, 『별건곤』 23호, 1929.9.
강명관, 『조선의 뒷골목 풍경』, 푸른역사, 2003
김동진, 『조선, 소고기 맛에 빠지다 - 소와 소고기로 본 조선의 역사와 문화』, 위즈덤하우스,
　　2018
김진섭, 「선술집에 대하여」, 『일본잡지 모던일본과 조선 1939』(모던일본사, 윤소영, 홍선영, 김
　　희정, 박미경 역), 어문학사, 2007
박현수, 「경성의 선술집」, 『서울과 역사』 106, 서울역사편찬원, 2020
배이빈, 「막걸리대장 선술집 순례기」, 『별건곤』 59호, 1932.12
이용기, 『조선무쌍신식요리제법』(1924), 궁중음식연구원, 2001
조경규, 『오무라이스잼잼』 2, 송송책방, 2020
홍석모 지음, 정승모 풀어씀, 『동국세시기』(1849), 풀빛, 2009

5장. 오늘 밤 내게 술을 사줄 수 있소?

박태원, 「소설가 구보 씨의 일일」, 『조선중앙일보』, 1934.8.1~9.19.

박태원·조이담, 『구보 씨와 더불어 경성을 가다』, 바람구두, 2009
백석·이효석·채만식 등, 『100년 전 우리가 먹은 음식 – 식탁 위의 문학기행』, 가갸날, 2017
오윤정, 「1930년대 경성 모더니스트들과 다방 낙랑파라」, 『한국근현대미술사학』 33, 한국근현대미술사학회, 2017
이경훈, 「박태원의 카페, 구보의 커피」, 『현대문학의 연구』 74, 한국문학연구학회, 2021
채만식, 「茶房談」, 『채만식전집』 10, 창비, 1989
Susan Sontag, 이재원 역, 『은유로서의 질병』, 이후, 2002
岡田哲, 『たべもの起源事典 – 日本編』, 筑摩書房, 2013김동진, 『조선,

6장. 이 자식아, 너만 돈 내고 먹었니?

김유정, 「산골 나그네」, 『제일선』 11호, 1933.3
_____, 「만무방」, 『조선일보』, 1935.7.10~31.
_____, 「솥」, 『매일신보』, 1935.9.3~14.
_____, 「동백꽃」, 『조광』 7호, 1936.5

박현수, 「감자와 고구마의 거리 –김동인의 「감자」 재독」, 『민족문학사연구』 63, 민족문학사학회, 2017
염정섭, 「조선 후기 고구마의 도입과 재배법의 정리 과정」, 『한국사연구』 134, 한국사연구회, 2006
주영하, 「'주막'의 근대적 지속과 분화 – 한국음식점의 근대성에 대한 일고」, 『실천민속학연구』 11, 실천민속학회, 2006
Edward W. Said, The World, the Text and the Critics, Harvard University Press, 1983
小森陽一, 송태욱 역, 『포스트콜로니얼 –식민지적 무의식과 식민주의적 의식』, 삼인, 2002
小倉進平 著, 『朝鮮語方言の研究』 下卷, 岩波書店, 1944
下田淳, 김재형 역, 『선술집의 모든 역사』, 어젠다, 2013

7장. 소외된 식탁

이상, 「날개」, 『조광』 11호, 1936.9

「부인대합실 대신에 끽다점을 신설」, 『매일신보』, 1932.5.3.
박유미, 「일제강점기 두부 제조와 판매 및 소비양상에 관한 연구」, 『한국민속학』 72, 한국민속학
　　회, 2020
빙허각 이씨, 이효지 외 역, 『부인필지』(1915), 교문사, 2010
윤덕노, 『음식으로 읽는 한국 생활사』, 깊은나무, 2014
일기자, 「경성 해부: 2일 동안에 서울 구경 골고루 하는 법 – 시골 친구 안내할 노순」, 『별건곤』
　　23호, 1929.9
주영하, 『식탁 위의 한국사』, 휴머니스트, 2013
岡田哲, 정순분 역, 『돈가스의 탄생 – 튀김옷을 입은 일본 근대사』, 뿌리와이파리, 2006
旦部幸博, 윤선해 역, 『커피세계사』, 황소자리, 2018

8장. 화양절충의 음식과 그 반대편

심훈, 『상록수』, 『동아일보』, 1935.9.10~1936.2.15.

김경리, 「근대일본의 건강담론과 자양강장제 폴리타민」, 『일본사상』 40호, 한국일본사상사학
　　회, 2021
이병근, 「朝鮮總督府編〈朝鮮語辭典〉의 編纂 目的과 그 經偉」, 『진단학보』 59, 진단학회, 1985
정명섭, 『한국인의 맛』, 추수밭, 2021
정병욱, 「조선식산은행원, 식민지를 살다」, 『역사비평』 78, 역사비평사, 2007
조선총독부 편, 『朝鮮語辭典』, 1920
한복려·한복진·이소영, 『음식고전』, 현암사, 2016
Harold McGee, 이희건 역, 『음식과 요리』, 이데아, 2017
岡田哲, 이윤정 역, 『コムギの食文化を知る事典』, 뿌리와이파리, 2006
森枝卓士, 박성민 역, 『카레라이스의 모험』, 눌와, 2019

9장. 여기엔 내가 좋아하는 찔레꽃이 없어요

김말봉,『찔레꽃』,『조선일보』, 1937.3.31~10.31.

김연숙,「외식 문화의 근대적 변용과 경성의 향토음식」,『일제강점기 경성부민의 여가생활』, 서울역사편찬원, 2018
육덕노,『붕어빵에도 족보가 있다』, 청보리, 2011
정영효,「조선호텔 – 제국의 이상과 식민지 조선의 표상」,『동악어문학』 55, 동악어문학회, 2010.8
Julia Rothman, 김선아 역,『음식해부도감』, 더숲, 2017
富田昭次, 유재연 역,『호텔 – 근대 문명의 상징』, 논형, 2008
神野由紀, 문경연 역,『취미의 탄생 – 백화점이 만든 테이스트』, 소명출판, 2008
初田亨, 이태문 역,『백화점 – 도시문화의 근대』, 논형, 2003

10장. 무성하고도 혼란스러운

이태준,『청춘무성』,『조선일보』, 1940.3.12~8.10.
      ,『청춘무성』, 박문서관, 1940.11.

최규진,「'경성의 명물' 선술집과 음주의 위계」,『일제강점기 경성부민의 여가생활』, 서울역사편찬원, 2018
Alain Stella,『커피』, 창해, 2000.
Dan Jurafsky, 김병화 역,『음식의 언어 – 세상에서 가장 맛있는 인문학』, 어크로스, 2015
François-Régis Gaudry, 강현정 역,『미식 잡학 사전』, 시트롱마카롱, 2017
旦部幸博, 윤선해 역,『커피세계사』, 황소자리, 2018
村上信夫,『帝國ホテル廚房物語』, 日本經濟新聞出版本部, 2004
湯本豪一, 연구공간 수유 + 너머 '동아시아 근대 세미나팀' 역,『일본 근대의 풍경』, 그린비, 2004
명치제과 홈페이지 https://www.meiji.com/100th/

식민지의 식탁

발행일 2022년 11월 10일
발행일 2022년 12월 20일
지은이 | 박현수
펴낸이 | 김문영
펴낸곳 | 이숲
등록 | 제406-3010000251002008000086호
주소 | 경기도 파주시 책향기로 320, 2-206
전화 | 02-2235-5580
팩스 | 02-6442-5581
홈페이지 | http://www.esoope.com
페이스북 | facebook.com/EsoopPublishing
Email | esoope@naver.com
ISBN | 979-11-91131-41-3 03910

▶ 이 책은 한국출판문화산업진흥원의 '2022년 인문 교육 콘텐츠 개발 지원 사업'을 통해 발간된
도서입니다.